现代物流及其发展趋势研究

张　颖　侯志斌　刘彦丽 ◎ 著

吉林文史出版社

图书在版编目（CIP）数据

现代物流及其发展趋势研究 / 张颖，侯志斌，刘彦丽著. -- 长春 ：吉林文史出版社，2024.8. -- ISBN 978-7-5752-0571-9

Ⅰ.F252.1

中国国家版本馆CIP数据核字第20247U0T77号

现代物流及其发展趋势研究
XIANDAI WULIU JIQI FAZHAN QUSHI YANJIU

出 版 人：张　强

著　　者：张　颖　侯志斌　刘彦丽

责任编辑：张宏伟

版式设计：李　鹏

封面设计：文　亮

出版发行：吉林文史出版社

电　　话：0431-81629352

地　　址：长春市福祉大路5788号

邮　　编：130117

地　　址：www.jlws.com.cn

印　　刷：北京昌联印刷有限公司

开　　本：710mm×1000mm　1/16

印　　张：16.5

字　　数：260千字

版　　次：2024年8月第1版

印　　次：2024年8月第1次印刷

书　　号：ISBN 978-7-5752-0571-9

定　　价：78.00元

前　言

现代物流作为连接生产与消费的重要纽带，在经济全球化背景下扮演着至关重要的角色。随着科技的飞速发展，特别是信息技术、物联网、大数据和人工智能等领域的突破，现代物流正迎来前所未有的变革与发展机遇。

现代物流不仅仅关注运输、仓储、配送等传统物流环节，更强调信息的集成、资源的优化和服务的创新。它致力于通过先进的技术手段，实现物流活动的智能化、自动化和可视化，从而提高物流效率，降低物流成本，提升服务质量。

在当前经济形势下，现代物流的发展对于促进产业升级、推动经济发展、提升国际竞争力等具有重大意义。然而，物流行业的发展也面临着诸多挑战，例如，如何提升物流效率、如何降低物流成本、如何适应消费者需求的变化等。因此，本书旨在深入探讨现代物流的发展趋势，分析物流行业面临的挑战和机遇，并提出相应的对策的建议。通过对现代物流的深入研究，我们希望能为物流行业的可持续发展提供理论支持和实践指导，推动物流行业向更智能、更高效、更绿色的方向发展。

本书在撰写过程中，参阅和引用了一些文献资料，在此谨向它们的作者表示感谢；感谢一直以来支持、鼓励与鞭策我成长的师长和学界同人。由于笔者水平有限，书中难免存在不妥甚至谬误之处，敬请广大学界同人和读者批评指正。

目　录

第一章　现代物流概述

第一节　物流的定义与关键要素

一、物流的基本定义

（一）物流的广义定义

物流是广义定义，是指社会的物质产品在一定团体组织中，利用一定手段从供应一方向需求一方的转移过程。这种转移不仅包括物品的空间移动，还包括物品在流通过程中的时间管理、数量控制、质量保证、信息处理等一系列活动。

物流在广义上可以被视为一个复杂的系统，它涵盖了从原材料的采购、生产、存储、运输、分销，到最终消费的全过程。在这个系统中，物流活动通过运输、仓储、装卸、搬运、包装、流通加工、配送、信息处理等基本功能的有机结合，实现了物品从起点到终点的有效流动。

现代物流更加注重信息技术的应用和物流系统的优化，通过智能化、自动化、信息化的手段，提高物流效率，降低物流成本，提升服务质量。同时，物流也是企业核心竞争力的重要组成部分，对于企业的生存和发展具有重要意义。

总之，物流的广义定义涵盖了物品从起点到终点的全过程，以及与之相关的所有活动和系统。它不仅仅是一个简单的物品移动过程，更是一个复杂、高效、系统的管理过程。

（二）物流的狭义定义

物流的狭义定义主要聚焦于满足客户需求，以最低的成本，通过运输、保管、配送等方式，实现原材料、半成品、成品及相关信息从商品产地到消费地进行有效流动和储存的计划、实施与管理的全过程。这个过程主要包括商品的运输、仓储、装卸、搬运、包装、流通加工、配送及与之相关的信息处理等环节。

狭义上的物流强调对物品流动的直接管理和控制，它关注于如何通过有效的物流活动满足客户需求，同时，降低物流成本，提高企业经济效益。在商业环境中，物流被视为供应链的一部分，与采购、生产、销售等环节紧密联系，共同构成了企业的价值链。

此外，狭义上的物流还注重物流活动的效率和效果，追求在正确的时间、正确的地点，以正确的方式向顾客提供正确数量的商品和服务。这要求企业必须对物流活动进行精细化的管理，确保物流活动的顺畅进行，并不断优化物流流程，以提高物流效率，提升服务质量。

物流的狭义定义主要关注物品从产地到消费地的流动过程，以及与之相关的运输、仓储、配送和信息处理等环节，强调对物流活动的直接管理和控制，以满足客户需求、降低物流成本和提高企业经济效益为目标。

（三）物流的商业定义

物流的商业定义是指在商业活动中，为了满足客户需求，通过一系列精心组织的活动，实现商品从生产地到消费地的有效转移和存储。这些活动涵盖了运输、仓储、装卸、搬运、包装、流通加工、配送及信息处理等多个环节，旨在确保商品在正确的时间、正确的地点，以正确的方式和数量到达消费者手中。

在商业环境中，物流被视为供应链的核心组成部分，连接着供应商、生产商、分销商和最终消费者。物流活动不仅涉及商品的物理流动，还包括与商品流动相关的信息流、资金流和商流的管理及协调。通过有效的物流管理，企业可以提高供应链的效率和灵活性，降低成本，增强竞争力。

此外，物流的商业定义强调物流服务的重要性。物流服务是物流企业为了满足客户需求而提供的一系列增值服务的总和，包括运输、仓储、包装、配送、信息处理等。这些服务旨在为客户提供更加便捷、高效、可靠的物流体验，提升客户的满意度和忠诚度。

物流的商业定义还强调物流在商业活动中的重要性和作用，以及物流服务在提升客户满意度和竞争力方面的关键作用。

（四）物流的现代化定义

物流的现代化定义是指在现代科技、信息技术和先进管理理念的推动下，物流行业实现的全面升级和转型。它不仅仅关注传统的物品运输、仓储和配送等物流活动，更强调物流活动的智能化、自动化、信息化和绿色化。

物流现代化体现在多个方面。首先，物流现代化借助大数据、云计算、物联网等现代信息技术，实现物流信息的实时采集、传输、分析和应用，使物流活动更加智能、高效和精准；其次，物流现代化强调自动化技术的应用，如自动化搬运设备、机器人、无人机等，提高了物流作业的自动化水平和效率；最后，物流现代化注重绿色物流的发展，通过采用环保材料、节能技术、优化运输路线等方式，降低物流活动对环境的影响。

物流的现代化不仅提升了物流行业的整体水平，还为企业带来了诸多好处。它可以帮助企业实现快速响应市场需求、降低库存成本、提升客户满意度等目标。同时，物流现代化也为消费者带来了更加便捷、高效、可靠的物流服务体验。

总之，物流的现代化定义体现了物流行业在科技、信息和管理方面的全面升级与转型，是物流行业发展的必然趋势。

二、物流的核心功能

（一）运输功能

运输功能是物流体系中的核心功能之一，它涉及将物品从供应地移动到需求地的过程。运输功能的主要目标是确保物品在正确的时间，以正确的数量和质量到达指定的目的地。运输最基本的作用是将物品从起点转移到终点。无论是短距离的本地配送，还是跨越国界的长途运输，运输功能都是实现物品位移的关键。运输功能可以通过多种运输方式实现，包括公路、铁路、水路、航空和管道等。选择合适的运输方式可以大大提高物流效率和降低物流成本。

运输功能直接影响物品到达目的地的速度。快速、可靠的运输服务能满足客户对时间敏感的需求，提升客户满意度。

运输功能依赖于完善的运输网络。一个高效的运输网络能确保物品在运输过程中的顺畅流动，减少延误和中断。

运输功能也是物流成本控制的重要环节。通过合理的运输规划和选择，可以降低运输成本，提高物流整体效益。

除了基本的物品位移外，运输功能还可以提供增值服务，如货物的分拣、包装、配送等，以满足客户多样化的需求。

运输功能是物流体系中不可或缺的一部分，它对于实现物品的有效流动、提高物流效率和降低物流成本具有重要意义。

（二）仓储功能

仓储功能是物流体系中至关重要的组成部分，它涉及货物的存储、管理、保护，以及相关的货物处理和流转。

仓储功能体现在为货物提供安全、适宜的存储环境。通过建设和管理仓库，物流公司能确保货物在存储期间保持完好，避免损坏、丢失或变质。

仓储功能包括对货物进行有效管理。通过货物分类、标识、编号等方式，可以实现对货物的有序存储和快速检索，提高货物管理的效率。

在仓储过程中，物流公司需要采取相应措施保护货物免受自然灾害、盗窃、损坏等风险的影响。通过安全监控、消防设施、防水防潮等手段，可以确保货物在仓库内的安全。

仓储功能还包括对货物进行必要的处理，如分拣、包装、组装等。这些处理活动有助于满足客户的特定需求，提高货物的附加值。

仓储是物流体系中的关键环节，连接着货物的供应和需求。通过仓储，物流公司可以平衡供需关系，确保货物在需要时能及时、准确地送达客户手中。

仓储功能也是物流成本控制的重要方面。通过优化仓库布局、提高货物周转率、降低库存成本等措施，可以实现对物流成本的有效控制。

仓储功能是物流体系中不可或缺的一部分，它对于保障货物的安全、提高物流效率和降低物流成本具有重要意义。

（三）包装功能

包装功能在物流体系中占据着至关重要的地位，它涉及对货物进行保护、方便运输和增加附加值的过程。以下是包装功能的主要特点和作用。

第一，包装能保护货物在运输、存储和搬运过程中免受损坏、污染与丢失。适当的包装材料和设计可以确保货物在恶劣环境下的安全，减少货物损坏的风险。

第二，包装能使货物便于运输和搬运。通过合理的包装设计，可以减小货物的体积和重量，降低运输成本，并提高装卸效率。同时，包装还能提供方便的搬运手柄、标签和标识，使货物在运输过程中更加易于识别和追踪。

第三，包装不仅是保护货物的外壳，还能为货物增加附加值。精美的包装能提升货物的品牌形象和吸引力，增加消费者的购买欲望。同时，包装上的信息、说明和广告也能为产品提供额外的宣传与推广效果。

第四，包装功能有助于实现物流的标准化和规范化。通过统一的包装规格和尺寸，可以提高货物的装载效率，降低运输和存储成本。同时，标准化包装还有助于提高物流操作的效率和准确性。

第五，在现代物流中，包装功能还关注环保和可持续性。通过采用环保材料、可回收包装和减少包装废弃物等措施，可以降低物流活动对环境的影响，实现绿色物流的目标。

包装功能在物流体系中扮演着至关重要的角色，它不仅能保护货物、方便运输和增加附加值，还能促进物流的标准化、规范化和环保可持续发展。

（四）信息功能

信息功能在物流体系中起着至关重要的作用，它贯穿物流活动的始终，为物流的各环节提供信息支持。以下是信息功能的主要特点和作用。

第一，数据收集与处理。信息功能通过收集物流过程中的各种数据，如订单信息、库存状态、运输进度等，并对其进行处理和分析，为物流决策提供数据支持。这些信息有助于企业更好地了解物流运作状况，预测未来趋势，并做出相应调整。

第二，实时监控与追踪。信息功能可以实现物流活动的实时监控与追踪。通过信息化技术，企业可以实时掌握货物的位置、状态、运输进度等信息，确保物流活动按计划进行，及时发现并解决问题。

第三，协调与沟通。信息功能有助于加强物流各环节之间的协调与沟通。通过信息共享和传递，企业可以优化资源配置，提高物流效率，降低物流成本。同时，信息功能还能促进企业与客户、供应商之间的有效沟通，提升客户满意度。

第四，决策支持。信息功能是企业进行物流决策的重要依据。通过对物流数据的分析，企业可以评估不同物流方案的效果和成本，选择最优方案。此外，信息功能还能提供市场趋势、客户需求等方面的信息，帮助企业制定更加精准的物流策略。

第五，智能化与自动化。随着物联网、大数据、人工智能等技术的不断发展，信息功能在物流领域的应用越来越广泛。通过智能化与自动化的信息系统，企业可以实现更加高效、准确的物流运作，提高物流效率，提升服务质量。

信息功能是物流体系中的关键组成部分，它通过收集、处理、传递和应用物流信息，为物流活动的顺利进行提供有力支持。随着技术的不断进步和应用，信息功能在物流领域的作用将越来越重要。

三、物流的关键要素分析

（一）运输与配送

运输与配送在物流领域中扮演着至关重要的角色，它们是物流过程中的两个核心要素。以下是关于运输与配送的详细分析。

1. 定义与区别

运输通常是指在不同的地点之间移动货物或商品，涉及选择最佳路线、载体（如卡车、火车、飞机等）及运输方法等多个方面的考虑，主要目标是快速、高效地将货物从一个地方移动到另一个地方，以满足客户的需求并提高生产率。运输主要是长时间经过长途运输来运送数量比较多的货物。

配送更多的是强调将货物或商品送达最终客户手中的行动。它是按照一定的区域范围，从存储设施或商店中收集货物，根据订单进行分类和组合，并使用最优化的交付路径将货物直接送到客户处。配送主要是点与点之间短距离少量运输货物。

2. 主要目标与功能

运输的主要目标是快速、高效地将货物从一个地方移动到另一个地方，确保货物能安全、准时到达目的地。

配送的主要目标是确保产品能按照预定时间送到客户手中，从而实现高质量的客户服务，提升客户的忠诚度。配送还包括拣选、加工、包装、分类、运输等多个环节，通过物品地理位置的移动（如送快递）来完成。

3. 责任与主动程度

运输往往是被动提供服务，只需要把货物保质、保量、按时送到用户手中即可。

配送则要求为顾客提供积极、主动的服务，涉及多个服务环节，是"配"与"送"的有机结合，需要尽快安排时间为客户配送。

4. 运送对象与功能

运输多为运送大批量、远距离的物品，并且途中兼有储存功能。

配送则通常是小批量、多种类的产品运送，包括拣选、加工、包装、分类、运输等多个环节。

（二）仓储与库存管理

仓储与库存管理在物流体系中占据着举足轻重的地位，它们对物流活动的顺利进行起到了至关重要的作用。以下是关于仓储与库存管理的详细分析。

仓储是指通过仓库对商品与物品进行储存和保管。"仓库"是存放、保管、储存物品的建筑物和场地的总称，可以是房屋建筑、洞穴、大型容器或特定的场地等，具有存放和保护物品的功能。仓储在物流体系中主要承担以下功能。

第一，储存功能。社会生产的一个重要特征是专业化和规模化生产，产量巨大，绝大多数产品都需要经过仓储手段进行储存，以避免生产过程堵塞，保证生产过程能继续进行。

第二，保管功能。在仓储过程中，对产品进行保护、管理，防止损坏而丧失价值。

第三，仓库整合。仓库可以将来自多个制造业的产品或原材料整合成一个单元，进行一票装运，从而降低运输成本和提高效率，仓库还可以对货物进行分类、分拣和包装，以便更好地满足客户需求。

库存管理是指在物流过程中商品数量的管理，它的主要目标是确保库存水平能满足客户需求，同时，避免库存积压和浪费。库存管理的重点在于确定如何订货、订购多少、何时订货，以及如何实现库存水平的控制和调整。库存管理系统是生产、计划和控制的基础，通过及时反映各种物资的仓储、流向情况，为生产管理和成本核算提供依据。

库存管理的核心在于平衡供需关系，即在确保客户需求得到满足的同时，尽量降低库存成本。这需要企业根据市场需求、生产能力和供应链状况等因素，制定合理的库存策略。例如，采用先进的库存预测技术、实施精益库存管理、建立高效的补货机制等，都是实现库存管理优化的重要手段。

仓储与库存管理在物流体系中是密不可分的两个环节。仓储为库存管理提供了存储空间和相关服务，而库存管理则依赖于仓储设施实现对货物的有效管理。同时，仓储与库存管理之间也存在一些区别。

首先，仓储侧重对货物的存储、保管、分拣、包装等环节的管理，以确保货物的准确性和及时性；而库存管理则更侧重对库存水平的控制和调整，以降低成本和提高资金周转率。

其次，仓储在物流体系中主要承担储存、保管、整合和分类等功能，而库存管理则更多地关注库存水平的预测、控制和优化等方面。

仓储与库存管理在物流体系中都是非常重要的环节，通过优化仓储设施和库存管理策略，可以提高物流效率、降低物流成本并提升客户满意度。

（三）信息技术应用

在物流领域中，信息技术应用已经成为推动行业发展的重要动力。通过采用先进的信息技术，物流企业可以实现对物流过程的实时监控、优化调度和智能决策，从而提高物流效率、降低运营成本，并为客户提供更加优质的服务。以下是信息技术在物流领域的主要应用。

1. 物流信息系统

物流信息系统是物流领域的核心信息系统，它集成了物流过程中的各种信息，包括订单管理、库存管理、运输管理、配送管理等。通过物流信息系统，企业可以实现对物流过程的全面监控和调度，确保货物从起点到终点的顺畅流动。

2. 物联网技术

物联网技术通过信息传感设备将任何物品与互联网连接起来，实现智能化识别、定位、跟踪、监控和管理。在物流领域，物联网技术可以用于实现对货物的实时追踪和监控，提高物流过程的透明度和可追溯性。同时，物联网技术还可以与仓储管理系统相结合，实现仓库的智能化管理，提高仓库的利用率和效率。

3. 大数据技术

大数据技术可以对物流过程中的海量数据进行收集、存储、分析和挖掘，从而发现数据中的价值，为物流决策提供数据支持。通过大数据技术，企业可以实现对物流过程的优化调度和智能决策，提高物流效率和服务质量。

4. 人工智能技术

人工智能技术可以通过模拟人类的智能行为，实现对物流过程的自动化和智能化处理。例如，通过智能调度系统可以实现对运输车辆的智能调度和路线规划，通过智能仓储系统可以实现对仓库的自动化管理和优化，通过智能客服系统可以实现对客户的自动化服务和响应。

5. 云计算技术

云计算技术可以为物流企业提供强大的计算能力和数据存储能力，使物流企业能更加灵活、高效地处理物流数据。通过云计算技术，企业可以实现对物流过程的实时监控和调度，提高物流效率和服务质量。

信息技术在物流领域的应用已经越来越广泛，它们不仅提高了物流效率和服务质量，还为企业带来了更多的商业机会和竞争优势。未来，随着技术的不断发展和创新，信息技术在物流领域的应用将会更加深入和广泛。

（四）客户服务质量

客户服务质量是物流领域中的重要组成部分，它直接关系到企业的声誉、客户满意度和竞争力。良好的客户服务质量不仅能提升客户满意度，还能促进企业与客户之间的长期合作。以下是关于客户服务质量在物流领域中的详细分析。

客户服务质量，是指企业为满足客户需求，通过提供一系列服务活动，使客户达到满意或超出期望的程度。在物流领域中，客户服务质量包括订单处理、运输配送、售后服务等多个环节。

1. 提升客户服务质量的意义

①提高客户满意度。良好的客户服务质量能为客户提供更加便捷、快速和准确的服务，从而提高客户满意度。客户满意度是企业成功的关键因素之一，能提高客户忠诚度，促进企业长期发展。

②增强企业竞争力。在竞争激烈的市场中，客户服务质量成为企业吸引客户、留住客户的重要手段。良好的客户服务质量能为企业赢得更多客户的信任和认可，增强企业竞争力。

③提升企业形象。良好的客户服务质量能展现企业的专业性和责任感，提升企业形象和品牌价值。这有助于企业树立良好的口碑，吸引更多潜在客户。

2. 如何提升客户服务质量

①建立完善的客户服务体系。企业应建立完善的客户服务体系，明确服务流程、服务标准和服务质量监控机制，确保客户能享受到高质量的服务。

②提高员工素质。员工是企业服务客户的重要力量。企业应注重员工培训和素质提升，提高员工的专业技能和服务意识，确保员工能为客户提供优质的服务。

③引入先进技术。企业应积极引入先进的客户服务技术，如人工智能、大数据等，提高服务效率和准确性，为客户提供更加便捷、快速和个性化的服务。

④关注客户需求。企业应密切关注客户的需求和期望，根据客户的反馈不断改进服务质量和服务方式，确保客户能享受到满意的服务。

⑤建立良好的客户关系。企业应与客户建立良好的关系，加强沟通和互动，了解客户的需求和期望，及时解决客户的问题和疑虑，提高客户对企业的信任和依赖程度。

客户服务质量在物流领域中起着至关重要的作用，企业应注重提升客户服务质量，建立完善的客户服务体系，提高员工素质，引入先进技术，关注客户需求和建立良好的客户关系，从而赢得客户的信任和认可，提高竞争力和市场地位。

第二节　物流在供应链中的作用

一、连接生产与销售的桥梁

物流作为连接生产与销售的桥梁，在供应链中发挥着至关重要的作用。这一桥梁作用主要体现在以下几个方面。

1. 物理流动的实现

物流是产品从生产地点流向销售地点的关键驱动力。无论是原材料、半成品还是最终产品，都需要通过物流网络进行运输和配送，以确保它们能在正确的时间到达指定地点。

2. 信息流的协调

除了实际的产品流动外，物流还涉及大量的信息流动。这些信息包括订单信息、库存状态、运输进度等，它们对于生产和销售之间的协调至关重要。物流系统需要确保这些信息的准确性和实时性，以便生产和销售部门能做出相应的调整。

3. 需求与供应的匹配

物流系统根据市场需求组织生产和配送活动。通过对市场需求的预测和分析，物流部门可以协调生产部门调整生产计划，以满足市场需求。同时，物流部门还需要确保产品能及时、准确地送达客户手中，以满足客户的期望。

4. 风险管理和应急响应

物流环节中的不确定性因素（如天气、交通状况等）可能会对生产和销售造成影响。物流系统需要具备风险管理和应急响应的能力，以便在出现问题时能迅速应对，减少潜在的损失。

物流作为供应链中连接生产与销售的桥梁，不仅实现了产品的物理流动和信息流的协调，还确保了需求与供应的匹配，并具备了风险管理和应急响应的能力。这些作用使物流在供应链中扮演着至关重要的角色。

二、保障供应链的稳定性和可靠性

物流在供应链中扮演着至关重要的角色，其稳定性和可靠性对于整个供应链的顺畅运作具有决定性影响。以下是物流如何保障供应链稳定性和可靠性的几个方面。

1. 优化物流流程

通过优化物流流程，可以确保产品从生产地到销售地的顺畅流通。这包括合理规划运输路线、选择合适的运输方式、优化仓储管理等措施，从而提高物流效率，降低物流成本，确保供应链的稳定性。

2. 多元化供应链

与多家供应商建立合作关系，可以避免过度依赖某一家供应商。当某一家供应商出现问题时，其他供应商可以迅速补充，保障供应链的连续性和稳定性。此外，建立多条物流渠道，包括多个国内外仓库、多种运输方式等，也可以应对可能发生的物流延迟或中断，进一步保障供应链的稳定性。

3. 建立风险管理机制

通过定期评估和更新物流合作伙伴的风险等级，可以确保合作方的可靠性和稳定性。此外，采用可靠的物流供应商、签订严格的合同等措施也可以降低物流风险，保障供应链的可靠性。

4. 引入供应链管理系统

通过信息化手段实现物流、信息流、资金流的整合和共享，可以实时监测货物的位置和状态，提高物流运作的效率和可靠性。这种管理方式有助于企业快速响应市场变化，及时调整生产和配送计划，确保供应链的稳定性。

5. 提高应急处理能力

在发生突发事件时，物流环节需要迅速采取有效措施，控制事态发展，将损失降到最低。因此，建立应急处置机制、提高应急处理能力是保障供应链稳定性和可靠性的重要措施。

通过优化物流流程、多元化供应链、建立风险管理机制、引入供应链管理系统和提高应急处理能力等措施，可以进一步提高物流的稳定性和可靠性，从而保障整个供应链的稳定性和可靠性。

三、降低企业成本

物流在供应链中扮演着降低企业成本的关键角色。通过以下措施，企业可以在多个方面实现成本的节约，从而提升整体盈利能力和市场竞争力。

1. 优化物流管理

通过选择合适的运输方式、规划合理的运输路线、提高运输工具的装载率和使用效率等措施，可以降低运输成本。此外，利用现代化的物流信息系统，企业可以实时监控货物的运输状态，减少不必要的运输时间和成本。

优化仓储，提高仓储空间的利用率，采用先进的仓储管理系统和技术，如自动化立体仓库、智能货架等，可以降低仓储成本。同时，通过合理的库存管理和控制，减少库存积压和资金占用，可以进一步降低仓储成本。

采用环保、轻量化的包装材料，减少包装材料的消耗和浪费，可以降低包装成本。此外，通过优化包装设计，提高包装效率，减少包装过程中的损耗和浪费，也可以进一步降低包装成本。

2. 采用先进技术和管理方法

借助现代化的物流信息系统和管理软件，企业可以实现对物流过程的实时监控、数据分析和预测，从而更加精准地掌握物流成本的变化趋势，为成本控制提供数据支持。此外，信息技术还可以提高物流效率和服务质量，从而进一步降低企业成本。

3. 建立紧密的合作关系

通过与供应商、生产商、分销商等合作伙伴建立紧密的合作关系，共同优化供应链流程，降低企业成本。例如，通过实施供应链协同管理，企业可以实时共享库存数据、生产计划和需求预测等信息，从而减少库存积压和缺货现象，降低库存成本和采购成本。

四、提升客户满意度

物流在供应链中不仅仅对于企业的成本控制和运营效率有着重要影响，更在提升客户满意度方面发挥着至关重要的作用。

客户对产品的期待不仅是其质量和功能，还包括快速及准确的配送服务。一个高效的物流系统能确保产品在最短时间内，准确无误地送达客户手中，这极大地提升了客户的满意度。

在物流过程中，提供实时的物流信息追踪服务，让客户能随时了解产品的运输状态和预计到达时间，这种信息透明度能增强客户对物流服务的信任感，进而提升客户满意度。

提供多种配送方式和时间选择，如定时配送、加急配送、自提等，以满足不同客户的需求。这种灵活多样的配送选择能提升客户的满意度，让客户感受到企业的贴心服务。

物流过程中的客户服务也是提升客户满意度的重要因素。良好的客户服务不仅仅需要礼貌和热情的态度，更需要解决客户问题的能力。通过快速响应客户的咨询和投诉，积极解决客户的问题，能提升客户对企业的信任感和满意度。

在物流服务过程中，企业需要持续收集客户的反馈意见，了解客户的需求和期望，然后针对这些反馈进行改进和创新。这种持续改进和创新的态度能不断提升物流服务的质量与效率，从而进一步提升客户满意度。

物流在提升客户满意度方面发挥着至关重要的作用。通过提供快速及准确的配送服务、增强信息的透明度、提供灵活多样的配送选择与优质的客户服务，以及持续改进和创新的态度，企业可以不断提升客户的满意度和忠诚度。

第三节　现代物流与传统物流的区别

一、信息化和数据化水平

现代物流与传统物流在信息化和数据化水平上存在显著差异。

现代物流充分利用信息技术，实现了物流信息的全面数字化和自动化。通过采用先进的物流管理系统，物流的各项业务流程可以更加顺畅地进行，数据传递更加快速、准确。这使大量的客户数据，如自然情况、要货数量、要货次数、品种结构等，可以形成一个宝贵的客户资料数据库，为实施客户关系管理、数据分析和数据挖掘提供了强大的数据支持。

相比之下，传统物流在信息化和数据化方面的发展相对滞后。许多传统物流企业仍然采用手工作业方式，信息化水平较低，数据分散且难以有效整合。这不仅导致物流效率低下，响应速度缓慢，还难以满足客户对物流服务的高要求。

因此，信息化和数据化水平是现代物流相较于传统物流的一大优势。通过提高信息化和数据化水平，现代物流能更好地满足客户需求，提高物流效率，降低物流成本，从而增强企业的竞争优势。

二、服务理念和模式

现代物流与传统物流在服务理念和模式上存在明显差异。

现代物流的服务理念是以客户需求为核心，强调为客户提供个性化、定制化的服务，以满足客户的不同需求。这要求物流企业不仅要有高效、准确的物流服务，还要具备强大的信息处理和数据分析能力，以便更好地理解客户需求并提供相应的服务。同时，现代物流注重与客户的沟通和合作，通过建立长期、稳定的合作关系，实现共赢。

在服务模式上，现代物流注重供应链的整体优化和协同管理。通过整合供应链资源，实现供应链各环节之间的无缝对接和高效协同，从而提高整个供应链的效率和竞争力。此外，现代物流还积极探索新的服务模式，如电子商务物流、智能物流等，以适应市场的变化和满足客户需求。

相比之下，传统物流的服务理念更多的是围绕物流过程本身展开的，注重运输、仓储等单一环节的管理。在服务模式上，传统物流往往采取点到点或线到线的服务模式，缺乏对整个供应链的协同管理和优化。

因此，现代物流的服务理念和模式更加符合市场经济的发展与客户的需求，具有更强的市场竞争力和适应能力。

三、管理方法和手段

现代物流与传统物流在管理方法和手段上存在显著差异。

现代物流采用先进的管理方法和手段，强调系统化和精细化的管理。首先，现代物流运用供应链管理思想，将物流活动视为供应链中的一个重要环节，注重与供应链上下游企业的协同和整合。通过信息共享和协作，实现供应链的高效运作和成本优化。

其次，现代物流注重信息技术的应用。通过采用物联网、大数据、云计算等先进技术，实现对物流信息的实时监控、数据分析和智能决策。这有助于提高物流运作的透明度和可控性，降低物流成本，提高物流效率。

最后，现代物流注重自动化和智能化的管理手段。通过引入自动化设备、机器人等智能设备，实现物流作业的自动化和智能化，降低人力成本，提高作业效率和准确性。

相比之下，传统物流的管理方法和手段相对较为简单与粗放。传统物流往往侧重对物流过程的控制和监督，缺乏对供应链整体运作的考虑。同时，传统物流在信息技术应用方面相对滞后，缺乏有效的数据支持和智能决策能力。

因此，现代物流在管理方法和手段上更加先进与高效，能更好地适应市场需求和变化，提高企业的盈利能力和市场竞争力。

四、全球化和网络化

现代物流与传统物流在全球化和网络化上存在显著区别。

首先，现代物流具有高度的全球化特征。随着全球贸易的不断发展，企业面临着更加广阔的市场和更加激烈的竞争。为了应对这一挑战，现代物流企业通过构建全球物流网络，实现资源的全球配置和共享。这包括建立全球性的仓储和配送中心、开展跨国运输和物流服务、与全球供应商和客户建立紧密的合作关系等。全球化的物流网络使企业能更好地服务全球客户，满足了不同地区的需求，同时，也降低了物流成本和提高了效率。

其次，现代物流高度依赖于网络技术。网络技术为物流信息的传递、共享和处理提供了强有力的支持。现代物流企业通过运用互联网、物联网、大数据等先进技术，实现了物流信息的实时更新、快速传递和智能分析。这使得现代物流企业能更准确地掌握市场需求、优化库存管理和运输路线、提高物流效率和服务质量。同时，网络技术也促进了现代物流企业之间的合作与协同，推动了整个物流行业的创新发展。

相比之下，传统物流在全球化和网络化方面的发展相对滞后。传统物流企业往往局限于地区性市场，缺乏全球化的物流网络和跨国运输能力。同时，传统物流在信息技术应用方面也相对落后，难以实现物流信息的实时更新和智能分析。

现代物流在全球化和网络化方面具有显著优势，能更好地适应全球贸易的发展和市场需求的变化。这对于企业增强竞争力、降低成本和提高效率具有重要意义。

第四节　现代物流的重要性与挑战

一、现代物流的重要性

现代物流作为现代经济体系的重要组成部分，具有不可忽视的重要性。

首先，现代物流是保障供应链顺畅运作的关键。在全球化背景下，供应链涉及多个环节和多个国家，物流作为供应链中的纽带，承担着将原材料、半成品和成品从生产地运输到消费地的任务。一个高效、可靠的物流系统能确保供应链的顺畅运作，降低供应链的风险，提高供应链的整体效率。

其次，现代物流对于降低企业成本具有重要意义。通过优化物流过程、提高物流效率，企业可以降低库存成本、运输成本和其他相关成本，从而提高企业的盈利能力。同时，现代物流还可以帮助企业实现资源的优化配置，提高资源利用效率。

最后，现代物流能提升客户满意度。通过提供快速、准确、可靠的物流服务，企业可以满足客户对时间、质量和服务的要求，提升客户的满意度和忠诚度。这有助于企业建立良好的品牌形象，增强市场竞争力。

二、现代物流的挑战

现代物流尽管具有诸多重要性，但是在实际运作中也面临着一些挑战。

首先，全球化带来的复杂性是现代物流面临的主要挑战之一。随着全球化的深入发展，物流网络变得越来越复杂，涉及多个国家和地区，不同国家和地区的法律法规、文化差异与市场需求等因素都可能对物流运作产生影响。这要求物流企业具备全球化的视野和跨文化的管理能力。

其次，技术更新换代迅速给现代物流带来了挑战。随着物联网、大数据、人工智能等技术的不断发展，物流行业正在经历一场技术革命。物流企业需要不断更新技术和设备，以适应新的市场需求和技术趋势。然而，技术更新换代的速度往往很快，这给物流企业带来了巨大的投资压力和技术风险。

再次，人才短缺是现代物流面临的一个挑战。随着物流行业的快速发展，对人才的需求也在不断增加。然而，目前物流行业的人才储备相对不足，尤其是高端人才和复合型人才更是稀缺。这要求物流企业加强人才培养和引进工作，提高员工的素质和能力。

最后，环保和可持续发展是现代物流需要面对的挑战。随着环保意识的不断增强和环保法规的日益严格，物流企业需要采取更加环保和可持续的物流方式，降低物流活动对环境的影响。这要求物流企业不断创新和探索新的物流模式与技术，实现绿色物流和可持续发展。

三、成本管理与控制

现代物流在成本管理与控制方面扮演着至关重要的角色。随着市场竞争加剧，物流企业必须密切关注运营成本，并通过精细化管理和技术创新降低成本。这包括优化运输路线、提高装载率、降低库存成本、减少能源消耗等方面。通过有效的成本管理与控制，物流企业可以提高盈利能力，并在市场中保持竞争优势。

然而，成本管理与控制也面临着一些挑战。首先，物流成本的构成复杂，包括运输成本、仓储成本、人力成本等多个方面，需要综合考虑各种因素来制定成本控制策略；其次，物流成本受到多种因素的影响，如市场需求、价格波动、政策调整等，这要求物流企业具备敏锐的市场洞察力和灵活的应变能力；最后，随着环保法规的日益严格，物流企业需要考虑环保成本，并采取相应措施降低物流活动对环境的影响。

四、创新与发展

现代物流正面临着快速变化的市场环境和客户需求，创新与发展成为行业的必然选择。创新可以帮助物流企业提高效率、降低成本、提升服务质量，并应对市场变化带来的挑战。

在创新方面，物流企业可以从多个角度入手。首先，技术创新是物流企业创新的重要方向。通过引入物联网、大数据、人工智能等先进技术，物流企业可以实现物流信息的实时更新、快速传递和智能分析，提高物流运作的透明度和可控性。其次，模式创新是物流企业创新的重要途径。通过创新物流服务模式，如供应链金融、物流电商平台等，物流企业可以拓展新的业务领域，提高盈利能力。最后，管理创新是物流企业创新不可忽视的方面。通过优化管理流程和制度，提高管理效率和质量，物流企业可以更好地应对市场变化和挑战。

然而，创新也面临着一些挑战。首先，创新需要投入大量的资金和资源，这对于一些规模较小的物流企业来说可能是一个难题；其次，创新需要具备一定的技术和管理能力，这对于一些传统物流企业来说可能是一个挑战；最后，创新需要面临市场的风险和不确定性，这要求物流企业具备敏锐的市场洞察力和灵活的应变能力。

现代物流在保障供应链顺畅运作、降低企业成本、提升客户满意度等方面发挥着重要作用，但也面临着全球化复杂性、技术更新换代迅速、人才短缺、环保和可持续发展等挑战。为了应对这些挑战并抓住发展机遇，物流企业需要加强成本管理与控制、推动创新与发展，并不断提升自身的竞争力和适应能力。

第二章　物流系统与技术

第一节　物流系统的组成与功能

一、物流系统的组成

（一）基础设施

物流系统的基础设施是支撑整个物流活动顺利进行的基础和骨架，主要包括以下几个方面。

1. 交通网络

①公路。公路作为最主要的陆地交通方式之一，公路网络的发达程度直接影响了货物的短途和长途运输效率。

②铁路。铁路适合大宗货物的长途运输，特别是大宗散货和重型设备的运输。

③水路。水路包括内河、海洋等航道，适合大宗散货、集装箱等的运输，特别是国际货物运输。

④航空。航空速度快，适合高价值、体积小、时间敏感的货物运输。

⑤管道。管道主要用于液体和气体货物的运输，如石油、天然气等。

2. 仓储设施

①仓库。仓库包括普通仓库、冷库、恒温仓库等，用于存放和管理货物，确保货物的安全和完好。

②配送中心。配送中心用于集货、分货、包装、分拣、配送等，是现代物流系统中的重要节点。

③货架、托盘等存储设备。货架、托盘等存储设备用于货物的有序存放和快速取货。

3.装卸搬运设备

①叉车、堆高机。叉车、堆高机用于仓库内部的货物搬运和堆垛。

②起重机、吊机。起重机、吊机用于大型货物的装卸和搬运。

③输送带、自动分拣系统等自动化设备。输送带、自动分拣系统等自动化设备可以提高货物的装卸和分拣效率。

4.物流园区和物流中心

①物流园区。物流园区集中了多个物流企业、仓储设施、运输工具等，形成物流资源的集聚地，便于实现资源的共享和高效利用。

②物流中心。物流中心通常是一个大型的综合物流设施，集仓储、运输、配送、信息处理等功能于一体，是物流系统中的重要节点。

5.通信和信息技术设施

虽然通信和信息技术设施更多地与物流系统的信息系统相关，但基础设施中的通信设施如光缆、基站等，也为物流信息的快速传递提供了保障。

以上这些基础设施共同构成物流系统的硬件基础，为物流活动的顺利进行提供了必要保障。随着科技的不断进步和物流需求的不断变化，物流系统的基础设施也在不断发展和完善。

（二）信息系统

在物流系统中，信息系统是极其重要的组成部分，它贯穿整个物流活动的始终，为物流管理者提供决策支持，优化物流流程，提高物流效率。信息系统是由人员、设备和程序组成的，是为物流管理者执行计划、实施、控制等职能提供信息的交互系统。以下是信息系统的主要组成部分和功能。

1.物流信息采集系统

物流信息采集系统是信息系统的核心，通过各种传感器、扫描枪、RFID标签等设备，对货物在运输过程中的位置、状态、温度等信息进行实时采集，并将这些数据上传到中心服务器。

2. 仓储管理系统

仓储管理系统负责对仓库内货物的存储、管理和调度进行自动化处理。通过仓储管理系统，可以实时掌握仓库的库存情况，优化货物的存储和取货流程，提高仓库的利用效率。

3. 运输调度系统

运输调度系统对车辆在运输过程中的路线规划和任务分配进行自动化处理。系统可以根据货物的数量、重量、体积、目的地等信息，为车辆规划最优的运输路线，提高运输效率，降低运输成本。

4. 配送管理系统

配送管理系统对货物在配送过程中的路线规划和任务分配进行自动化处理。通过配送管理系统，可以实时掌握货物的配送状态，优化配送路线，提高配送效率，降低配送成本。

5. 信息处理与分析系统

信息处理与分析系统对物流过程中采集到的各种信息进行处理和分析，以提供决策支持。通过数据分析，可以发现物流过程中存在的问题，提出优化建议，提高物流效率和服务质量。

6. 客户服务系统

客户服务系统为客户提供快速、便捷、高效的物流服务。通过客户服务系统，客户可以实时查询货物的运输状态、位置等信息，提升客户满意度。

7. 安全监控系统

安全监控系统对物流过程中可能出现的各种安全问题进行监控和预警。通过安全监控系统，可以实时掌握货物的安全状况，及时发现并处理安全问题，确保货物的安全运输。

信息系统在物流系统中发挥着至关重要的作用，它不仅能提高物流效率和服务质量，还能降低物流成本，提高物流企业的竞争力。随着信息技术的不断发展和应用，信息系统将会越来越完善，为物流行业的发展提供更加有力的支持。

（三）供应链管理系统

供应链管理系统是一个全方位的企业管理应用软件，它涵盖从物料采购到产品销售的整个供应链过程，涉及信息、资金、物资、渠道等多个方面的资源管理和调度。以下是关于供应链管理系统主要组成部分和功能的详细解释。

1. 供应链管理系统的主要组成部分

需求预测与计划。该模块负责收集和分析市场数据，预测未来的产品需求，并根据预测结果制订生产和采购计划。

供应商管理。该模块负责寻找、评估和选择供应商，确保供应商能提供高质量、低成本的产品与服务。

库存管理。该模块负责监控和管理库存水平，确保库存充足以满足客户需求，同时避免库存积压导致的资金浪费。

订单管理。该模块负责处理客户订单，包括订单接收、确认、处理和跟踪等。

运输与物流管理。该模块负责规划和管理货物的运输与物流过程，确保货物能按时、安全地送达客户手中。

财务与成本管理。该模块负责监控和管理供应链过程中的成本与财务情况，确保供应链的营利性。

2. 供应链管理系统的主要功能

优化资源配置。通过供应链管理系统，企业可以更好地协调供应链中的各环节，实现资源的优化配置，降低浪费，提高资源利用效率。

提高响应速度。供应链管理系统可以实时跟踪和管理供应链中的各环节，确保企业能快速响应市场变化和客户需求。

降低库存成本。通过精确的需求预测和库存管理，企业可以降低库存成本，提高资金周转率。

提高客户满意度和忠诚度。通过优化订单处理和物流管理，企业可以提高客户满意度和忠诚度。

加强风险管理。供应链管理系统可以帮助企业识别和评估潜在的风险，并制定相应的应对措施，降低风险对企业的影响。

供应链管理系统是一种复杂而重要的企业管理工具，它可以帮助企业实现供应链的全面优化和管理，提高企业的竞争力和盈利能力。随着市场竞争的加剧和客户需求的变化，供应链管理系统将变得越来越重要。

（四）人力资源

在物流系统中，人力资源是不可或缺的组成部分，它涵盖物流活动所需的从高层管理人员到基层操作工人的所有员工。以下是关于物流系统中人力资源的详细解释。

物流系统中的人力资源主要由以下几类人员组成。

①高层管理人员。高层管理人员负责制定物流战略、规划和目标，并监督整个物流系统的运作。他们需要具备丰富的物流管理经验和战略眼光。

②中层管理人员。中层管理人员负责执行高层管理人员的决策，管理物流系统的各部门和环节。他们需要熟悉物流运作流程，具备协调和沟通能力。

③基层操作工人。基层操作工人负责具体的物流操作，如装卸、运输、仓储等。他们需要具备基本的物流知识和技能，能按照操作规程完成工作任务。

物流系统中的人力资源对于企业的成功至关重要，具体体现在以下几个方面。

第一，提高物流效率。优秀的物流人才能熟练掌握物流操作技巧，提高物流效率，降低物流成本。

第二，提升客户满意度。专业的物流人员能为客户提供高效、准确、及时的物流服务，提升客户的满意度和忠诚度。

第三，增强企业竞争力。优秀的人力资源管理能吸引和留住优秀的物流人才，为企业创造更大的价值，增强企业竞争力。

在物流系统中，人力资源管理的关键任务包括以下几项。

第一，招聘与选拔。通过多种渠道招聘合适的人才，设定明确的选拔标准，确保选拔到合适的物流人才。

第二，培训与发展。为物流人员提供必要的培训和发展机会，提高他们的专业技能和素质，满足企业发展的需要。

第三，绩效管理。设定合理的绩效指标，建立完善的激励机制，激发员工的积极性和创造力，提高物流效率和服务质量。

第四，薪酬福利管理。制定合理的薪酬福利政策，吸引和留住优秀的物流人才，确保企业的稳定发展。

人力资源是物流系统中不可或缺的组成部分，对于企业的成功至关重要。因此，企业应该重视人力资源的管理和开发，提高物流人员的素质和能力，为企业的持续发展提供有力保障。

二、物流系统的功能

（一）订单管理功能

物流系统中的订单管理功能是一个核心组成部分，它涵盖从订单接收、处理到跟踪、交付的整个流程。

物流系统能接收来自不同渠道（如电商平台、实体店铺、电话等）的订单，并对这些订单进行统一管理和处理。系统能自动分配订单给相应的部门或人员，确保订单得到及时处理。

物流系统能提供实时的订单跟踪功能，客户可以通过系统查询订单的当前状态、配送进度等信息。这不仅提升了客户满意度，还增强了客户对物流过程的信任感。

物流系统能管理订单的各种状态，包括待处理、已处理、已发货、已完成等。系统能自动更新订单状态，并向相关人员发送通知，确保订单处理流程的顺畅进行。

物流系统能对订单数据进行收集、整理和分析，提供销售趋势、客户需求等有价值的信息。这些信息有助于企业做出更明智的决策，优化库存管理、提高运输效率等。

在订单处理过程中，可能会出现各种异常情况，如缺货、配送延误等。物流系统能及时发现这些异常情况，并提供解决方案或建议，确保订单能顺利完成。

物流系统中的订单管理功能能帮助企业实现订单的快速处理，提升客户的满意度和忠诚度。同时，通过数据分析等功能，企业还能更好地了解市场需求和客户行为，为未来的业务发展提供有力支持。

（二）库存管理功能

物流系统中的库存管理功能对于确保供应链的顺畅运作至关重要。以下是库存管理功能的主要方面。

通过数字化系统，库存管理功能可以实时监控仓库中的货物数量和位置，确保对库存情况的准确掌握。

利用外部传感器和内部控制装置，库存管理功能可以实现货物的自动进出库控制，从而优化空间利用并提高效率。

当库存量达到预设的警戒线时，系统会自动触发预警，提醒相关人员采取补货措施，确保库存水平始终保持在合理范围。

定期或不定期的库存盘点可以确保库存数据的准确性和一致性。此外，库存审计功能可以检查库存的完整性和合规性，防止库存损失和盗窃。

库存管理系统提供丰富的数据分析功能，如库存周转率、库存成本等关键指标的分析，为企业的管理决策提供有力支持。

在库存管理功能中，还需要注意以下策略。

确保先进入的货物先出库，以保持货物的新鲜度和品质。

通过计算最经济的订购数量管理库存，以在满足需求的同时降低库存成本。

物流系统中的库存管理功能通过实时监控、自动化控制、预警与补货、盘点与审计及数据分析等，确保了供应链的顺畅运作并优化了库存成本。这些功能的运用不仅提高了企业的运营效率，还有助于企业在市场竞争中取得优势。

（三）运输管理功能

在物流系统中，运输管理功能是一个至关重要的环节，它涉及从起点到终点的货物移动过程。以下是运输管理功能的主要方面。

1. 订单配送与调度

运输管理系统根据订单要求，进行配送路径规划、运输方式选择及运输资源的调度，确保货物能准时、安全地送达目的地。

2. 实时运输跟踪

利用 GPS 技术、传感器技术等手段，对运输过程进行实时监控和跟踪，确保货物的运输状态和位置信息随时可查。这有助于企业及时掌握货物的运输情况，应对可能出现的异常情况。

3. 运输成本控制

通过对运输费用的计算和控制，运输管理系统帮助企业实现运输成本的优化。系统可以根据运输距离、运输方式、货物特性等因素，自动计算最优的运输方案，降低运输成本。

4. 交通运输效能分析

运输管理系统可以对交通运输效能进行分析和评价，包括运输时间、运输距离、运输资源的利用率等。这有助于企业了解运输效率，找出运输过程中的瓶颈问题，并采取相应的改进措施。

5. 协同与沟通

运输管理系统可以与供应商、运输者及客户之间实现无缝衔接，通过信息共享和实时沟通，提高供应链的协调能力和快速反应能力。

在运输管理过程中，还需要注意以下几点。

1. 安全性

确保货物在运输过程中的安全是首要任务。企业需要选择可靠的运输公司和司机，并对运输过程进行实时监控，确保货物不受损失。

2. 时效性

货物的运输时间对于企业的生产和销售具有重要影响。企业需要制订合理的运输计划，并优化运输路线，确保货物能准时送达。

3. 成本控制

运输成本是企业物流成本的重要组成部分。企业需要选择合适的运输方式和运输工具，并优化运输方案，降低运输成本。

4. 环保意识

在运输过程中，企业需要注重环保和节能。选择低排放的运输工具，合理安排运输时间和路线，减少对环境的影响。

运输管理功能在物流系统中发挥着重要作用，通过订单配送与调度、实时运输跟踪、运输成本控制、交通运输效能分析以及协同与沟通等功能，实现货物的安全、快速、低成本运输。

三、物流系统的其他组成要素

（一）信息管理系统

信息管理系统在物流系统中发挥着核心作用，它通过对物流信息的有效管理，支持物流活动的协调与优化，提高物流运作的效率和质量。以下是信息管理系统在物流系统中的主要功能。

1. 数据集成与共享

整合不同来源（如供应商、运输商、仓库和客户等）的物流数据。

提供统一的数据格式和接口，使各部门或合作伙伴能共享和访问物流信息。

2. 订单处理与跟踪

接收、处理和跟踪订单信息，确保订单准确、快速地处理和交付。

提供实时的订单状态查询功能，方便客户查询订单进度。

3. 库存管理与控制

实时监控库存水平，根据需求进行库存预警和补货操作。

记录库存出入库信息，提供库存分析报告，帮助优化库存管理策略。

4. 运输管理与调度

规划运输路线，优化运输资源，降低运输成本。

实时监控运输过程，确保货物按时、安全送达。

5. 仓储与配送管理

管理仓库的入库、存储、出库等作业，提高仓储效率。

协调配送计划，确保货物及时送达客户手中。

6. 数据分析与决策支持

分析物流数据，提供关键绩效指标和报告，如运输成本、库存周转率等。

利用数据挖掘和预测分析技术，为企业决策提供有力支持。

7. 系统安全与权限管理

确保物流信息的安全性和保密性，防止数据泄露和非法访问。

管理用户权限和访问控制，确保不同用户只能访问其权限范围内的信息。

8. 系统集成与扩展性

可以与企业现有的企业资源计划（ERP）、客户关系管理（CRM）等系统进行集成，实现信息的无缝对接。

提供灵活的接口和扩展性，方便企业根据需要进行定制和扩展。

通过构建高效的信息管理系统，企业可以实现对物流活动的全面监控和管理，提高物流运作的透明度和可控性。同时，信息管理系统还可以帮助企业优化资源配置，降低物流成本，提升客户的满意度和忠诚度，从而在激烈的市场竞争中保持竞争优势。

（二）仓储管理系统

仓储管理系统是物流系统中的一个关键组成部分，专门用于管理仓库中的各项活动。以下是仓储管理系统的主要功能和特点。

1. 库存管理

实时监控库存情况，包括库存数量、库存位置、库存状态等信息。

设置库存预警值，一旦库存数量低于预警值，系统就会自动提醒仓库管理员进行补货。

通过数据分析，系统为企业提供库存优化建议，帮助企业降低库存成本，提高库存周转率。

2. 入库管理

系统帮助企业实现入库管理的自动化，包括货物信息的快速录入和准确性保障。

系统可以自动生成入库单和入库报告，方便仓库管理员进行管理和查询。

3. 出库管理

实现出库管理的自动化，确保货物准确、快速地出库。

系统可以自动生成出库单和出库报告，便于记录和追踪。

4. 库存盘点

自动化库存盘点，系统可以自动扫描货物条码，快速、准确地统计库存数量和状态。

简化盘点流程，减少人工操作，提高盘点效率和准确性。

5. 货物追踪

对货物进行全程跟踪，从入库、库存、出库到交付都可以进行实时跟踪。提供货物的实时位置和状态信息，确保货物安全和准时交付。

6. 报表分析

提供各种报表，如库存报表、入库报表、出库报表、盘点报表等，便于企业进行数据分析和决策。

7. 作业计划自动化

结合仓储管理系统，实现作业计划自动化。系统可以对收货、上架、拣选、分拣、补货、盘点等各项作业进行自动派工和监控，提高作业效率和准确率。

8. 仓库空间管理

实现仓库空间的规划和管理，精细化管理仓库空间，提高仓库利用率。

9. 可配置性与灵活性

具有高度的可配置性，可以根据企业的具体需求进行定制和调整。灵活适应不同行业的仓储管理需求，满足企业的多样化需求。

10. 系统集成与扩展性

仓储管理系统可以与企业现有的 ERP、CRM 等系统进行集成，实现信息的无缝对接。

提供灵活的接口和扩展性，方便企业根据需要进行定制和扩展。

通过引入仓储管理系统，企业可以实现对仓库活动的全面管理和优化，提高仓库运作的效率和准确性，降低仓储成本，增强企业竞争力。

（三）运输管理系统

运输管理系统是物流系统中的重要组成部分，它主要负责对企业运输物流过程进行规划、协调、监测和控制，以提高运输效率、降低运输成本、提高客户服务水平。以下是运输管理系统的主要功能。

1. 订单处理

通过对订单的产生、处理、配送和追踪，实现对客户订单的有效管理。系统能使订单管理流程实现自动化，并能有效提升订单的处理精度与效率。

2. 交通规划与调度

协助企业制定运输方案与排程，包括路径规划、运输方式选择、交通资源调配等。系统能最大限度地优化交通规划，提升交通效率，保证商品准时送达。

3. 物流追踪

对物流进行即时追踪，即时掌握商品的位置及状况。系统能辅助企业对货运过程进行实时监测，能及时地检测和处理存在的问题，改善企业的可见度和透明性。

4. 物流费用控制

通过对物流费用的计算、管理、控制等，辅助企业实现物流成本的精细化管理。

5. 交通运输效能分析

对交通运输效能进行分析与评价，包括运输时间、运输距离、运输资源的利用率等。

6. 智能化管理

通过先进的信息技术，实现运输过程的智能化管理，提高运输效率。

7. 自动化操作

订单处理、路径规划、费用计算等均可实现自动化，减少人工操作，降低错误率。

8. 实时监控

对运输过程进行实时监控，确保货物安全、准时送达。

9. 数据分析

提供丰富的数据分析功能，帮助企业了解运输效率、成本等关键指标，为决策提供数据支持。

运输管理系统是物流系统中不可或缺的一部分，它能帮助企业实现运输物流过程的优化和管理、提高运输效率、降低运输成本、提升客户满意度。随着科技的不断发展，运输管理系统将不断完善和升级，为企业带来更多的便利和效益。

第二节　物流信息技术（RFID 技术、GPS 技术、ERP 系统）

一、RFID 技术

（一）RFID 技术概述

RFID（Radio Frequency Identification）技术，即射频识别技术，是一种通过无线电信号识别特定目标并读写相关数据的无线通信技术。它无须识别系统与特定目标之间建立机械或光学接触，即可实现信息的快速传递和自动识别。RFID 系统由阅读器（读写器）、电子标签（应答器）和应用系统三大部分组成。

1. 阅读器

阅读器是 RFID 系统中的重要组成部分，它负责向电子标签发送射频信号，并接收电子标签返回的响应信号。阅读器内部通常包含射频模块、控制单元及天线等组件，能实现对电子标签的读写操作，并将读取到的数据传送给应用系统进行处理。

2. 电子标签

电子标签是 RFID 系统的数据载体，通常附着在需要被识别的物体上。它包含天线、射频电路及存储数据的芯片等部分。当电子标签进入阅读器的射频场时，它能通过天线接收阅读器发送的射频信号，并将存储的数据返回给阅读器。电子标签的存储容量较大，可以存储包括序列号、产品信息、位置信息等在内的多种数据。

3. 应用系统

应用系统是对 RFID 系统收集到的数据进行管理和应用的软件平台。它能对读取到的数据进行解析、处理和分析，并根据业务需求生成相应的业务指令或报告。应用系统通常包括数据库、中间件及用户界面等部分，可以实现对 RFID 数据的全面管理和应用。

（二）RFID 技术的优势

RFID 技术的优势主要体现在以下几个方面。

1. 非接触性

RFID 技术无须与识别目标进行物理接触即可完成识别工作，这极大地提高了操作的便捷性和效率。同时，由于无须接触，也降低了设备磨损和损坏的风险。

2. 数据存储量大

RFID 标签可以存储大量信息，包括目标的基本信息、身份信息、运行状态等，满足各种复杂场景下的信息需求。

3. 识别速度快

RFID 技术的识别速度非常快，可以在极短时间内完成大量目标的识别工作。在某些应用场合，识别速度甚至可以达到几十微秒。

4. 保密性高

RFID 技术具有较高的保密性，其数据载体与阅读器之间的通信可以进行加密处理，确保数据的安全性。未经允许，几乎不能复制与修改数据。

5. 识别距离远

RFID 技术的识别距离较远，数据载体与阅读器之间的最远距离可以达到数十米，甚至更远。这使 RFID 技术可以应用于更广泛的场景，如仓储管理、物流追踪等。

6. 抗干扰能力强

RFID 技术具有很强的环境适应性，抗干扰能力强，可以全天候使用，几乎不受污染与潮湿的影响。同时，RFID 标签还可以避免机械磨损，具有较长的使用寿命。

7. 多目标识别

RFID 系统可以同时识别多个目标，实现多目标识别和运动目标识别。这极大地提高了系统的识别能力和效率。

8. 可重复使用

RFID 标签可以重复地新增、修改、删除内存储的数据，方便信息的更新。而传统的条形码一旦印刷上去就无法更改，RFID 技术的这一特点使其更具灵活性和可重用性。

9. 穿透性和无屏障阅读

RFID 技术具有一定的穿透性，可以穿透纸张、木材、塑料等非金属材质进行识别。此外，RFID 技术还可以实现无屏障阅读，即使目标被其他物体遮挡，只要在其识别范围内，就仍然可以进行识别。

（三）RFID 技术的应用领域及发展趋势

RFID 技术的应用领域非常广泛，涵盖物流、零售、制造业、医疗、交通等多个行业。随着技术的不断进步和应用的深入，RFID 技术也在不断发展和完善，展现出更广阔的应用前景。

1. 物流行业

RFID 技术可以实现对货物的实时追踪和监控，提高物流运作的透明度和效率。在仓储管理中，RFID 技术可以实现快速、准确的库存盘点和货物查找，降低人力成本和提高管理效率。

2. 零售行业

RFID 技术可以应用于商品管理、防盗、结算等环节。通过 RFID 标签，可以实时追踪商品的流向和销售情况，提高库存管理的准确性。同时，RFID 技术还可以实现自助结算和积分管理，提升消费者的购物体验。

3. 制造业行业

RFID 技术可以应用于生产线上的物料追踪、设备管理和产品追溯等方面。通过 RFID 标签，可以实时掌握生产过程中的物料使用情况、设备运行状态和产品质量信息，实现生产过程的透明化和可追溯性。

4. 医疗行业

RFID 技术可以应用于医疗设备管理、药品追溯和病人信息管理等方面。通过 RFID 标签，可以实时追踪医疗设备的位置和使用情况，提高设备管理的效率。同时，RFID 技术还可以实现药品的追溯和防伪功能，保障患者的用药安全。

5. 交通行业

RFID 技术可以应用于车辆管理、收费和公共交通系统等方面。通过 RFID 标签和读写器，可以实现对车辆的自动识别、追踪和监控，提高交通管理的智能化水平。

RFID 技术的发展趋势主要体现在以下几个方面。

1. 小型化和成本降低

随着技术的进步和制造工艺的改进，RFID 标签的尺寸将不断缩小，成本也将进一步降低。这将使 RFID 技术更加适用于各种应用场景，特别是在小型化和微型化设备中的应用。

2. 无源化和自助化

未来的 RFID 技术将更加注重无源化和自助化。无源 RFID 标签不需要外部电源供电，可以通过接收阅读器发出的射频信号获取能量并进行工作。自助化则意味着 RFID 系统将更加智能化和自主化，能自主完成识别、追踪和管理等任务。

3. 与物联网、人工智能等技术的融合

随着物联网、人工智能等技术的不断发展，RFID 技术将与这些技术深度融合。通过与其他技术的结合，RFID 技术将能实现更加智能化、自动化的应用，为各行各业带来更多的便利和效益。

4. 安全性和隐私保护

随着 RFID 技术的广泛应用，安全性和隐私保护问题也日益受到关注。未来的 RFID 技术将更加注重安全性和隐私保护方面的研究与开发，采用更加先进的加密和认证技术来保障数据的安全性与隐私性。

5. 跨行业应用

随着 RFID 技术的不断发展和完善，其跨行业应用也将越来越广泛。未来的 RFID 技术将不再局限于某一特定行业或领域，而是可以应用于各种行业和领域中，实现更加广泛和深入的应用。

二、GPS 技术

（一）GPS 技术概述

GPS 技术，即全球定位系统，是一种基于卫星的无线电导航定位系统，能为全球范围内的用户提供准确的位置、速度和时间信息。GPS 系统由空间部分（导航卫星星座）、控制部分（地面监控系统）和用户部分（GPS 接收终端）三大部分组成。空间部分由一组 GPS 卫星组成，这些卫星均匀分布在不同的轨道平面上，通过向地面发射无线电信号提供定位服务；控制部分负责监控卫星的运行状态，确保卫星信号的准确性和稳定性；用户部分则是各种 GPS 接收设备，用于接收卫星信号并计算用户的位置信息。

（二）GPS 技术的优势

GPS 技术具有许多优势，使其在众多领域得到广泛应用。首先，GPS 技术具有全球覆盖性，可以在全球范围内提供定位服务；其次，GPS 技术具有高精度性，通过差分技术，其定位精度甚至可以达到厘米级；最后，GPS 技术具有实时性、全天候性和自动化程度高等特点，可以为用户提供连续、实时的位置信息，无须人工干预。这些优势使 GPS 技术在交通、测绘、救援、农业等领域具有广泛的应用前景。

（三）GPS 技术的应用领域及发展趋势

GPS 技术主要应用于以下领域。

1. 交通领域

GPS 技术在交通领域的应用最广泛，包括车辆导航、公共交通调度、出租车管理等。通过 GPS 技术，用户可以实时获取交通信息，规划最优路线，提高出行效率。

2. 测绘领域

GPS 技术为测绘领域带来了一场革命，利用载波相位差分技术（RTK），可以达到厘米级的测量精度。与传统的手工测量手段相比，GPS 技术具有测量精度高、操作简便、全天候操作等优势。

3. 救援领域

利用 GPS 技术，可以对火警、救护、警察进行应急调遣，提高紧急事件处理部门的响应效率。在自然灾害或紧急事件中，GPS 技术还可以为救援人员提供准确的位置信息，帮助他们快速找到失踪人员或受灾区域。

4. 农业领域

发达国家已开始将 GPS 技术引入农业生产中，用于精准农业、农机自动驾驶等方面。通过 GPS 技术，可以实现对农作物的精确播种、施肥、灌溉和收割等作业，提高农业生产效率和资源利用率。

GPS 技术的发展趋势主要体现在以下几个方面。

1. 地基增强

地基增强是卫星导航系统未来的一个发展趋势。通过在地面上建立基站网络，提高信号的精度和稳定性，为用户提供更加精准的定位服务。

2. 卫星数目的增加

随着技术的不断改进和地球探测技术的发展，卫星导航系统的卫星数目还将继续增加。这将提供更加精准和可靠的数据支持，满足用户对高精度定位的需求。

3. 无线通信技术的发展

5G 网络的建设和无线通信技术的不断发展，将为卫星导航系统的发展带来新突破。未来的卫星导航系统将更加智能化、自动化和互联化，为用户提供更加便捷、高效的服务。

三、ERP 系统

（一）ERP 系统概述

ERP 系统，即企业资源计划系统，是一种集成管理软件系统，旨在帮助企业实现资源的有效管理和优化。它整合了企业的各种内部资源，包括人力资源、财务资金、物料库存、生产计划等，通过集成的平台实现跨部门的数据共享和流程协调。ERP 系统不仅提高了企业的业务效率和资源利用率，还提高了产品质量，优化了供应链和客户关系等。

（二）ERP 系统的功能模块

ERP 系统通常包含多个功能模块，以满足企业不同方面的管理需求。以下是一些常见的功能模块。

1. 财务管理

财务管理包括财务会计、资金管理、成本控制等模块，负责企业的财务核算和管理。

2. 人力资源管理

人力资源管理包括员工档案管理、薪资管理、考勤管理、培训管理等模块，负责企业的人力资源规划和管理。

3. 采购管理

采购管理包括采购需求、供应商管理、采购订单、库存管理等模版，确保企业采购过程的顺畅和高效。

4. 销售管理

销售管理包括销售订单、客户管理、发货、销售报价等模版，帮助企业实现销售目标并优化客户关系。

5. 生产管理

生产管理包括生产计划、生产订单、工艺流程、产能管理等模块，负责企业的生产计划和生产过程管理。

此外，ERP 系统还可能包含其他功能模块，如库存管理、项目管理、CRM、质量管理、供应链管理等，以满足企业不同方面的管理需求。

（三）ERP 系统的发展趋势

随着科技的不断发展，ERP 系统也在不断更新和完善。以下是 ERP 系统的一些发展趋势。

1. 云端化

越来越多的企业选择将 ERP 系统部署在云端，以实现更加灵活和可扩展的解决方案。云 ERP 系统可以降低企业的 IT 成本，提高系统的可维护性和安全性。

2. 社交化和移动化

随着社交媒体和移动设备的普及，ERP 系统也逐渐实现了社交化和移动化。员工可以随时随地通过移动设备访问 ERP 系统，实时查看和处理数据，提高了工作效率和灵活性。

3. 大数据和分析

大数据技术可以帮助企业从海量数据中挖掘出有价值的信息，以支持企业的决策制定和战略规划。ERP 系统可以集成大数据分析功能，为企业提供更加准确和全面的数据支持。

4. 人工智能和机器学习

人工智能和机器学习技术可以对大量的数据进行自动分析与处理，识别出模式和趋势，为企业的决策提供智能化支持。ERP 系统可以集成这些技术，提高系统的智能化水平和自动化程度。

5. 安全性

随着网络安全威胁的不断增加，ERP 系统的安全性也受到了越来越多的关注。企业需要确保 ERP 系统的数据安全和隐私保护，采取适当的安全措施来防范潜在的安全风险。

总之，ERP 系统是企业实现资源有效管理和优化的重要工具，随着科技的不断发展，ERP 系统也在不断更新和完善，以适应企业不断变化的管理需求和市场环境。

第三节　自动化技术在物流中的应用

一、自动化技术在物流中的应用概述

（一）物流自动化的主要内容

物流自动化涵盖物流作业中的多个环节，通过集成先进的技术和设备，实现物流作业的自动化、智能化和高效化。

利用自动化立体仓库、货架、堆高机等设备，实现货物的自动存储、取出和搬运。

引入仓储管理系统，实时监控库存状态，自动调整货物的存储位置，优化库存结构。

通过机器人、无人搬运车等自动化设备，实现仓库内的自动化搬运和配送。

利用条形码、RFID 等识别技术，自动识别货物的信息。

引入高速分拣机、智能分拣机器人等设备，实现货物的自动分拣和归类。

结合图像处理、深度学习等技术，实现更高级别的智能分拣，如识别货物形状、颜色等特征。

利用无人驾驶技术，实现车辆的自动导航和运输。

通过物联网技术，实时监控货物的运输状态，包括位置、温度、湿度等信息。

结合大数据和人工智能技术，优化运输路线和配送计划，提高运输效率和降低运输成本。

利用自动化包装设备，如自动封箱机、打包机等，实现货物的自动包装。

引入机器视觉技术，实现包装质量的自动检测和判断。

通过自动化流水线，实现包装作业的连续性和高效性。

利用大数据技术，实时收集和分析物流信息，为决策提供数据支持。

引入云计算技术，实现物流信息的集中存储和处理，提高数据处理能力和效率。

结合人工智能和机器学习技术，实现物流作业的智能预测和优化。

这些自动化内容不仅提高了物流作业的效率和准确性，还降低了人力成本，减少了人为错误，为物流行业的可持续发展提供了有力支持。

（二）物流自动化的优势

物流自动化在物流行业中具有显著的优势，这些优势不仅提升了物流作业的效率，还提高了整个物流系统的可靠性和灵活性。以下是物流自动化的主要优势。

第一，物流自动化能减少人工操作的介入，实现作业的自动化和连续化。通过自动化设备和系统，可以大大加快货物的处理速度，提高作业效率，从而缩短物流周期，加快货物交付速度。

自动化技术的应用减少了对人工劳动力的依赖，降低了人力成本。同时，自动化设备和系统能持续稳定运行，减少了人为因素导致的停工和错误，进一步降低了成本。

人工操作在物流过程中容易出现错误，而自动化设备和系统具有高度的精确性与可靠性，能准确执行各种物流作业，减少人为错误和损失。这有助于提高物流作业的准确性和可靠性，提升客户满意度。

第二，物流自动化能实时监控和分析物流信息，准确掌握物流动态，为资源配置提供有力支持。通过优化库存结构、调整运输方案等措施，可以实现资源的合理利用，降低库存和运输成本。

第三，物流自动化能根据不同的需求和场景进行灵活调整与优化。例如，在高峰期，可以通过增加自动化设备和人员配置应对突增的物流需求；在低谷期，则可以通过减少设备和人员配置降低成本。这种灵活性使物流自动化系统能更好地适应市场的变化和客户的需求。

第四，物流自动化能确保货物在物流过程中的安全和完整，降低货物损坏和丢失的风险。同时，自动化设备和系统能提供更加准确、及时的物流信息，使客户能实时掌握货物的状态和位置，提升客户的满意度和信任度。

第五，物流自动化能通过优化运输方案、减少车辆排放和能源消耗等方式降低对环境的影响，实现可持续发展。例如，使用智能调度系统来减少空驶和等待时间，使用环保材料来制造包装等。

（三）物流自动化的未来发展趋势

随着人工智能、机器学习等技术的不断发展，物流自动化系统将更加智能化和柔性化。系统能自我学习、自我优化，更灵活地适应各种复杂的物流场景。智能仓储、智能分拣、智能运输等将变得更加普及，实现更高效的物流作业。

无人驾驶车辆、无人机、机器人等无人化设备将在物流领域得到更广泛的应用。这些设备能自动完成货物的运输、分拣、配送等任务，大大降低了人力成本，提高了作业效率和安全性。

大数据、云计算等技术的应用将使物流自动化系统更加依赖于数据驱动决策。通过对大量数据的收集、分析，系统能更准确地预测市场需求、优化库存结构、调整运输方案等，实现更加智能化的决策支持。

环保意识的增强和可持续发展的要求将推动物流自动化系统向绿色化方向发展。采用更环保的运输方式、包装材料，以及优化仓储和运输过程，减少能源消耗和废弃物产生，将成为物流自动化的重要趋势。

物流自动化将与物联网、工业互联网、电子商务等领域实现更深度的融合。这种跨界融合将打破行业壁垒，实现资源的共享和优化配置，推动物流行业的创新发展。

通过物联网和传感器技术，物流自动化系统能实时监控货物的位置和状态，提供更准确的货物跟踪和可视化信息。这将有助于企业更好地掌握整个供应链的情况，及时解决问题并提供更好的客户服务。

随着物流自动化的发展，数据安全和隐私保护将成为重要的议题。企业需要加强数据保护措施，防止数据泄露和被黑客攻击。同时，企业还需要遵守相关的法律法规，保护用户的隐私权益。

物流自动化的未来发展趋势将呈现智能化、无人化、数据驱动、绿色化、跨界融合和供应链可视化等特点。这些趋势将推动物流行业的创新发展，为企业提供更高效、智能、环保的物流服务。

二、自动化技术在物流中的主要应用

（一）自动化仓储系统

作为物流领域中自动化技术的核心应用之一，自动化仓储系统是由高层立体货架、堆垛机、各种类型的叉车、出入库系统、无人搬运车、控制系统及周边设备组成的自动化系统。

自动化仓储系统的优势在于其能充分利用存储空间，通过计算机实现设备的联机控制，以先入先出的原则，迅速、准确地处理物品。该系统可持续地检查过期产品或寻找库存的产品，防止不良库存，提高管理水平。同时，它还能进行合理的库存管理及数据处理，减少人工操作时间和减小劳动者劳动强度。

在自动化仓储系统中，堆垛机是主要的设备之一，它实现了模块化设计，结构简单且外形美观。此外，自动化仓储管理软件也是自动化仓储系统的关键组成部分，它基于网络数据库，集信息管理和工业监控于一体，具有高度的安全性和灵活性。该软件允许多个工作站同时进行入出库作业任务的录入，能实时获取最新数据并进行处理。

自动化仓储系统不仅提高了仓库的运行效率，还降低了人力成本，减少了人为错误，为物流行业的可持续发展提供了有力支持。随着科技的不断发展，自动化仓储系统将更加智能化、柔性化，能更灵活地适应各种复杂的物流场景。

（二）自动化分拣系统

自动化分拣系统是物流领域中不可或缺的一部分，它极大地提高了物流分拣的效率和准确性。该系统是一种利用计算机和机械装置，通过自动化技术实现物品分拣和分类的系统。

自动化分拣系统主要包括以下几个核心部分。

1. 传感器

传感器用于检测并收集待分拣物品的信息，如重量、尺寸、形状、颜色等。这些信息是系统进行分拣的基础。

2. 搬运设备

搬运设备用于将待分拣物品从输入口送入分拣区域，并将已分拣好的物品送至相应的输出口。常用的搬运设备包括传送带、机械臂、机器人等。

3. 分拣器

分拣器是自动化分拣系统的核心组成部分，它通过机械臂、气动装置等方式将物品从传送带上抓取或者推挤到指定的仓位或者车辆上，实现分拣和分类等功能。

4. 控制系统

控制系统是自动化分拣系统的大脑，负责控制传感器和搬运设备的运行，以确保分拣过程的顺利进行。控制系统通常由硬件电路和软件程序组成，可以提供数据处理、设备控制、故障诊断和防错等功能。

自动化分拣系统的工作原理是将物品从集散地到目的地的过程中，通过机器和计算机控制自动处理物流分拣、分类、打包、运输等工作。它能连续、大批量地分拣货物，并且分拣误差率极低。此外，自动化分拣系统还能减小劳动强度，降低人员数量，提高生产效率。

自动化分拣系统广泛应用于机场、卷烟厂及烟草仓储物流和邮政分拣系统的所有输送系统。在烟草、邮政、医药、物流配送中心、连锁超市、百货商场、制造工业等领域，自动化分拣系统都发挥着重要作用。如果再配备自动化立体仓库，整个自动化分拣系统就会更加完善。

自动化分拣系统以其高效、准确、可靠的特点，在物流领域发挥着越来越重要的作用。

（三）自动化运输系统

自动化运输系统是一种利用先进技术手段对运输过程进行自动化管理和控制的系统。

自动化运输系统主要由以下几个部分组成。

1. 输送设备

输送设备是自动化运输系统的核心部分，包括传送带、输送线、滚筒输送机等。这些设备能将物料从一个地点输送到另一个地点，实现生产线上的物料流动。

2. 控制系统

控制系统是自动化运输系统的大脑，通过传感器、执行器和计算机控制设备等实现对输送设备的控制。控制系统能监测物料的位置、速度和状态，并根据预设的程序进行控制。

3. 传感器

传感器是自动化运输系统中的重要组成部分，它能感知物料的位置、速度和状态，并将这些信息传输给控制系统。常见的传感器包括光电传感器、压力传感器和温度传感器等。

自动化运输系统的工作原理是通过控制系统对输送线、输送机、输送带等进行控制，实现物品的自动输送。首先，传感器感知到物品的位置和属性，将信息传输给控制系统；其次，控制系统根据接收到的信息，判断物品的目的地和运输路径，并控制输送线、输送机、输送带等设备按照设定的路径和速度进行工作；最后，物品在输送线上按照预定的路径和速度进行输送，直到到达目的地。

自动化运输系统的作用主要体现在以下几个方面。

1. 提高运输效率

自动化运输系统能实现对物流运输过程中的各环节进行自动化操作和智能化管理，从而大幅提高运输效率。

2. 降低运输成本

通过自动化运输系统，可以减少人力成本，降低人为错误，从而降低运输成本。

3. 提升安全性与可靠性

自动化运输系统能实时监测物料的位置、速度和状态，并根据预设的程序进行控制，从而提升了运输的安全性与可靠性。

自动化运输系统可以应用于各种不同的行业和领域，包括工业、仓储、物流、医疗等。例如，在工厂中，自动化运输系统可以实现物料的自动运输和装卸，提高生产效率和生产线的灵活性；在仓库中，自动化运输系统可以实现货物的自动入库、出库和堆垛，提高仓储空间利用率和物流效率。

自动化运输系统以其高效、准确、可靠的特点，在物流领域发挥着越来越重要的作用。随着技术的不断进步和市场的不断发展，自动化运输系统将会得到更广泛的应用和推广。

三、自动化技术在物流中的未来发展趋势

（一）智能化与自主化

智能化与自主化在物流中的未来发展趋势主要体现在以下几个方面。

1. 深度学习与预测分析

随着深度学习技术的不断发展，物流系统能更准确地预测未来的需求模式、运输瓶颈和库存水平。这种预测能力将使物流运营商能提前制定策略，优化库存水平，减少过剩或缺货的情况，从而提高整体物流效率。

2. 自主决策与规划

物流系统将逐步实现自主决策与规划。通过集成先进的人工智能和机器学习算法，物流系统能自动选择最优的运输路线、配送时间和车辆分配，减少运输时间和成本。此外，智能调度系统还能根据实时交通数据和天气信息，动态调整运输计划，以应对不可预见的情况。

3. 智能仓储与库存管理

智能仓储系统将通过物联网技术实时追踪货物的位置和状态，实现自动化的库存管理和补货。这种系统能根据销售数据和库存水平自动调整补货计划，确保库存始终保持在最佳水平。此外，智能仓储系统还能实现自动化的货物分类、分拣和包装，提高仓库的运作效率和准确性。

4. 智能配送与"最后一公里"解决方案

在配送环节，智能化技术将提供更高效和灵活的解决方案。例如，利用无人驾驶车辆和无人机进行配送，可以大幅降低人力成本和时间成本，同时提高配送的准确性和安全性。此外，智能调度系统还能根据实时交通数据和客户需求，优化配送路线和时间，确保货物能准时送达客户手中。

5. 数据驱动的服务创新

随着物流数据的不断积累和分析，物流运营商将能发现新的服务机会和创新点。例如，通过分析客户的购买行为和偏好，提供个性化的物流解决方案；或者利用大数据和人工智能技术优化供应链管理，提高供应链的透明度和可追溯性。

智能化与自主化将是物流行业未来发展的重要趋势，通过引入先进的人工智能、机器学习和物联网技术，物流系统将变得更加智能、灵活和高效，从而为消费者提供更优质的物流服务。

（二）无人化与机器人化

在物流领域中，无人化与机器人化的未来发展趋势日益明显，具体表现在以下几个方面。

1. 自动化仓储系统

传统的仓库需要大量人力来搬运、储存和管理货物，但未来的仓储系统将逐渐实现无人化。通过引入自动化堆垛机、自动导引车（AGV）等机器人设备，可以实现货物的自动存储、取出和搬运，大大提高货物的储存和取货效率。此外，通过智能化的管理软件，可以实现仓库的自动化管理和优化，进一步提高仓储效率。

2. 无人运输系统

传统物流运输通常依赖于人工驾驶的交通工具，但这种方式存在人力资源的浪费和安全隐患。未来的物流运输将逐渐实现无人化，包括自动驾驶的货车、无人机等。这些无人运输系统能自动规划运输路线、避开拥堵和事故多发区域，实现高效、安全的货物运输。同时，它们还能减少人力成本，提高运输效率。

3. 机器人配送

在"最后一公里"配送环节，机器人将发挥重要作用。通过引入配送机器人，能实现货物的自动配送和签收，提高配送效率和客户满意度。此外，配送机器人还能解决偏远地区或高峰时段的配送难题，为物流行业带来新的发展机遇。

4.人工智能与机器人的深度融合

未来的物流系统将实现人工智能与机器人的深度融合。通过人工智能技术，机器人可以更加智能地执行任务，如自动规划路径、识别货物、与人类交互等。这种深度融合将使物流系统更加灵活、高效和智能，以满足不断变化的物流需求。

无人化与机器人化是物流行业未来发展的重要趋势，通过引入自动化设备和人工智能技术，物流系统将实现更高的效率、更低的成本和更好的服务质量，为整个物流行业带来革命性的变革。

（三）柔性化与定制化

在物流领域中，柔性化与定制化是未来发展的重要趋势，具体表现在以下几个方面。

1.柔性化供应链

柔性化供应链意味着供应链能灵活应对市场变化和客户需求。通过引入先进的物流管理系统和智能技术，企业可以实时追踪和分析供应链数据，快速调整库存、运输和配送策略。这种柔性化使企业能更好地应对市场需求波动、突发事件及新兴市场需求，从而提高供应链的效率和可靠性。

2.定制化物流服务

随着消费者需求的个性化和多样化，物流服务也需要更加定制化。企业可以根据客户的具体需求，提供个性化的物流解决方案，如定制化的运输方案、包装方案、配送时间等。这种定制化物流服务能满足客户的特殊需求，提升客户的满意度和忠诚度。

3.模块化物流设备

为了实现柔性化与定制化，物流设备也需要更加模块化。模块化物流设备可以根据不同的物流需求进行灵活组合和配置，从而适应不同的物流场景。这种模块化设计使物流设备更加灵活、高效和易于维护，降低了企业的运营成本。

4.智能化物流管理系统

智能化物流管理系统是实现柔性化与定制化的关键。通过引入物联网、大数据、人工智能等先进技术，企业可以实时掌握物流信息，预测物流需求，优化物流流程。这种智能化物流管理系统使企业能更加精准地控制物流过程，提高物流效率和准确性。

5.协同化物流网络

柔性化与定制化还需要物流网络的协同化。企业可以通过建立紧密的合作关系，实现与供应商、分销商、承运商等各方之间的信息共享和协同作业。这种协同化物流网络可以提高整个供应链的透明度和可视化程度，促进资源的优化配置和共享利用。

柔性化与定制化是物流行业未来发展的重要趋势，通过引入先进的物流管理系统和智能技术，企业可以构建更加灵活、高效和可靠的物流体系，满足不断变化的市场需求和客户需求。这将为企业带来更多的竞争优势和市场机遇。

第四节　物联网与智能物流

一、物联网在智能物流中的基础作用

（一）实时监控与追踪

物联网在智能物流中的第一个基础作用是实时监控与追踪。这一功能通过物联网传感器和无线通信技术实现，使物流企业能实时获取货物的位置、状态及运输条件等信息。

具体来说，物联网监控系统通过将传感器、设备、机器、车辆等物理对象连接到互联网，使它们能收集和交换数据。这些数据包括货物的实时位置、移动速度、是否受到损坏等，随后被传输到中央服务器或云平台进行处理和分析。

实时监控与追踪功能的应用，使物流企业能准确了解货物的实际状态，包括其所在位置、移动速度、是否受到损坏等。这种实时监控功能有助于提高物流过程的透明度和可预测性，确保货物的安全和准时交付。

此外，物联网监控系统还可以提供远程控制功能，使物流企业能远程操作和管理设备，实现远程监控和控制。无论物流企业身在何处，只要有互联网连接，就能轻松地管理其物流设备和货物。

物联网的实时监控与追踪功能为智能物流提供了强大的技术支持，使物流企业能更好地掌握货物的运输情况，提高物流效率和客户满意度。

（二）环境条件监测

物联网在智能物流中的第二个基础作用是环境条件监测。这一功能通过物联网传感器实时收集和分析货物所处环境的数据，确保货物在运输和储存过程中保持最佳状态。

具体来说，物联网传感器能监测并记录各种环境参数，如温度、湿度、光照、气压等。这些传感器通常被安装在货物包装内部、运输车辆或仓库内部，以实时收集货物的环境数据。

通过物联网技术，这些环境数据被传输到中央服务器或云平台进行集中处理和分析。物流企业可以根据这些数据了解货物当前的环境状况，并据此做出相应的调整。例如，如果监测到货物所处环境的温度超出了适宜范围，物流企业就可以立即采取措施，如调整运输车辆内的温度控制系统，或改变货物的运输路线，以避免货物受损。

环境条件监测功能在智能物流中发挥着重要作用。它可以帮助物流企业确保货物在运输和储存过程中的质量与安全，减少环境因素导致的货物损失和退货风险。同时，通过实时监测环境数据，物流企业还可以提前预测和应对潜在问题，提高物流效率和客户满意度。

物联网的环境条件监测功能为智能物流提供了全面的环境数据支持，使物流企业能更好地管理货物的运输和储存过程，确保货物的质量和安全。

（三）智能决策支持

物联网在智能物流中的第三个基础作用是智能决策支持。物联网技术通过收集和分析大量的物流数据，为物流企业提供了决策支持，从而帮助它们优化物流流程、提高物流效率和降低物流成本。

具体来说，物联网传感器和无线通信技术可以实时收集货物的位置、状态、运输条件及环境参数等数据。这些数据被传输到中央服务器或云平台进行集中处理和分析，形成有价值的物流信息。

基于这些物流信息，物流企业可以更加深入地了解供应链的运作情况，包括货物的运输状态、库存水平、运输成本等。通过对这些信息的分析，物流企业可以预测未来的需求和瓶颈，制订更加精准的物流计划。

此外，物联网技术可以结合大数据、云计算和人工智能等先进技术，为物流企业提供更加智能化的决策支持。例如，通过机器学习算法对历史物流数据进行分析，物流企业可以预测货物的运输时间和成本，从而制定更加合理的运输方案。同时，物联网技术还可以帮助企业实现智能调度和路径优化，进一步提高物流效率。

物联网技术通过提供智能决策支持，帮助物流企业更好地掌握供应链的运作情况，优化物流流程，提高物流效率和降低物流成本。这对物流企业来说具有重要的战略意义，有助于它们在激烈的市场竞争中获得优势。

二、物联网推动智能物流的创新发展

（一）智能仓储管理

物联网在智能仓储管理中的应用，极大地推动了仓储管理的创新与发展。以下是关于智能仓储管理的具体阐述。

物联网技术通过集成各种传感器、RFID 标签、智能设备等，实现对仓库内货物的实时监控、追踪和管理。这些技术使仓库管理员能实时掌握货物的位置、数量、状态等信息，大大提高了仓储管理的效率和准确性。

在智能仓储管理中，物联网技术的主要应用包括以下几个方面。

通过物联网传感器和 RFID 技术，仓库管理员可以实时了解货物的库存情况，包括货物的位置、数量、状态等。这有助于仓库管理员及时发现库存不足或过剩的情况，从而采取相应的措施进行调整。

物联网技术可以实现仓库作业的自动化，如自动化搬运、自动化分拣、自动化堆垛等。这些自动化设备可以大大提高仓库的作业效率，减少人力成本，并降低人为错误的发生。

物联网技术可以实时监测仓库设备的运行状态，预测设备可能出现的问题，并提前进行维护。这有助于降低设备的故障率，提高设备的可靠性和稳定性。

通过物联网技术收集的大量数据，仓库管理员可以进行深入的数据分析，了解仓库的运营情况，发现潜在的问题，并制定相应的优化措施。这有助于提高仓库的运营效率和管理水平。

物联网技术为智能仓储管理提供了强大的技术支持，使仓库管理更加智能化、自动化和高效化。这不仅提高了仓库的运作效率，降低了成本，还提高了客户满意度和企业竞争力。

（二）智能运输与配送

物联网在智能运输与配送中的应用，为物流行业带来了革命性的变革。以下是关于智能运输与配送的具体阐述。

1. 实时监控与追踪

物联网技术通过 GPS、传感器等技术，实现对运输车辆的实时监控与追踪。物流企业可以实时获取车辆的位置、速度、行驶路线等信息，以及货物的状态、温度、湿度等环境数据。这使物流企业能全面了解运输情况，确保货物的安全和准时送达。

2. 智能调度与优化

基于物联网技术，物流企业可以实现智能调度与优化。通过实时收集和分析运输数据，系统可以自动调整运输计划，优化运输路线，降低运输成本。同时，物联网技术还可以结合交通、天气等实时信息，为运输提供最佳方案，提高运输效率。

3. 自动化配送

物联网技术推动了自动化配送的发展。例如，利用无人机、无人车等自动化设备，可以实现货物的自动配送。这些设备能自动规划路线、识别障碍物、进行精准配送，大大提高了配送的效率和准确性。同时，自动化配送还可以降低人工成本，减少人为错误。

4. 客户体验提升

物联网技术使物流过程更加透明和可视化。客户可以通过手机或其他设备实时查询货物的位置和运输状态，了解货物的最新动态。这不仅提升了客户的满意度，还增强了客户对物流企业的信任度。

5. 安全管理

物联网技术提升了智能运输与配送的安全性。通过实时监测车辆的运行状态和环境数据，系统可以及时发现潜在的安全隐患，并提前采取预防措施。此外，物联网技术还可以实现货物的防盗和防损功能，确保货物安全到达目的地。

物联网技术为智能运输与配送提供了强大的技术支持，使物流行业更加高效、便捷和安全。随着技术的不断发展和应用，智能运输与配送将在物流行业中发挥越来越重要的作用。

（三）智能供应链管理

物联网在智能供应链管理中的应用，显著提高了供应链的透明度、效率和响应速度，推动了供应链的智能化发展。以下是关于智能供应链管理的具体阐述。

1. 实时监控与数据共享

物联网技术通过传感器、RFID 标签等设备，实时监控供应链中的各环节，如原材料采购、生产、库存、运输等。收集到的数据可以通过云平台进行集中处理和分析，实现供应链信息的实时共享。这使企业能准确掌握供应链的运行状况，及时发现潜在问题，并采取相应的措施。

2. 智能决策支持

基于物联网技术收集的大量数据，企业可以利用大数据分析和人工智能技术，进行数据挖掘和预测分析，为供应链管理提供智能决策支持。例如，通过预测分析，企业可以预测未来的市场需求，从而提前进行生产和库存调整；通过数据分析，企业可以发现供应链中的瓶颈环节，并优化资源配置，提高供应链的运作效率。

3. 协同与可视化

物联网技术可以实现供应链的协同工作，使供应链的各环节能实时共享信息，协同决策。同时，物联网技术还可以实现供应链的可视化管理，通过图形化界面展示供应链的运行状况，使管理人员能直观地了解供应链的运作情况，从而更好地进行管理。

4. 风险管理与预警

物联网技术可以实时监测供应链中的异常情况，如设备故障、交通拥堵、天气变化等，并通过数据分析进行风险评估与预警。这使企业能提前发现并应对潜在风险，降低供应链中断的风险，保障供应链的稳定运行。

5. 持续改进与优化

物联网技术为供应链的持续改进与优化提供了可能。通过实时监测和分析供应链的运行数据，企业可以发现供应链中存在的问题和不足，并采取相应的措施进行改进。同时，物联网技术还可以为企业提供持续改进和优化的数据支持，帮助企业不断提高供应链的运作效率和竞争力。

物联网技术在智能供应链管理中的应用，使企业能更好地掌握供应链的运行状况，实现供应链的智能化管理。这不仅可以提高供应链的透明度和效率，还可以降低企业的运营成本，提高企业的竞争力。

三、物联网在智能物流中的挑战与前景

（一）物联网在智能物流中的挑战

物联网在智能物流中面临的挑战主要包括以下几个方面。

1. 数据安全与隐私保护

首先，物联网技术依赖于大量的数据收集、传输和处理，这些数据往往包含敏感信息，如货物位置、客户资料等。这些信息的泄露可能会导致企业遭受损失，甚至影响客户信任度。

其次，黑客攻击和网络威胁是一个重要的安全隐患。物联网设备可能存在安全漏洞，使黑客有机会侵入系统，窃取或篡改数据。

2. 设备标准化与互操作性

由于物联网设备的多样性和不同厂商之间的技术差异，设备之间的互操作性和数据共享成了一个挑战。这可能导致物流过程中的信息断裂和效率低下。

缺乏统一的标准和规范，使物联网在智能物流中的应用受到限制。不同的设备和系统之间难以实现无缝对接，影响了物流的整体效率。

3. 成本与收益平衡

物联网技术的引入需要投入大量的资金购买设备、建设网络等。对许多物流企业来说，如何在短期内实现成本与收益平衡是一个巨大的挑战。

同时，物联网技术的维护和升级也需要持续的投入，这进一步增加了企业的运营成本。

4. 技术成熟度和可靠性

物联网技术虽然发展迅速，但在某些方面仍存在一定的技术局限性和不稳定性。例如，传感器可能受到环境因素的干扰，导致数据不准确；网络通信可能受到信号覆盖和传输速度的限制，影响数据的实时性。

技术的不成熟和不稳定可能导致物流过程中的错误与延误，影响物流效率和服务质量。

5. 法律法规和政策环境

随着物联网技术的广泛应用，相关的法律法规和政策环境也需要不断完善。目前，关于物联网数据收集、使用和保护等方面的法律法规还不够完善，给物流企业带来了一定的法律风险。

同时，不同国家和地区的政策环境可能存在差异，这也给跨国物流企业带来了挑战。

物联网在智能物流中面临着多个方面的挑战，为了克服这些挑战，需要不断加强技术研发、完善法律法规和政策环境、提高设备标准化与互操作性等。

（二）物联网在智能物流中的前景

物联网在智能物流中的前景非常广阔，主要体现在以下几个方面。

1. 提高物流效率

物联网技术可以实现实时追踪和监控货物，从而优化运输路线和减少中转时间。

通过智能调度系统，物流企业可以实现更加精准和高效的运输计划，减少空驶和等待时间，提高整体物流效率。

2. 仓储智能化与自动化

物联网技术可以应用于仓库管理，实现自动化存储、货物识别与追踪、库存监控等功能。

通过智能货架、RFID标签等设备，可以实现货物的快速定位和查找，提高仓储效率。

自动化搬运机器人和无人叉车等设备可以大幅减少人力成本，并提高仓库的运作效率。

3. 智慧供应链管理

物联网技术可以实现供应链的全程可视化和即时交互，帮助企业更好地管理供应链。

通过实时收集和分析供应链数据，物流企业可以预测市场需求、优化库存水平、调整生产计划等，提高供应链的响应速度和灵活性。

4. 智能追踪与安全控制

物联网技术可以实时监测货物的位置、温度、湿度等信息，确保货物在运输过程中的安全。

通过智能预警系统，物流企业可以及时发现异常情况并采取措施，降低货物损失的风险。

5. 大数据与人工智能的应用

随着物联网技术的不断发展，物流行业将进一步深化与大数据、人工智能等技术的融合应用。

通过对海量数据的分析、挖掘，可以为物流企业提供更加精准的决策支持，优化物流运作流程，提高运营效率。

6. 物联网与5G技术的融合

5G技术的高速传输和低延迟特性将为物联网在智能物流中的应用提供更加强大的支持。

通过5G网络，物联网设备可以实现更加快速和稳定的数据传输，进一步提高物流的效率和准确性。

7. 可持续发展

物联网和智能物流的发展可以提高物流的准确性与可预测性，减少货物的损失和浪费，从而推动可持续发展的进程。

同时，物联网技术还可以帮助企业更好地管理能源和资源消耗，降低对环境的负面影响。

物联网在智能物流中的前景非常广阔，随着技术的不断进步和应用场景的不断拓展，物联网将在智能物流中发挥越来越重要的作用，推动物流行业的数字化转型和智能化升级。

（三）总结与展望

总结来说，物联网在智能物流中的应用带来了显著的机遇和挑战。在机遇方面，物联网技术通过实现实时数据收集、智能调度和监控、供应链可视化等，大大提高了物流行业的效率和准确性，为物流企业提供了更多的增值服务，并推动了物流行业的数字化转型和智能化升级。同时，物联网技术还有助于实现节能减排和环保目标，促进物流行业的可持续发展。

在挑战方面，首先，数据安全与隐私保护是物联网技术必须解决的重要问题，需要采取有效的技术手段和管理措施来保护客户与企业数据的安全；其次，设备标准化与互操作性的缺乏限制了物联网在智能物流中的广泛应用，需要行业内外各方共同努力推动标准的制定和实施；最后，成本与收益平衡及技术成熟度和可靠性等问题需要得到妥善解决。

展望未来，随着技术的不断进步和应用场景的不断拓展，物联网在智能物流中的应用将越来越广泛和深入。首先，物联网技术将不断成熟和完善，解决目前存在的技术局限性和不稳定性问题，提高系统的可靠性和稳定性。其次，随着 5G、大数据、人工智能等技术的不断发展，物联网将与这些技术深度融合，为智能物流提供更加强大的支持。例如，5G 技术的高速度、低延迟和大连接特性将为物联网设备提供更加稳定与高效的数据传输服务；大数据和人工智能技术将帮助物流企业更好地分析与利用物联网收集的数据，实现更精准的决策和优化。

同时，政策环境也将对物联网在智能物流中的发展产生重要影响。政府应加强对物联网技术的监管和支持，制定和完善相关法律法规与政策措施，为物联网技术的健康发展提供有力保障。此外，行业内外各方也应加强合作和交流，共同推动物联网在智能物流中的应用和发展。

总之，物联网在智能物流中具有广阔的前景和潜力。面对机遇和挑战并存的情况，我们需要积极应对并抓住机遇，推动物联网在智能物流中的广泛应用和发展。

第三章 物流管理与优化

第一节 物流管理的基本原理

一、物流成本最小化原理

（一）优化物流流程

优化物流流程是物流成本最小化原理中的关键一环。通过精细的规划和改进，企业可以显著提高物流效率，减少浪费，并最终降低物流成本。以下是优化物流流程的主要步骤和策略。

1. 流程分析

首先，对现有物流流程进行全面分析，识别出流程中的瓶颈、冗余环节和浪费现象。

利用流程图、价值流图等工具，将物流流程可视化，有助于更清晰地了解问题所在。

2. 设定优化目标

根据分析结果，设定具体的优化目标，如缩短运输时间、减少库存积压、提升客户满意度等。

确保优化目标与企业的整体战略目标保持一致。

3. 制定优化方案

针对识别出的问题，制定具体的优化方案。这可能包括改进运输路线、优化库存管理策略、引入自动化设备等。

考虑采用先进的物流技术和管理方法，如物联网、大数据分析、人工智能等，以提高物流流程的智能化和自动化水平。

4. 实施优化方案

将优化方案付诸实践，确保所有相关人员了解并遵循新的流程。

在实施过程中，密切关注各项指标的变化，及时发现问题并进行调整。

5. 持续改进

优化物流流程是一个持续的过程。企业需要定期评估物流流程的性能，识别新的改进机会。

鼓励员工提出改进建议，营造一种持续改进的文化氛围。

6. 建立跨部门合作机制

物流流程往往涉及多个部门和环节，需要建立跨部门合作机制，确保各部门之间的顺畅沟通和协作。

通过建立共同的目标和激励机制，促进各部门之间的协同工作。

7. 引入外部专家

在某些情况下，引入外部专家可以提供更专业的建议和指导，帮助企业更好地优化物流流程。

企业可以考虑与咨询公司、行业协会或高校等机构建立合作关系，共同推动物流流程的优化工作。

通过优化物流流程，企业可以提高物流效率，降低物流成本，并提升客户满意度。这对于企业的长期发展具有重要意义。

（二）降低库存成本

降低库存成本是物流管理中的一项重要任务，它直接关系到企业的资金占用、运营效率和市场竞争力。以下是降低库存成本的一些有效策略和方法。

1. 精准需求预测

通过市场分析和历史销售数据，进行精准的需求预测，确保库存水平与市场需求相匹配。

采用先进的预测模型和算法，如机器学习、大数据分析等，提高预测准确性。

2. 优化库存管理策略

实施 ABC 分类法或其他库存分类管理策略，对库存物品进行优先级排序，重点管理高价值、高需求的物品。

采用"先进先出"或"后进先出"等库存管理方法，确保库存周转的及时性。

3. 降低库存持有成本

通过提高库存周转率，减少资金占用和仓储费用。

采用精益生产、准时制等生产方式，降低库存水平，实现零库存管理。

4. 优化采购策略

企业与供应商建立稳定的合作关系，确保供应链的可靠性。

采用集中采购、长期合同等方式，降低采购成本。

根据市场变化和需求预测，合理确定采购量和采购时间，避免过量采购或库存积压。

5. 引入先进的库存管理系统

采用 ERP、仓库管理系统等先进的库存管理软件，实现库存信息的实时更新和共享。

通过库存预警、自动补货等功能，降低库存风险和管理成本。

6. 加强库存监控和评估

定期对库存进行盘点和评估，确保库存数据的准确性。

设立库存周转率、库存成本占销售额比例等关键绩效指标，对库存管理水平进行监控和评估。

7. 加强员工培训和意识提升

提高员工对库存管理重要性的认识，鼓励员工参与库存管理的改进工作。

加强员工对库存管理软件的操作培训，提高库存管理的效率和准确性。

8. 引入物联网技术

利用物联网技术实现仓库的实时监控和智能管理，提高库存管理的自动化水平。

通过物联网设备收集仓库环境、货物状态等数据，为库存管理提供有力支持。

通过实施以上策略和方法，企业可以有效降低库存成本，提高运营效率和市场竞争力。同时，这也需要企业不断加强内部管理、优化供应链和加强与供应商的合作。

（三）提高运输效率

提高运输效率是物流管理中至关重要的环节，它直接影响到企业的运营成本、交货时间和客户满意度。以下是提高运输效率的一些关键策略和方法。

1. 优化运输路线

通过先进的路线规划软件和算法，对运输路线进行优化，以减少行驶距离和运输时间。

考虑路况、交通流量和天气等因素，选择最佳路径，避免拥堵和延误。

2. 采用先进的运输技术

引入先进的运输设备和技术，如自动化搬运设备、智能调度系统等，提高货物装卸和运输的效率。

利用物联网和大数据等技术，实现货物的实时追踪和监控，提高运输的透明度和可控性。

3. 加强车辆管理

建立完善的车辆管理制度，确保车辆保持良好的运行状态。

定期进行车辆维护和检查，减少故障和事故发生的可能性。

合理安排车辆调度和装载计划，提高车辆的利用率和运输效率。

4. 优化装载和配载

合理安排货物的装载顺序和配载方式，以最大化利用车辆的装载空间和载重能力。

采用先进的装载技术和设备，如自动化装载机、智能配载系统等，提高装载和配载的效率与准确性。

5. 加强运输协同管理

企业与供应商、承运商和客户等各方建立紧密的合作关系，共同优化运输计划和加强运输协同管理。

实现信息共享和实时通信，提高运输过程的协调性和可控性。

通过共同制定运输标准和协议，提高运输效率和服务质量。

6. 引入智能调度系统

利用智能调度系统对运输任务进行智能分配和调度，实现运输资源的优化配置。

通过实时数据分析和预测，提前预测运输需求和瓶颈，并采取相应的措施进行应对。

7. 加强员工培训和管理

提高驾驶员和运输操作人员的技能与素质，确保他们熟悉运输流程和安全规定。

加强员工的培训和安全意识教育，减少人为因素导致的运输延误和事故。

8. 推动绿色物流发展

采用绿色运输方式和环保技术，如多式联运、绿色包装等，减少运输过程中的能源消耗和环境污染。

鼓励使用清洁能源和低碳排放的运输工具，推动绿色物流的可持续发展。

通过实施以上策略和方法，企业可以显著提高运输效率，降低运输成本，并提升客户满意度。同时，这也需要企业不断加强内部管理、优化供应链和加强与各方的合作。

二、物流服务质量最大化原理

（一）客户导向的服务设计

客户导向的服务设计是物流服务质量最大化原理的重要组成部分，它强调以满足客户需求为核心，从客户的角度出发设计和优化物流服务。以下是关于客户导向服务设计的具体要点。

1. 深入了解客户需求

通过市场调查、客户访谈、数据分析等多种方式，全面了解客户在物流服务方面的需求和期望。这包括了解客户的运输需求、时间要求、货物特性、服务期望等，以便为客户提供更加精准的服务。

2. 个性化服务方案

根据客户的具体需求，制定个性化的物流服务方案。这包括选择合适的运输方式、优化运输路线、提供包装和装卸服务等，以确保服务内容与客户需求高度匹配。

3. 服务持续改进

定期收集客户反馈，分析服务过程中的问题和不足，持续改进服务方案。

通过不断优化服务流程、提高服务效率和质量，以满足客户日益增长的需求和期望。

在客户导向的服务设计中，还需要注意以下几点。

1. 强调客户体验

将客户体验作为服务设计的核心，从客户的角度出发，关注客户在物流服务过程中的感受和体验。通过提供便捷、高效、可靠的服务，让客户感受到企业的专业性和贴心关怀。

2. 强化服务创新

不断探索新的服务方式，以满足客户不断变化的需求。通过引入新技术、新设备和新方法，提高物流服务的智能化、自动化和数字化水平，为客户提供更加优质、高效的服务。

3. 建立良好的客户关系

企业与客户建立长期、稳定的合作关系，通过提供优质的服务和解决方案，赢得客户的信任和忠诚。同时，积极回应客户的反馈和建议，不断改进和优化服务方案，以满足客户的需求和期望。

客户导向的服务设计是物流服务质量最大化原理的重要体现，它要求企业从客户的角度出发，深入了解客户需求，制定个性化服务方案，并通过持续改进和创新提高服务效率与质量。这样才能满足客户的需求和期望，赢得客户的信任和忠诚，提高企业的市场竞争力。

（二）高效、准确的物流服务执行

在物流服务质量最大化原理中，高效、准确的物流服务执行是确保企业能提供优质服务的关键环节。通过对运输路线、配送中心、仓库等物流基础设施的合理规划和布局，形成高效、稳定的运输网络。

借助先进的物流管理系统和技术工具，如大数据分析、人工智能等，对运输网络进行动态优化，确保运输效率和准确性。

根据货物的特性、运输距离、时间要求等因素，选择合适的运输方式，如陆运、海运、空运或多式联运，以提高运输效率并降低运输成本。

在运输过程中，合理安排装卸、搬运等环节，确保货物的安全和完整。

利用物联网技术，对货物进行实时跟踪和监控，确保客户能随时了解货物的运输状态和位置。

通过实时信息反馈，及时发现和解决运输过程中的问题，确保货物能按时、准确地送达目的地。

优化仓储布局和货物管理，确保货物能有序存放、快速检索和准确配送。

借助先进的库存管理系统和技术工具，对库存进行实时监控和预警，避免库存积压和缺货现象的发生。

加强员工培训和管理，提高员工的业务能力和服务意识，确保为客户提供优质的服务。

建立健全的服务标准和流程，规范员工的服务行为，提高服务的一致性和可靠性。

识别和评估物流服务过程中可能面临的风险，如运输事故、货物丢失等，制定相应的预防措施和应急方案。

加强与供应商、承运商等合作伙伴的沟通和协作，共同应对风险挑战，确保物流服务的顺利进行。

通过高效、准确的物流服务执行，企业可以确保物流服务的质量、效率和准确性，提升客户的满意度和忠诚度，进而增强企业的市场竞争力。

（三）完善的售后服务与支持

完善的售后服务与支持是物流服务质量最大化原理中不可或缺的一部分。设立专门的客户服务热线或在线支持平台，确保客户在需要时能迅速得到响应。

设立紧急联络人制度，确保在出现紧急情况时，能迅速找到相应的责任人进行协调和处理。

根据客户的需求和期望，提供多样化的售后服务选项，如退换货、维修、咨询等。

为客户提供个性化的服务方案，确保售后服务能满足客户的实际需求。

鼓励客户提出宝贵的意见和建议，通过问卷调查、电话回访、在线评价等方式收集客户反馈。

定期对客户反馈进行整理和分析，找出服务中的不足和改进点，并制定相应的改进措施。

在售后服务过程中，持续跟踪客户的满意度和需求变化，确保问题得到妥善解决。

定期向客户发送关怀信息或邮件，提醒客户注意货物的使用和维护，提升客户的满意度和忠诚度。

建立专业的售后服务团队，确保团队成员具备丰富的行业知识和专业技能。

定期对售后服务团队进行培训和考核，提高团队的服务质量和效率。

借助信息技术手段，如 CRM 系统、在线客服系统等，提高售后服务的响应速度和处理效率。

通过数据分析和挖掘技术，发现客户在售后服务中的潜在需求和问题，为改进服务提供数据支持。

通过完善的售后服务与支持，企业不仅能解决客户在物流服务过程中遇到的问题和困难，还能提升客户对企业的信任度和忠诚度。同时，售后服务也是企业了解客户需求、改进服务质量的重要途径之一。因此，企业应该高度重视售后服务与支持工作，不断提高服务水平和效率。

三、物流资源充分利用原理

（一）合理配置物流资源

合理配置物流资源是物流管理中至关重要的一个环节，它直接影响到物流系统的效率和成本。

以下是关于合理配置物流资源的具体说明。

在进行物流资源配置之前，首先要明确企业的物流需求，包括运输、仓储、配送等各环节的需求。这需要对企业的业务模式、市场定位、产品特性等进行深入分析。

对企业现有的物流资源进行评估，包括运输车辆、仓储设施、装卸设备、信息系统等。了解资源的数量、质量、性能等情况，为资源配置提供依据。

根据物流需求和现有资源情况，制订详细的资源配置计划。这包括确定各类资源的数量、类型、分布等，以及资源的采购、租赁、调配等具体方案。

在制订资源配置计划时，要充分考虑资源的互补性和协同性，实现资源的优化配置。例如，在运输环节，可以根据货物的特性和运输距离选择合适的运输方式；在仓储环节，可以根据货物的存储需求选择合适的仓储设施和布局。

物流需求和市场环境会不断变化，因此物流资源的配置也需要进行动态调整。企业要建立灵活的资源配置机制，根据实际需求和市场变化及时调整资源配置方案。

在配置物流资源时，要注重资源的整合和共享。通过与其他企业或第三方物流服务商的合作，实现资源的共享和互补，提高资源的利用效率。

在资源配置完成后，要加强资源的管理和维护。定期对资源进行检查、维修和更新，确保资源的正常运行和延长使用寿命。同时，企业要建立完善的资源管理制度和流程，确保资源的合理利用和有效管理。

通过合理配置物流资源，企业可以实现物流系统的高效、低成本运行，提高物流服务水平，增强企业的市场竞争力。

（二）优化物流资源利用

优化物流资源利用是物流管理中的核心任务之一，它涉及如何更有效地利用现有的物流资源，以提高物流系统的效率和降低成本。

以下是关于优化物流资源利用的具体方法。

深入分析物流流程，识别并消除无效和低效的环节，使流程更加简洁、高效。

通过引入先进的物流管理理念和技术手段，如精益物流、六西格玛等，优化流程设计，减少资源浪费。

加强与其他企业或第三方物流服务提供商的合作，实现物流资源的共享和协同。

通过建立合作伙伴关系，共同开发物流资源，提高资源利用效率，降低运营成本。

引入先进的物流信息技术，如物联网、大数据、人工智能等，提高物流信息的透明度和准确性。

利用信息技术对物流资源进行智能调度和优化配置，实现资源的最大化利用。

推广绿色物流理念，减少能源消耗和环境污染，提高物流资源的可持续利用性。

采用节能型物流设备、绿色包装材料等，降低物流活动对环境的影响。

通过实施精益库存管理，减少库存积压和过期损失，提高库存周转率。

利用先进的库存预测技术和补货策略，确保库存水平与市场需求相匹配，降低库存成本。

合理规划运输路线，减少空驶和重复运输，提高运输效率。

采用多式联运、甩挂运输等先进运输方式，降低运输成本。

加强员工物流知识和技能的培训，提高员工的工作效率和质量。

建立激励机制，鼓励员工积极参与物流资源优化工作，提高员工的积极性和创造力。

定期对物流资源的利用情况进行监控和分析，发现问题及时改进。

引入持续改进的理念和方法，不断优化物流资源利用方案，提高物流系统的效率和竞争力。

企业可以更加有效地利用物流资源，提高物流系统的效率和降低成本，从而增强企业的市场竞争力。

（三）持续改进与创新

建立一个持续监控和评估物流绩效的机制，收集和分析数据，识别物流过程中的瓶颈、浪费和低效环节。

定期对物流流程、资源利用、客户满意度等方面进行评估，确保物流系统的高效运行。

密切关注物流行业的最新技术和创新解决方案，如物联网、大数据、人工智能、自动化和机器人技术等。

评估新技术和解决方案的适用性，并根据企业实际情况进行引入和实施，以提高物流效率和准确性。

分析现有物流流程，发现潜在的创新点，通过优化流程设计、引入新设备或采用新的管理方式提高物流效率。

根据客户需求和市场变化，创新物流服务内容和模式，如提供定制化物流服务、供应链金融服务等，以提升客户的满意度和忠诚度。

在企业内部营造一种鼓励创新、包容失败的文化氛围，激发员工的创新意识和创新能力。

提供培训和学习机会，使员工能了解最新的物流技术和创新理念，并将其应用于实际工作中。

组建专门的创新团队，负责物流领域的创新研究和开发工作。

企业与高校、研究机构、行业协会等建立合作关系，共同开展物流创新项目，共享创新成果。

定期对物流设施和设备进行检查与维护，确保它们的正常运行和延长使用寿命。

根据需要更新和升级物流设施与设备，引入更先进、更高效的设备提高物流效率。

在物流创新过程中，关注可持续发展问题，如减少能源消耗、降低碳排放、提高资源回收利用率等。

引入绿色物流理念和技术，推动物流系统的可持续发展。

通过持续改进与创新，企业可以不断优化物流系统，提高物流效率和客户满意度，降低运营成本，并增强市场竞争力。同时，这也需要企业具备前瞻性和创新思维，不断关注行业动态和技术发展趋势，以适应不断变化的市场环境。

第二节　库存管理策略

一、ABC 分类法

（一）ABC 分类法的原理

ABC 分类法，又称"帕累托分析法"或"重点管理法"，是一种在库存管理中广泛应用的分类策略。它的基本原理是"关键的少数和次要的多数"，即在一个系统中，少数原因会导致大多数问题的发生，而其余大多数原因只会导致少数问题的发生。在库存管理中，这意味着少数高价值的物品（A 类）占用了大部分库存资金，而大量低价值的物品（C 类）只占用了一小部分库存资金。

具体来说，ABC 分类法将库存物品按照其年度货币占用量分为 A、B、C 三类。

1.A 类物品

A 类物品数量少，但价值高，占用资金多。它们通常是企业的关键物料，对生产运营有重大影响，因此需要严格管理和控制。对 A 类物品的管理策略通常是加强监控，确保库存量的准确性，并减少库存积压和浪费。

2.B 类物品

B 类物品数量和价值适中，占用的资金也适中。它们对企业的运营有一定影响，但不如 A 类物品那么关键。对 B 类物品的管理策略通常是进行常规管理，保持适当的库存水平，以满足生产需求。

3.C 类物品

C 类物品数量多，但价值低，占用资金少。它们通常是一些辅助性物料或低值易耗品，对企业运营的影响较小。对 C 类物品的管理策略通常是简化管理过程，减少库存成本，例如，采用较大的订购批量、较长的订购间隔等。

通过 ABC 分类法，企业可以更加清晰地了解各类库存物品的重要性和价值，从而制定出更加合理的库存管理策略。这种方法有助于企业优化库存结构，降低库存成本，提高库存周转率，增强市场竞争力。

（二）ABC 分类法的应用

以下是 ABC 分类法在库存管理中的一些具体应用。

1. 库存管理优先级设定

A 类物品由于其高价值和重要性，应得到最高的库存管理优先级。企业需确保这些物品的库存量始终保持在安全库存水平以上，以避免缺货导致的生产中断或销售损失。

B 类物品的库存管理优先级适中，需要保持适当的库存水平以满足生产需求。企业可以通过定期检查和调整库存水平确保 B 类物品的供应稳定性。

C 类物品由于价值较低，其库存管理优先级相对较低。企业可以采用较为宽松的管理策略，如减少盘点频率、增加订购批量等，以降低库存成本。

2. 库存策略制定

根据 ABC 分类法的结果，企业可以制定不同的库存策略。例如，对于 A 类物品，可以采用连续检查库存策略（如实时库存系统），以确保库存量的准确性；对于 B 类物品，可以采用周期性检查库存策略；而对于 C 类物品，则可以采用定期订货或定量订货等简单的库存控制策略。

3. 供应商管理

通过 ABC 分类法，企业可以识别出对生产运营影响最大的关键供应商。对于这些供应商，企业需要建立更加紧密的合作关系，确保供应链的稳定性和可靠性。同时，企业还可以根据供应商的绩效表现进行分类管理，优化供应商资源。

4. 库存空间优化

根据 ABC 分类法的结果，企业可以优化库存空间的使用。将 A 类物品放置在易于取用的位置，以便在需要时能快速找到并取出；将 C 类物品放置在仓库的较远处或角落位置，以节省仓库空间。这种空间优化策略有助于降低库存成本并提高库存周转率。

5. 库存资金占用优化

ABC 分类法有助于企业识别出占用资金最多的库存物品（A 类物品）。通过对这些物品进行严格的库存管理和控制，企业可以降低库存资金的占用率，提高资金利用效率。同时，企业还可以根据市场需求和生产计划合理调整库存水平，避免资金浪费。

ABC 分类法在库存管理中的应用非常广泛，它帮助企业识别出库存中不同物品的重要性和价值，从而制定出更加合理和有效的库存管理策略。这种方法有助于企业优化库存结构、降低库存成本、提高库存周转率并增强市场竞争力。

（三）应用 ABC 分类法的注意事项

在应用 ABC 分类法进行库存管理时，需要注意以下几个事项以确保其有效性和准确性。

1. 数据的准确性

ABC 分类法依赖于准确的数据支持，包括库存物品的数量、价值、使用频率等。因此，必须确保数据的准确性和完整性。定期对库存数据进行核对和更新，以避免数据错误导致分类不准确。

2. 分类标准的合理性

ABC 分类法的关键在于确定合理的分类标准。分类标准应该根据企业的实际情况和库存管理需求来制定，而不是简单地按照物品的价值或数量进行划分。同时，分类标准也应该随着市场环境和业务变化进行调整与优化。

3. 灵活性与适应性

虽然 ABC 分类法将物品分为 A、B、C 三类，但在实际应用中需要保持一定的灵活性和适应性。不同物品的重要性和价值可能会随着市场环境与业务变化而发生变化，因此需要及时调整分类结果和管理策略。

4. 综合考虑多种因素

在应用 ABC 分类法时，除了考虑物品的价值和使用频率外，还需要综合考虑其他因素，如物品的供应稳定性、缺货风险、替代性等。这些因素都会影响库存管理策略的制定和实施。

5. 持续改进与创新

ABC 分类法并不是一成不变的，而是需要随着市场环境和业务变化进行持续改进与创新。企业可以通过引入新的技术和方法，如大数据分析、人工智能等，优化库存管理策略，提高库存周转率和降低库存成本。

6. 平衡库存水平与成本

在应用 ABC 分类法时，需要平衡库存水平与成本之间的关系。过高的库存水平会占用大量资金并增加库存成本，而过低的库存水平则可能导致缺货风险。因此，企业需要根据实际情况确定合理的库存水平，并采取相应的管理措施来降低库存成本。

在应用 ABC 分类法进行库存管理时，需要注意数据的准确性、分类标准的合理性、灵活性与适应性、综合考虑多种因素、持续改进与创新，以及平衡库存水平与成本等事项。通过遵循这些注意事项，企业可以更加有效地管理库存物品，提高库存周转率和降低库存成本。

二、安全库存与补货策略

（一）安全库存

安全库存是企业为了应对市场需求波动、供应链中断或其他不确定性因素而预先保留的库存。它是库存管理中的一个重要环节，旨在确保企业在面临突发情况时能维持正常的生产运营活动，避免由缺货导致的销售损失和客户不满。

设定安全库存的关键在于对未来需求的预测和评估。企业可以通过分析历史销售数据、市场需求趋势、季节性和周期性变化等因素，预测未来的需求量。同时，企业还需要考虑供应链的稳定性和供应商的交货时间等因素，以确保安全库存的充足性和及时性。

在设定安全库存时，企业可以采用定量或定性的方法。定量方法包括使用数学模型和统计方法来预测需求量与确定安全库存水平，定性方法则更多地依赖于经验和直觉来判断。无论采用哪种方法，企业都需要根据实际情况和市场变化来不断调整与优化安全库存的设定。

（二）补货策略

补货策略是指企业根据市场需求、库存状况、供应商交货时间等因素，制订出的在一定时间内补充库存以满足销售需求的计划。一个合理的补货策略可以帮助企业保持稳定的库存水平，降低库存成本，提高销售效率和客户满意度。

在制定补货策略时，企业需要考虑以下几个因素。

1. 市场需求

企业需要根据市场需求预测来确定补货的数量和时间。如果市场需求波动较大，企业就需要采用更加灵活的补货策略，如增加补货频率或减少补货量。

2. 库存状况

企业需要根据库存水平和库存周转率来制订补货计划。如果库存水平过高，企业就需要减少补货量或延长补货周期；如果库存水平过低，企业就需要增加补货量或缩短补货周期。

3. 供应商交货时间

企业需要了解供应商的交货时间和运输时间，以确保在需要补货时能及时收到货物。如果供应商的交货时间较长，企业就需要提前下单或采用多供应商策略来降低风险。

此外，企业还可以采用一些先进的补货方法，如定量补货法、定时补货法和事件触发补货法等。这些方法可以根据企业的实际情况和需求来选择合适的补货策略。

（三）安全库存与补货策略的协同

安全库存和补货策略是库存管理中的两个重要环节，它们需要协同作用以实现最佳的库存管理效果。具体来说，企业需要在设定安全库存时考虑补货策略的影响，同时，在制定补货策略时也需要考虑安全库存的设定。

一方面，企业需要根据市场需求和供应链状况来设置合理的安全库存水平。如果安全库存水平设置过高，就可能导致库存积压和资金占用过多；如果安全库存水平设置过低，就可能无法满足市场需求并导致缺货风险。因此，企业需要在确保供应链稳定性和满足市场需求的前提下，尽量降低安全库存水平以减少库存成本。

另一方面，企业需要根据安全库存水平来制定合理的补货策略。如果安全库存水平较高，企业就需要适当减少补货量或延长补货周期以降低库存成本；如果安全库存水平较低，企业就需要增加补货量或缩短补货周期以确保库存充足。此外，企业还需要根据市场需求和供应链状况的变化来调整补货策略以适应市场变化。

通过协同作用，企业可以实现更加高效和灵活的库存管理，降低库存成本，并提高销售效率和客户满意度。

三、持续改进与创新

（一）持续改进的重要性

持续改进在企业的运营和管理中扮演着至关重要的角色。以下是持续改进的几点重要性。

1. 适应变化

商业环境、市场需求、客户偏好和技术发展都在不断变化。持续改进使企业能灵活适应这些变化，从而保持竞争力。通过不断审查与优化流程、产品和服务，企业可以确保它们始终与市场需求保持一致。

2. 提高效率

通过改进生产流程、减少浪费、优化资源配置等方式，持续改进可以提高企业的运营效率。这不仅可以降低生产成本，还可以缩短产品上市时间，从而提高企业的盈利能力。

3. 提升质量

持续改进有助于企业提升产品和服务的质量。通过不断寻找和解决潜在问题，企业可以确保产品和服务始终满足或超越客户的期望。高质量的产品和服务是企业赢得客户信任与忠诚的关键。

4. 提高创新能力

持续改进鼓励企业不断尝试新的方法、技术和策略。这种持续的创新精神有助于企业发现新的机会、开发新的产品、拓展新的市场，从而在竞争中保持领先地位。

5. 培养员工能力

持续改进的过程需要员工的积极参与和贡献。通过参与改进项目，员工可以学习新的知识和技能，提高自己的能力。这种持续的学习和成长有助于员工实现个人价值，并为企业创造更大的价值。

6. 提升客户满意度

持续改进可以确保企业始终关注客户的需求和期望。通过不断优化产品和服务，企业可以提供更好的客户体验，从而提升客户的满意度和忠诚度。客户满意是企业持续发展的基础。

7. 降低风险

持续改进有助于企业及时发现和纠正潜在问题，从而降低运营风险。通过不断审查和改进流程、系统与政策，企业可以确保它们始终符合相关法规和标准要求，避免可能的法律纠纷和声誉损失。

持续改进对于企业的长期成功至关重要，它不仅可以帮助企业适应变化、提高效率、提升质量、提高创新能力、培养员工能力、提升客户满意度和降低风险，还可以使企业在竞争激烈的市场中保持领先地位。

（二）创新的驱动力

创新是企业持续发展和保持竞争力的关键驱动力。以下是推动创新的主要驱动力。

1. 市场需求

随着市场需求的不断变化，企业需要不断创新以满足客户的需求和期望。通过深入了解市场趋势和消费者行为，企业可以发现新的商业机会，并开发出符合市场需求的新产品、新服务或新的业务模式。

2. 技术进步

科技的不断进步为企业创新提供了强大支持。新技术、新工具和新平台不断涌现，为企业提供了更多的创新机会。通过应用新技术，企业可以改进现有产品或服务，提高生产效率，降低成本，甚至创造全新的市场。

3. 竞争压力

在激烈的市场竞争中，企业需要不断创新以保持竞争优势。竞争对手的成功和失败经验为企业提供了宝贵的借鉴与启示。企业需要密切关注竞争对手的动态，及时调整自身的计划和策略，通过创新超越竞争对手。

4. 企业文化

一个鼓励创新、包容失败的企业文化是推动创新的重要因素。在这样的文化氛围中，员工敢于尝试新的想法和方法，不怕失败，勇于挑战自我。企业需要营造一个宽松、开放、包容的创新环境，让员工能充分发挥自己的创造力和想象力。

5. 人才储备

优秀人才是企业创新的重要资源。企业需要不断引进与培养具有创新思维和创新能力的人才，为企业创新提供源源不断的动力。同时，企业还需要建立有效的激励机制，让优秀人才能充分发挥自己的才能，为企业创造更大的价值。

6. 政策支持

政府的政策支持和引导也是推动企业创新的重要因素。政府可以通过制定相关政策和法规，为企业创新提供资金、税收、人才等方面的支持。此外，政府还可以通过举办创新大赛、搭建创新平台等方式，为企业创新提供更多的机会和资源。

7. 社会责任

企业作为社会的一分子，承担着推动社会进步和发展的责任。通过创新，企业可以开发更加环保、节能、高效的产品和服务，为社会做出贡献。这种社会责任感可以激励企业不断创新，以实现更高的社会价值。

创新是企业持续发展和保持竞争力的关键驱动力，市场需求、技术进步、竞争压力、企业文化、人才储备、政策支持和社会责任等因素共同推动了企业的创新活动。企业需要不断探索新的路径和方法，以实现更加可持续的发展。

（三）实现持续改进与创新的策略

在追求持续改进与创新的过程中，企业需要制定明确的策略来确保这些目标得到实现。以下是实现持续改进与创新的几个关键策略。

确立企业长远的创新目标，并与企业的整体战略相一致。

设定具体、可衡量的短期创新指标，以便监控和评估进展。

鼓励员工提出新想法、新方法，并对失败持开放态度，因为失败往往是创新过程中不可或缺的一部分。

通过奖励机制、内部竞赛、创新论坛等方式，激发员工的创新热情。

打破部门壁垒，促进不同部门之间的沟通和协作，共同解决问题。

设立跨部门的创新团队，集中资源，针对关键问题进行攻关。

企业与高校、科研机构、行业组织等建立合作关系，获取最新的技术动态和市场信息。

积极参与行业展会、研讨会等活动，了解行业发展趋势和竞争对手的动态。

利用流程图、价值流图等工具分析生产流程，找出瓶颈和浪费，提高生产效率。

实施 PDCA（Plan-Do-Check-Act）循环，不断规划、执行、检查和改进。

引入六西格玛等质量管理方法，减少缺陷，提高产品和服务质量。

设立客户反馈渠道，及时收集客户对产品和服务的意见与建议。

鼓励员工提出改进意见，并对员工的建议给予重视和回应。

定期进行内部审计和评估，识别潜在问题并制定相应的改进措施。

设立专门的研发和创新预算，确保创新活动有足够的资金支持。

鼓励员工参与研发项目，为员工提供学习和发展的机会。

鼓励员工持续学习新知识、新技能，提高自身素质。

定期组织内部培训、分享会等活动，促进知识共享和经验交流。

密切关注市场变化，了解客户需求的变化趋势。

定期进行市场调查和竞品分析，以便及时调整产品和服务策略。

收集和分析市场、客户、产品等多个方面的数据，以数据为依据制定创新策略。

借助大数据、人工智能等先进技术，提高数据分析的准确性和效率。

通过实施以上策略，企业可以建立一个持续改进和创新的体系，不断提高自身的适应能力和竞争力。

第三节 运输管理与优化

一、运输管理与优化的重要性

（一）提高物流效率

在现代物流体系中，提高物流效率是企业追求的目标之一，而运输管理与优化是实现这一目标的关键环节。以下是运输管理与优化在提高物流效率方面的重要性。

1. 减少运输时间

通过运输管理与优化，企业能合理规划运输路线，减少不必要的绕行和等待时间，使货物在最短时间内到达目的地。这不仅加快了货物的周转速度，还提高了物流的整体效率。

2. 优化资源配置

有效的运输管理能确保运输资源的合理配置。例如，通过合理的车辆调度和装载计划，可以最大化利用运输工具的装载能力，减少空驶和浪费。同时，优化仓储布局和库存管理，可以确保货物在运输过程中及时供应，避免库存积压和缺货现象。

3. 降低库存成本

通过运输管理与优化，企业可以更加准确地预测货物的需求量和运输时间，从而合理控制库存水平。减少库存积压可以降低库存成本，提高资金周转率，为企业创造更大的经济效益。

4. 提升客户满意度

运输管理与优化能确保货物按时、按量、按质送达客户手中。这不仅可以满足客户的需求，还可以提升客户的满意度和忠诚度。客户满意是企业持续发展的重要保障。

5.应对市场变化

在竞争激烈的市场环境中，企业需要及时应对市场变化，调整运输策略。通过运输管理与优化，企业可以更加灵活地调整运输计划，以应对市场需求的变化，保持竞争优势。

运输管理与优化在提高物流效率方面起着重要作用，通过减少运输时间、优化资源配置、降低库存成本、提升客户满意度和应对市场变化等措施，企业可以显著提高物流效率，增强市场竞争力。

（二）降低运输成本

在物流运作中，运输成本是企业总成本的重要组成部分。有效的运输管理与优化对于降低运输成本、提升企业经济效益具有重要意义。以下是降低运输成本的几个方面。

1.优化运输路线

通过对运输路线的精心规划和优化，企业可以选择最经济、最快捷的运输路线，避免不必要的绕行和拥堵路段，从而减少燃油消耗和车辆磨损，降低运输成本。

2.提高车辆利用率

通过合理的车辆调度和装载计划，企业可以确保车辆满载运行，减少空驶和等待时间，提高车辆利用率。这不仅可以降低单位货物的运输成本，还可以减少车辆的维护和保养费用。

3.采用先进的运输技术

采用先进的运输技术，如智能调度系统、卫星定位系统等，企业可以实时监控运输过程，实现精确的运输控制和调度。这有助于减少运输过程中的错误和延误，提高运输效率，降低运输成本。

4.整合运输资源

通过整合内外部的运输资源，企业可以实现资源共享和协同作业，减少运输资源的浪费和重复投入。例如，企业可以与第三方物流公司合作，利用他们的专业运输网络和资源，降低自身的运输成本。

5.强化成本控制意识

在运输管理与优化过程中，企业需要强化成本控制意识，从源头上控制运输成本。通过精细化管理和严格的成本控制措施，企业可以确保运输成本在可控范围内，降低运输成本对企业总成本的影响。

降低运输成本是运输管理与优化的重要目标之一，通过优化运输路线、提高车辆利用率、采用先进的运输技术、整合运输资源和强化成本控制意识等措施，企业可以显著降低运输成本，提升经济效益和市场竞争力。

（三）保障货物安全

在物流运输过程中，保障货物安全是企业必须高度重视的问题。运输管理与优化在确保货物安全方面发挥着至关重要的作用。以下是保障货物安全的重要性，以及如何通过运输管理与优化来实现。

运输管理与优化通过精心规划的运输路径和适当的装载技术，可以减少货物在运输过程中的振动、碰撞和摩擦，从而降低货物损失和损坏的风险。

引入先进的包装材料和包装技术，确保货物在运输过程中得到充分的保护，防止外部因素（如天气、湿度等）对货物造成损害。

利用先进的物流信息系统和卫星定位技术，企业可以实时追踪货物的位置和状态，确保货物在运输过程中的安全。

通过建立安全监控机制，企业可以及时发现潜在的安全隐患并采取措施加以解决，从而确保货物的安全。

根据货物的特性和运输要求，选择合适的运输方式可以最大限度地保障货物安全。例如，对于易碎或贵重物品，选择空运或快递运输可以确保货物快速、安全地到达目的地。

制定严格的安全标准和操作规程，确保运输过程中的每个环节都符合安全要求。

对运输人员进行安全培训，提高他们的安全意识和操作技能，确保他们能在紧急情况下采取正确的应对措施。

运输过程中存在各种风险和不确定性，如交通事故、自然灾害等。通过运输管理与优化，企业可以建立风险预警机制，提前预测和评估潜在风险，并制定相应的应对措施。

企业与保险公司合作，为货物购买运输保险，以应对可能出现的风险损失。

保障货物安全是运输管理与优化的重要目标之一，通过减少货物损失和损坏、实时追踪与监控、选择合适的运输方式、制定安全标准和操作规程，以及应对风险和不确定性等措施，企业可以确保货物在运输过程中的安全，提升客户的满意度和忠诚度，增强市场竞争力。

二、运输管理与优化的关键策略

（一）车辆装载优化

车辆装载优化是运输管理与优化的重要一环，其目标是通过合理安排货物的装载方式和顺序，以最大化利用车辆的装载空间，提高装载效率，并降低装载成本。以下是车辆装载优化的关键方面。

1. 货物分类与整理

对于不同类型的货物，进行合理的分类与整理是车辆装载优化的基础。将重量相近、性质相似的货物放置在一起，有利于保持车辆的载重平衡，避免在运输过程中货物分布不均导致的车辆倾斜或损坏。

2. 载重平衡

在进行装载时，应特别注意车辆的载重平衡。将重量较大的货物放置在车辆的底部或靠近车轴的位置，有助于降低车辆重心，提高行驶稳定性。同时，合理分配货物的位置，避免局部超载，确保车辆整体受力均衡。

3. 空间利用

合理利用车辆空间是提高装载效率的关键。通过采用容器化装载、货架式装载等方式，可以将货物整齐、有序地摆放在车辆内部，减少空间浪费。同时，对于形状不规则或体积较大的货物，可以采用定制化的装载方案，以最大限度地利用车辆空间。

4. 货物压缩与包装

通过对货物进行精密包装和压缩处理，可以减小货物体积，提高装载密度。例如，使用真空包装机对轻松压缩的物品进行压缩处理，以降低空间占用率；此外，使用标准化的包装材料和容器也有助于提高装载效率与安全性。

5. 货位优化

在分配车辆的货位空间时，应根据各种货物的特点和规格进行合理排列。对于体积较小的货物，应采用单独隔离储存的方式进行运输；对于易碎或贵重物品，应放置在车辆内部的安全位置，并采取适当的防护措施。

6. 培训与反馈

为装载工作者提供培训和指导，确保他们掌握正确的装载方法和技能。同时，建立定期评估装载效率的机制，提供反馈和改进建议，帮助装载工作者不断提高装载效率和准确性。

车辆装载优化需要从多个方面入手，通过合理的货物分类与整理、载重平衡、空间利用、货物压缩与包装、货位优化及培训与反馈等措施，实现装载效率的最大化。这不仅可以降低运输成本，提高物流效率，还可以提升客户的满意度和忠诚度，增强企业的市场竞争力。

（二）运输路线优化

运输路线优化是物流管理中至关重要的一个环节，其目标是通过科学规划，选择最合理、最经济的运输路径，从而提高物流效率、降低运输成本并减少对环境的影响。以下是运输路线优化的关键策略。

1. 数据驱动决策

运用大数据分析技术，对历史运输数据进行深入挖掘，分析不同运输路线的效率、成本、时间等因素，从而找到最佳运输路线。同时，结合实时交通信息，对运输路线进行动态调整，以适应变化的交通状况。

2. 多式联运规划

根据货物的特性、运输需求及交通网络的特点，采用多种运输方式（如公路、铁路、水路、航空等）进行组合，实现多式联运。多式联运可以充分发挥各种运输方式的优势，降低运输成本，提高运输效率。

3. 优化算法运用

运用先进的优化算法，如遗传算法、蚁群算法等，对运输路线进行优化。这些算法可以根据设定的目标和约束条件，自动搜索出最优的运输路线，帮助物流企业实现运输路线的智能化管理。

4. 实时监控与调整

通过建立物流信息系统，实现对运输过程的实时监控。一旦发现运输路线出现问题或存在优化空间，就可以立即进行调整，确保货物能按时、安全地到达目的地。

5. 风险管理与应对

在运输路线优化过程中，需要考虑各种潜在的风险因素，如天气变化、交通事故等。通过建立风险管理机制，制定应对措施，可以减少这些风险对运输过程的影响，确保运输路线的稳定性和可靠性。

通过实施以上策略，企业可以有效地优化运输路线，提高物流效率，降低运输成本，并为客户提供更优质的服务。

（三）信息化管理

信息化管理是指通过应用现代信息技术，对企业的生产、经营、管理等各环节进行高效、规范、系统的整合与优化，以提高企业的运营效率、降低成本、增强竞争力。在运输行业中，信息化管理同样扮演着至关重要的角色。

以下是信息化管理的关键方面。

1. 信息系统建设

构建完善的运输管理信息系统，实现货物信息的实时追踪、查询和统计，提高运输过程的透明度。

通过集成不同业务模块，如订单管理、车辆调度、路径规划等，实现信息的共享和协同作业，提高整体运作效率。

2. 数据分析与优化

利用大数据技术对运输过程中的各项数据进行收集、存储和分析，发现潜在的优化空间，为决策提供有力支持。

通过对历史数据的挖掘，分析运输过程中的瓶颈和问题，制定有针对性的改进措施，提高运输效率。

3. 智能化技术应用

引入物联网技术，实现货物和运输车辆的实时定位、监控与调度，提高运输过程的可控性和安全性。

利用人工智能和机器学习技术，对运输路径进行智能规划和优化，降低运输成本和时间。

4. 信息安全保障

建立健全的信息安全管理制度，确保运输管理信息系统的稳定运行和数据安全。

采用先进的加密和防护技术，防止信息泄露和非法访问。

5. 人才队伍建设

培养具备信息化管理知识和技能的专业人才，为企业信息化建设提供有力支持。

加强与高校和研究机构的合作，引进先进的信息化管理理念和技术。

通过实施信息化管理，企业可以实现运输过程的可视化、智能化和协同化，提高运输效率和服务质量，降低运输成本和时间，从而提升竞争力和市场地位。同时，信息化管理也有助于企业应对市场和客户需求的变化，保持持续的创新和发展能力。

三、运输管理与优化的实践应用

（一）车辆装载优化技术的实践应用

车辆装载优化技术的实践应用主要体现在以下几个方面。

1. 提高装载效率

通过先进的装载优化软件或系统，对货物的体积、重量、形状等属性进行精确计算，从而制定出科学合理的装载方案。这种方案能最大限度地利用车辆的装载空间，避免空间浪费，提高单次运输的货物量。

利用人工智能算法，如遗传算法、模拟退火算法等，对装载方案进行智能优化搜索，找到最优的装载方案，进一步提高装载效率。

2. 降低运输成本

优化装载方案可以减少运输批次，降低运输成本。通过合理的货物分配和装载顺序，减少不必要的车辆行驶和空驶，降低燃油消耗和车辆维护成本。

减少货物的破损和丢失，降低货损成本。通过科学的装载方案，可以确保货物在运输过程中的稳定性和安全性，减少货物损坏的风险。

3. 提升客户满意度

优化装载方案可以确保货物按时、安全地到达目的地，减少延误和货物损坏的风险，提升客户满意度。

通过实时监控和调整装载方案，可以及时发现并解决潜在问题，保证运输的顺利进行，提升客户对企业的信任度。

4. 智能化决策支持

车辆装载优化技术集成了人工智能和机器学习算法，能自动分析历史数据和实时信息，为装载决策提供智能化支持。这有助于企业更快速地响应市场变化，提高决策效率。

通过大数据分析技术，对过去物流运作过程进行分析，从而调整装载方案，大幅提高装载率，最终达到降低运输成本的目的。

5. 实时监控与调整

装载优化系统通常具备实时监控功能，能实时跟踪货物的装载状态和运输情况。一旦发现装载问题或运输异常，系统就可以立即发出警报并自动调整装载方案，确保运输的顺利进行。

通过智能调度系统，可以根据运输需求、装载约束等条件，通过算法对装载方案进行优化，并实时调整路线，以实现最优装载和提高运输效率。

这些实践应用使车辆装载优化技术在现代物流领域得到广泛应用，并为企业带来显著的经济效益和社会效益。

（二）运输路线优化技术的实践应用

运输路线优化技术的实践应用在现代物流管理中发挥着至关重要的作用，主要体现在以下几个方面。

1. 数据驱动决策

通过收集和分析大量的运输数据，包括货物来源和目的地、运输距离、交通状况等，运输路线优化技术能为企业提供精确的路线规划和决策支持。

利用大数据和机器学习算法，对历史运输数据进行分析，找出潜在的优化点和改进机会，帮助企业制定更合理的运输策略。

2. 智能路径规划

运输路线优化技术可以根据实时交通信息、天气状况、车辆状况等多种因素，智能规划出最优的运输路径。

通过集成地理信息系统，运输路线优化技术可以分析客户的位置、配送区域的交通状况和道路网络等信息，提供最优的路径规划，减少运输时间和成本。

3. 多式联运优化

对于需要多种运输方式组合的复杂运输任务，运输路线优化技术可以根据各种运输方式的特点和优势，进行合理的组合和安排，实现多式联运的最优化。

通过智能算法和模型，运输路线优化技术可以计算出各种运输方式的最佳组合方式，以及货物的最佳装载和卸载顺序，提高运输效率和降低运输成本。

4. 实时监控与调整

在运输过程中，运输路线优化技术可以通过实时监控系统，对运输路线进行实时监控与调整。

一旦发现交通拥堵、天气变化等异常情况，运输路线优化技术就可以立即调整运输路线，确保货物按时、安全地到达目的地。

5. 供应链集成

运输路线优化技术可以与供应链的其他环节进行紧密集成，如供应商管理、仓库管理和配送计划等。

通过有效的供应链协调和合作，企业可以实现更有效的物流运作和运输路线优化，提高整个供应链的效率和竞争力。

6. 成本效益分析

运输路线优化技术可以帮助企业评估不同运输路线的成本效益，包括人力成本、燃料成本、维护成本等。

通过比较不同路线的成本效益，企业可以选择最优的运输路线，降低运输成本，提高经济效益。

7. 环保与可持续发展

通过优化运输路线，企业可以减少不必要的行驶和空驶，降低能源消耗和碳排放，实现绿色物流。

同时，运输路线优化技术还可以促进资源的合理利用和循环利用，推动物流行业的可持续发展。

　　运输路线优化技术的实践应用可以帮助企业实现运输过程的可视化、智能化和协同化，提高运输效率和服务质量，降低运输成本和时间，从而提高企业的竞争力和市场地位。

（三）信息化管理的实践应用

　　信息化管理的实践应用在现代企业中日益广泛，其影响不仅限于提高管理效率，还涉及优化资源配置、提高服务质量及支持企业创新等多个方面。以下是信息化管理的一些主要实践应用。

　　信息化管理系统可以实时监控和跟踪企业资源的使用情况，包括人力资源、物料资源、设备资源等。通过对资源数据的收集和分析，企业可以更加精确地预测资源需求，优化资源配置，避免资源浪费。

　　例如，在制造业中，通过应用 ERP 系统，企业可以实现生产计划的自动化管理，优化生产流程，提高生产效率。

　　信息化管理系统可以自动化处理许多日常业务流程，如订单处理、发票生成、财务报告等。这不仅可以减少人工错误，提高处理效率，还可以让员工将更多精力投入更有价值的工作中。

　　例如，在电商领域，通过应用 CRM 系统，企业可以自动化处理客户订单、退货和换货等流程，提升客户满意度。

　　信息化管理系统可以收集和分析大量数据，为企业决策提供有力支持。通过对数据的深入挖掘和分析，企业可以发现市场趋势、客户需求、产品问题等有价值的信息，从而制定更加精准的市场策略和产品规划。

　　例如，在零售业中，通过应用数据分析工具，企业可以分析客户购买行为、库存周转率等数据，优化库存管理，提高销售额。

　　信息化管理系统可以实现供应链的透明化和可视化，帮助企业更好地管理和协调供应链中的各环节。通过实时跟踪货物的运输情况、库存状况等信息，企业可以更加精准地预测和满足市场需求。

　　例如，在物流行业，通过应用运输管理系统，企业可以实时跟踪货物的运输情况，确保货物准时、安全地送达目的地。

　　信息化管理系统可以帮助企业更好地管理和维护客户关系，提升客户的满意度和忠诚度。通过收集和分析客户数据，企业可以了解客户的需求和偏好，提供更加个性化的服务。

例如，在银行业中，通过应用 CRM 系统，银行可以了解客户的金融需求、风险偏好等信息，提供更加精准的金融产品和服务。

信息化管理系统可以支持远程办公和协同工作，使员工可以随时随地访问和处理工作事务。这不仅提高了工作的灵活性和效率，还有助于降低企业的运营成本。

例如，在疫情防控期间，许多企业采用了远程办公模式，通过信息化管理系统实现了员工之间的协同工作和任务分配。

随着信息化程度的提高，网络安全和数据保护成为企业的重要挑战。信息化管理系统通常具有强大的安全功能，如数据加密、访问控制、防火墙等，以确保企业数据的安全性和可靠性。

企业还需要建立完善的网络安全管理制度和应急响应机制，以应对可能出现的网络安全事件和数据泄露风险。

信息化管理的实践应用为企业带来了诸多好处，包括提高管理效率、优化资源配置、提升服务质量及支持企业创新等。随着技术的不断发展和应用范围的扩大，信息化管理将在未来发挥更加重要的作用。

第四节　物流成本控制与效益分析

一、物流成本控制

（一）明确物流成本的构成

在物流成本控制的过程中，首先需要明确物流成本的构成。物流成本通常涵盖多个方面，这些成本直接影响了企业的整体运营效率和盈利能力。

1. 运输成本

燃料费用。车辆、船舶或飞机等运输工具使用的燃料费用。

人工费用。与运输操作直接相关的人员薪酬和福利。

运输工具维护费用。运输工具维护费用包括车辆的维修、保养、保险等费用。

路桥费及税费。路桥费及税费包括过路费、过桥费、车辆税费等。

运输工具折旧。运输工具的资本性支出通过折旧方式计入成本。

2. 仓储成本

仓库租金或折旧。自有仓库的折旧费用或租赁仓库的租金。

仓库设备费用。仓库设备费用包括货架、叉车、堆高机等设备的购置、维修和折旧。

库存占用资金成本。库存商品占用资金产生的利息成本。

仓储管理费用。仓储管理费用包括仓储人员的薪酬、仓库日常运营费用等。

3. 包装成本

包装材料费用。纸箱、塑料袋、胶带等包装材料的购置费用。

包装设备折旧。包装设备的资本性支出通过折旧方式计入成本。

包装人工成本。与包装作业直接相关的人员薪酬和福利。

4. 装卸搬运成本

装卸设备费用。叉车、吊车等装卸设备的购置、维修和折旧。

装卸人工成本。与装卸作业直接相关的人员薪酬和福利。

5. 信息处理成本

信息系统开发与维护费用。ERP、仓储管理系统等物流信息系统的开发、升级和维护费用。

信息技术设备折旧。信息技术设备的资本性支出通过折旧方式计入成本。

数据分析与信息处理人工成本。与物流数据处理及分析直接相关的人员薪酬和福利。

6. 管理成本

物流管理人员的薪酬和福利。

物流部门日常运营费用，如办公费用、通信费用等。

明确这些物流成本的构成，有助于企业识别成本的主要来源，从而制定相应的成本控制策略，提高物流效率，降低物流成本。

（二）实施有效的成本控制策略

在明确物流成本的构成之后，企业需要实施有效的成本控制策略来降低物流成本，提高整体运营效率。以下是一些实施成本控制策略建议。

1. 优化运输管理

选择合适的运输方式，如公路、铁路、水路或航空，根据货物特性和时效性要求，选择成本效益最优的运输方案。

优化运输路线，利用先进的路线规划系统，避免不必要的绕行和拥堵，提高运输效率。

引入智能运输管理系统，实时跟踪货物位置和运输状态，确保货物准时、安全送达目的地。

合理安排运输计划，提高车辆和船舶的满载率，降低单位运输成本。

2. 精细化仓储管理

引入先进的仓储管理系统，实现库存信息的实时更新和共享，提高库存周转率。通过精确的需求预测和库存管理，避免库存积压和滞销，降低库存成本。合理规划仓库布局，提高仓库空间利用率，降低仓库租金或折旧成本。引入自动化设备，如物流机器人、智能货架等，提高货物存储和检索效率。

3. 降低包装成本

选择轻量化、环保的包装材料，减少包装材料的使用量和处理成本。优化包装设计，提高包装效率，降低包装人工成本。推广使用可循环的包装材料，减少包装废弃物的产生，降低环保成本。

4. 提高装卸搬运效率

引入自动化设备和技术，如自动装卸设备、机械臂等，降低人工装卸搬运成本。

优化装卸搬运流程，合理安排装卸人员和设备的使用，提高装卸搬运效率。

加强装卸搬运人员的培训和管理，提高其操作技能和安全意识。

5. 加强信息技术应用

利用大数据、云计算等先进技术对物流信息进行实时监控和分析，找出成本控制的瓶颈和潜力。

引入物联网技术，实现货物、设备和人员的实时追踪与管理，提高物流效率。

加强企业间信息系统的互联互通，实现供应链信息的共享和协同，降低供应链成本。

6. 与供应商建立长期合作关系

企业与供应商建立长期、稳定的合作关系，确保原材料和零部件的稳定供应与质量保证。

通过集中采购和长期合同锁定价格，降低采购成本。

企业与供应商共同制订物流计划和成本控制策略，实现供应链协同和成本优化。

7. 持续优化管理流程

定期对物流管理流程进行审查和评估，发现存在的问题和瓶颈。

引入先进的管理方法和工具，如精益管理、六西格玛等，提高管理效率和质量。

加强员工培训和团队建设，提高员工的专业素质和工作效率。

通过实施这些有效的成本控制策略，企业可以降低物流成本，提高整体运营效率，从而增强市场竞争力和提升盈利能力。

（三）加强供应链协同

在物流成本控制中，加强供应链协同是至关重要的一环。通过供应链协同，企业可以与供应链中的其他成员（如供应商、制造商、分销商、物流服务提供商等）实现紧密的合作和协调，从而更有效地管理物流过程，降低物流成本，提高整体供应链的竞争力。

以下是一些加强供应链协同的建议。

1. 建立长期稳定的合作关系

企业与供应链中的其他成员建立长期、稳定的合作关系，确保双方的合作能持续、稳定地进行。这有助于降低交易成本，提高供应链的可靠性和稳定性。

2. 信息共享与透明化

建立信息共享机制，实现供应链各环节之间的信息实时共享和透明化。这有助于企业更好地了解供应链的状态和变化，及时发现和解决问题，降低风险。

3. 共同制订物流计划和成本控制策略

企业与供应链中的其他成员共同制订物流计划和成本控制策略，确保各方在物流过程中的行动和目标保持一致。这有助于降低物流成本，提高物流效率。

4. 引入供应链管理技术和工具

利用先进的供应链管理技术和工具，如供应链管理系统、ERP 等，实现供应链的数字化和智能化管理。这有助于提高供应链的透明度和协同效率，降低物流成本。

5. 加强沟通和协作

建立有效的沟通机制，加强与供应链中其他成员的沟通和协作。通过定期会议、信息共享平台等方式，及时传递信息、解决问题、共享经验和资源。这有助于增强供应链的协同性和灵活性，提高应对市场变化的能力。

6. 共同应对市场变化

企业与供应链中的其他成员共同应对市场变化，如需求波动、价格波动等。通过共同制定应对策略、调整物流计划和成本控制策略等方式，降低市场变化对供应链的影响，保持供应链的稳定性和竞争力。

通过加强供应链协同，企业可以更好地管理物流过程，降低物流成本，增强整体供应链的竞争力。同时，这也有助于提高企业与其他供应链成员的合作关系，促进供应链的可持续发展。

第四章　国际物流

第一节　国际物流的概念与特点

一、国际物流的概念

（一）定义

国际物流是指当生产和消费分别在两个或两个以上的国家（或地区）独立进行时，为了克服生产和消费之间的空间距离与时间间隔，对货物（商品）进行物理性移动的一项国际商品交易或交流活动，从而达到国际商品交易的最终目的，即实现卖方交付单证、发出货物和收取货款，而买方接受单证、收取货物支付货款的贸易对流条件。

国际物流的实质是根据国际分工的原则，依照国际惯例，利用国际化的物流网络、物流设施和物流技术，实现货物在国际的流动与交换，以促进区域经济的发展与世界资源的优化配置。国际物流的主要服务对象是国际贸易和跨国经营，其总目标是为国际贸易和跨国经营服务，即选择最佳的方式与路径，以最低的费用和最小的风险，保质、保量、适时地将货物从一国的供方运到另一国的需方。

（二）核心要素

国际物流的核心要素主要包括以下几个方面。

1. 跨国界性

跨国界性是国际物流最显著的特点。物流活动需要跨越国界，涉及不同国家的法律、政策、文化、语言等，增加了物流操作的复杂性和难度。

2. 多式联运

国际物流通常涉及多种运输方式的组合，如海运、空运、铁路和公路运输等。根据货物的特性、交货时间和成本要求，选择最合适的运输方式和组合，确保货物安全、高效地从起点运送到目的地。

3. 国际供应链协调

国际物流要求与供应商、制造商、分销商等供应链合作伙伴进行紧密合作，确保供应链的顺畅运作。这涉及订单处理、库存管理、信息共享等方面，需要建立高效的供应链协调机制。

4. 海关和贸易法规

不同国家有不同的海关和贸易法规，国际物流需要遵守这些规定，确保货物的合法进出口。这包括办理进出口手续、缴纳关税和增值税等。

5. 风险管理

国际物流面临多种风险，如政治风险、经济风险、自然灾害等。有效的风险管理是确保物流顺利运作的关键因素，包括制定风险应对措施、建立预警机制等。

6. 信息技术应用

信息技术在国际物流中发挥着越来越重要的作用。通过应用先进的物流管理系统、跟踪系统、数据分析技术等，可以提高物流运作的效率和准确性，降低运营成本。

7. 标准化和国际化

国际物流需要遵循国际标准和惯例，以确保物流运作的顺畅和高效。这包括采用国际通用的物流术语、标准化的运输和包装规范等。同时，企业也需要具备国际化的视野和能力，以适应不同国家和地区的物流需求。

（三）重要性

国际物流的重要性体现在以下几个方面。

1. 推动国际贸易发展和全球化进程

国际物流是国际贸易的支撑体系，通过高效、可靠的物流服务，可以实现全球范围内商品和资源的快速流动，从而推动国际贸易发展和全球化进程。

2. 降低贸易成本

国际物流通过优化运输方式、减少中转环节、提高运输效率等措施，可以大幅降低国际贸易的时间成本和运输成本，使商品在全球范围内的流通更加经济、高效。

3. 增强企业竞争力

对跨国企业来说，国际物流是企业获取竞争优势的重要手段之一。通过优化物流网络、提高物流效率、降低物流成本，企业可以更好地满足客户需求，提升客户满意度，从而增强企业竞争力。

4. 促进区域经济发展

国际物流的发展可以带动相关产业的发展，如交通运输、仓储、信息技术等，促进区域经济的繁荣和发展。同时，国际物流也可以促进不同地区之间的经济交流和合作，推动区域经济的均衡发展。

5. 应对全球挑战

在全球化的背景下，各国面临着各种挑战，如环境保护、气候变化、资源短缺等。国际物流可以通过创新技术和模式，提高物流效率，降低能源消耗和排放，为应对这些挑战提供有力支持。

6. 加强国际政治经济合作

国际物流的顺畅运作有助于加强各国之间的政治经济合作和互信。通过物流合作，各国可以共同应对各种挑战，促进共同发展。

国际物流对于推动国际贸易发展和全球化进程、降低贸易成本、增强企业竞争力、促进区域经济发展、应对全球挑战，以及加强国际政治经济合作等方面都具有重要意义。

二、 国际物流的特点

（一）跨国界性与复杂性

国际物流的第一个显著特点是跨国界性与复杂性，它意味着物流活动需要跨越不同国家的边界，并涉及多个国家和地区的法律体系、政策环境、文化习俗等。这种跨国界的性质使国际物流具有高度的复杂性。

首先，不同国家之间的法律体系存在差异，这要求国际物流必须遵守各个国家的法律和法规。物流活动在各国之间的运输、仓储、配送等环节都需要符合相应的法律、法规，包括海关法规、进出口管理规定、税收制度等。这种法律体系的多样性使物流操作变得复杂，需要物流企业和相关机构具备丰富的专业知识与经验，以确保物流活动的合规性和顺利进行。

其次，不同国家的政策环境会对国际物流产生影响。经济政策、贸易政策、政治稳定等因素都可能对物流活动产生重大影响。例如，某些国家可能对某些商品实行进口限制或征收高额关税，这会增加物流成本和风险。此外，政治紧张或冲突也可能导致物流通道受阻，使物流活动无法进行。

最后，不同国家的文化习俗和社会习惯也可能对物流活动产生影响。例如，某些商品可能在一个国家受到欢迎，但在另一个国家受到限制或禁止。这种文化差异要求物流企业和相关机构在操作过程中要充分考虑目标市场的文化特点，以避免文化差异引发的纠纷或问题。

国际物流的跨国界性使物流活动需要在不同的法律体系、政策环境、文化习俗等背景下进行，增加了物流操作的复杂性和难度。这种复杂性要求物流企业和相关机构具备高度的专业能力与综合素质，以应对各种挑战和风险，确保物流活动的顺利进行。

（二）多式联运与运输方式的多样性

国际物流的第二个显著特点是多式联运与运输方式的多样性。这是指在国际物流过程中，常常需要根据货物的特性、交货时间和成本要求等因素，综合使用多种运输方式，以实现货物从起点到终点的快速、高效、安全运输。

多式联运是国际物流中一种重要的运输组织形式，它通过将不同的运输方式（如海运、空运、铁路、公路等）有机结合起来，形成一个完整的物流链条。这种运输方式的优势在于能充分利用各种运输方式的特点和优势，实现货物的快速、高效、低成本运输。例如，对于长距离、大批量的货物，可以选择海运或铁路运输；对于高价值、时效性强的货物，可以选择空运或公路运输。

同时，国际物流中的运输方式也具有多样性。不同的运输方式具有不同的特点和适用范围，需要根据货物的性质、交货时间和成本等因素进行选择。例如，海运通常适用于大宗、价值较低的货物，价格相对便宜但运输时间较长；空运适用于时效性要求高、价值较高的货物，运输时间快但成本较高；铁路运输适用于跨国运输，距离适中、成本较低；公路运输则在短途运输和"最后一公里"配送方面具有优势。

这种多式联运与运输方式的多样性使国际物流能更好地满足客户的需求，提高物流效率和服务质量。同时，这也要求物流企业和相关机构具备更强的协调能力与资源整合能力，以确保各种运输方式之间的顺畅衔接和高效运作。

（三）信息化与标准化要求高

国际物流的第三个显著特点是信息化与标准化要求高。这主要体现在以下几个方面。

1. 信息化要求高

随着信息技术的不断发展，信息化已成为国际物流发展的必然趋势。信息化不仅可以提高物流效率，还可以降低物流成本，增强物流企业的竞争力。在国际物流中，信息化要求主要体现在以下几个方面。

信息实时跟踪与监控。通过信息技术，物流企业和客户可以实时跟踪货物的位置与状态，确保货物安全、准时到达目的地。

信息共享与协同作业。物流企业可以通过信息共享平台与供应链合作伙伴进行协同作业，实现资源的优化配置和物流效率的提高。

智能化决策支持。利用大数据、人工智能等技术，物流企业可以对物流数据进行分析和挖掘，为决策提供智能化支持。

2. 标准化要求高

标准化是国际物流发展的基础。国际物流由于涉及多个国家和地区的物流活动，需要遵循国际通用的物流标准和规范，以确保物流活动的顺畅进行。标准化要求主要体现在以下几个方面。

物流设施与设备的标准化，包括运输车辆、仓储设施、装卸设备等，需要遵循国际通用的标准和规范，以确保设备的兼容性和安全性。

物流信息的标准化，包括物流数据的采集、传输、存储等，需要遵循国际通用的数据格式和交换标准，以实现信息的共享和互通。

物流服务的标准化，包括物流服务的流程、质量、时间等，需要遵循国际通用的服务标准和规范，以提高物流服务的水平和质量。

信息化和标准化是国际物流发展的两大关键要素。通过加强信息化建设和推动标准化进程，可以提高国际物流的效率和水平，降低物流成本，增强物流企业的竞争力。

三、国际物流的重要性

（一）推动全球贸易与经济发展

国际物流在推动全球贸易与经济发展方面发挥着至关重要的作用。以下是具体的作用表现。

打破地理限制。国际物流通过海运、空运、陆运等多种运输方式，打破了地理限制，使商品和货物能跨越国界，实现全球范围内的流通。这种流通不仅促进了不同国家之间的贸易往来，还为企业提供了更广阔的市场空间，推动了全球贸易的繁荣。

降低贸易成本。通过优化物流管理、提高运输效率和规模经济效应，国际物流可以降低贸易成本，减少货物在运输、仓储、装卸等环节的费用支出。这有助于降低商品价格，提高贸易的竞争力，促进全球贸易的进一步发展。

提高贸易效率。国际物流采用先进的物流技术和管理方法，实现了物流信息的实时跟踪和监控，提高了物流效率和可靠性。这使企业能更快速地响应市场需求，提高交货速度和客户满意度，进一步推动全球贸易的发展。

促进经济全球化。国际物流的发展促进了经济全球化进程，使资本、技术、信息等生产要素能在全球范围内自由流动和优化配置。这有助于推动全球经济的增长和繁荣，促进各国之间的经济联系和合作。

带动相关产业发展。国际物流的发展也带动了相关产业发展，如交通运输、仓储、信息技术等。这些产业的发展不仅为国际物流提供了更加完善的配套服务，还促进了整个经济体系的优化和升级。

国际物流在推动全球贸易与经济发展方面发挥着不可替代的作用。随着全球化的不断深入和科技的不断发展，国际物流将继续发挥重要作用，为全球经济和贸易的发展注入新的动力。

（二）增强企业竞争力与效率

国际物流在增强企业竞争力与效率方面扮演着关键角色，以下是具体的作用表现。

1. 优化供应链管理

国际物流通过优化供应链管理，确保原材料、零部件和成品在全球范围内的快速、高效流动。这有助于企业减少库存积压，降低库存成本，提高资金周转率，从而增强竞争力。

2. 降低成本

国际物流利用先进的物流技术和管理方法，实现规模经济效应，降低单位物流成本。此外，通过合理的运输规划、减少中转环节和缩短运输时间，企业可以进一步降低运输成本。这些成本的降低有助于企业提高盈利能力和增强市场竞争力。

3. 提高物流效率

国际物流采用先进的物流信息系统，实现了物流信息的实时跟踪和监控。这使企业能更准确地掌握货物的位置、状态和运输进度，提高物流效率。同时，通过优化运输路径、提高装卸效率等措施，企业可以进一步缩短交货时间，提升客户满意度。

4. 拓展市场

国际物流的发展为企业提供了拓展全球市场的机会。通过与国际物流公司合作，企业可以将产品和服务推向全球市场，实现全球化经营。这有助于企业扩大市场份额，提高品牌知名度，增强市场竞争力。

5. 风险管理

国际物流涉及多个国家和地区，面临各种风险和挑战。通过与国际物流公司合作，企业可以共同应对这些风险，降低经营风险。此外，国际物流公司通常具备丰富的经验和专业知识，能为企业提供风险预警和应对建议，帮助企业更好地管理风险。

国际物流在增强企业竞争力与效率方面发挥着重要作用。通过优化供应链管理、降低成本、提高物流效率、拓展市场和风险管理等方面的努力，企业可以更好地应对全球市场的挑战，增强竞争力。

（三）促进区域经济合作与发展

国际物流在促进区域经济合作与发展方面扮演着重要的角色。以下是具体的作用表现。

1. 加强区域间经济联系

国际物流通过高效的运输和配送服务，连接了不同区域的经济体，促进了商品、资源和信息的流动。这种流动不仅加强了区域间的经济联系，还推动了区域间的经济合作和互补发展。

2. 促进区域均衡发展

国际物流的发展有助于促进区域经济的均衡发展。通过优化物流网络，降低物流成本，提高物流效率，企业能更便捷地将产品和服务输送到更远的地区，从而扩大市场份额，促进地区经济的增长。同时，物流发展还能带动相关产业的发展，如交通运输、仓储、信息技术等，进一步促进区域经济的多元化和均衡化。

3. 提升区域竞争力

国际物流的发展提升了区域的国际竞争力。通过与国际物流公司的合作，区域企业能更好地融入全球供应链体系，参与国际市场竞争。这不仅有助于企业提高产品质量和服务水平，还能增强企业的品牌影响力，提升区域的整体竞争力。

4. 推动区域经济一体化

国际物流的发展有助于推动区域经济一体化进程。通过构建区域物流合作平台，加强区域间物流基础设施的互联互通，促进区域物流资源的共享和优化配置，实现区域经济的协同发展。这有助于打破区域壁垒，促进区域经济的深度融合和一体化发展。

5. 助力"一带一路"建设

国际物流在"一带一路"建设中发挥着重要作用。通过建设和完善共建国家的物流基础设施，加强共建国家之间的物流合作，促进商品、资源和信息的流动，实现共建国家的共同发展。这有助于推动"一带一路"倡议的深入实施，促进共建国家经济的繁荣和稳定。

国际物流在促进区域经济合作与发展方面发挥着重要的作用，通过加强区域间经济联系、促进区域均衡发展、提升区域竞争力、推动区域经济一体化和助力"一带一路"建设等方面的努力，国际物流为区域经济的繁荣和稳定做出了积极贡献。

第二节　国际贸易与物流的关系

一、国际贸易是物流产生和发展的基础

（一）贸易需求推动物流服务的产生

随着国际贸易的蓬勃发展，商品和服务的跨国流动需求日益增长，这为物流服务行业的产生提供了强大动力。贸易需求不仅推动了物流基础设施的建设和完善，如港口、机场、铁路、公路等交通网络的扩展和优化，还促进了仓储、配送、包装等物流环节的专业化和标准化。

具体来说，国际贸易中的商品需要通过物流渠道实现从生产地到消费地的转移。这种转移涉及多个环节，包括运输、仓储、装卸、包装等，每个环节都需要专业的物流服务来支持。为了满足这些需求，物流企业应运而生，通过提供定制化的物流解决方案，确保商品能安全、高效、准时地送达目的地。

同时，国际贸易的多样性和复杂性也对物流服务提出了更高要求。不同的商品具有不同的特性，需要采用不同的运输方式和包装方式。此外，国际贸易还涉及不同国家和地区的法律法规、文化习惯等差异，这也要求物流企业具备跨文化交流和沟通的能力，以确保物流服务的顺利进行。

因此，可以说贸易需求是推动物流服务产生的重要因素。随着国际贸易的不断发展，物流服务行业也将继续壮大，为全球经济的繁荣和稳定做出更大贡献。

（二）贸易特点决定物流服务的发展方向

国际贸易的特点在很大程度上决定了物流服务的发展方向。以下是几个关键特点及其对物流服务发展方向的影响。

1. 贸易的全球化趋势

随着国际贸易的全球化趋势，物流服务也需要具备全球覆盖的能力。这意味着物流企业需要建立全球性的网络，以便能为世界各地的客户提供服务。此外，全球化贸易也意味着物流企业需要处理来自不同国家和地区的复杂法规、标准与文化差异，因此，物流服务需要更加灵活、多样化和定制化。

2. 贸易的多样性和复杂性

国际贸易的商品种类繁多，从原材料到高科技产品，从消费品到工业用品，每种商品都有其独特的物流需求。这种多样性和复杂性要求物流服务提供方具备广泛的专业知识与经验，以便能为客户提供定制化的物流解决方案。

3. 贸易的时效性要求

在现代国际贸易中，许多商品对时间的要求非常高，如生鲜食品、电子产品等。这要求物流服务提供方具备高效的运输和配送能力，以确保商品能按时送达。此外，快速响应市场变化和客户需求的能力也变得越来越重要。

4. 贸易的可持续性要求

随着环保意识的增强，越来越多的国家和企业开始关注贸易活动的可持续性。这要求物流服务提供方采用环保的运输方式、包装材料和仓储设施，以降低对环境的负面影响。此外，物流企业还需要通过优化运输路线、提高运输效率等方式降低能耗和减少排放。

国际贸易的特点决定了物流服务的发展方向。为了适应这些特点，物流企业需要不断创新和改进，提高自身的服务质量和竞争力。同时，物流企业还需要密切关注国际贸易的动态和趋势，以便及时调整自己的服务策略和方向。

（三）贸易环境促进物流行业的优化升级

贸易环境的变化对物流行业产生了深远影响，促进了其优化升级。随着国际贸易的不断发展，贸易环境也在不断变化，这些变化为物流行业带来了新的机遇和挑战，推动了物流行业的创新和发展。

首先，贸易政策的调整对物流行业具有重要影响。例如，贸易保护主义的抬头和贸易战的爆发，使跨境物流业务面临更大的不确定性和风险。为了应对这些挑战，物流企业需要加强风险管理，提升应对能力。同时，贸易自由化和便利化的政策也为物流行业提供了更广阔的市场空间，推动了物流行业的快速发展。

其次，电商的兴起对物流行业产生了革命性影响。电商的特点决定了物流行业需要向快速、准确、灵活的方向发展。为了满足电商的物流需求，物流企业需要加强信息化建设，提高物流效率和服务质量。例如，通过引入先进的物流管理系统、使用物联网技术、优化配送路线等方式，提高物流服务的效率和准确性。

再次，跨境贸易的复杂性增加对物流行业提出了更高要求。跨境贸易涉及多个国家的法律和规定，物流企业需要了解并遵守各国的相关法律和规定，以确保货物的安全和合法性。为了适应这种变化，物流企业需要提升国际化水平，加强国际合作，提高服务质量。

最后，环保和可持续发展的要求促进了物流行业的优化升级。随着环保意识的增强，越来越多的企业开始关注物流活动的环保性。为了降低对环境的影响，物流企业需要采用更加环保和可持续的物流方式，例如，使用清洁能源、推广绿色包装等。这不仅有助于降低物流成本，还能提升企业的社会形象和竞争力。

贸易环境的变化促进了物流行业的优化升级，物流企业需要密切关注贸易环境的变化，积极应对挑战，抓住机遇，不断提升自身的服务水平和竞争力。同时，政府和社会各界也需要加强对物流行业的支持与引导，共同推动物流行业的健康发展。

二、物流是国际贸易的重要支撑

（一）物流确保国际贸易的顺畅进行

物流在国际贸易中发挥着至关重要的作用，它确保商品能高效、准确地从生产地流向消费地，从而保障国际贸易的顺畅进行。以下是物流如何确保国际贸易顺畅进行的几个方面。

1.运输与配送

物流系统通过陆运、海运、空运等多种运输方式，实现跨国界的商品流动。这些运输方式的选择和优化，确保了商品能在最短时间内到达目的地，满足国际贸易的时效性要求。

2. 仓储与库存管理

在国际贸易中，商品常常需要在不同国家的仓库中暂存，等待进一步的配送或转运。物流企业提供仓储服务，通过科学的库存管理，确保商品在存储过程中的安全，并减少库存积压或短缺造成的损失。

3. 海关与合规

国际贸易涉及多个国家的海关和法规要求。物流企业具备专业的知识和经验，能帮助客户处理复杂的海关手续，确保商品合规进入或离开某个国家，避免因此产生的延误和罚款。

4. 信息追踪与透明度

物流信息系统能实时追踪货物的位置和状态，为客户提供准确的物流信息。这种透明度有助于国际贸易双方了解货物的动态，做好接收和后续工作的准备。

5. 风险管理与应对

国际贸易中可能面临各种风险，如自然灾害、政治动荡、贸易壁垒等。物流企业通过风险评估和应对策略，帮助客户降低这些风险，确保国际贸易的顺利进行。

物流通过提供全方位的服务，确保国际贸易的顺畅进行。在全球化的大背景下，物流已成为国际贸易不可或缺的一部分，为国际贸易的发展提供了强有力支撑。

（二）物流降低国际贸易成本

物流在国际贸易中扮演着降低成本的关键角色。以下是物流如何降低国际贸易成本的几个方面。

1. 优化运输成本

物流行业通过利用多式联运、优化运输路径和选择最经济的运输方式，实现了运输成本的有效降低。例如，通过海运、铁路和公路的联合运输，物流企业能找到最经济的运输组合，从而降低整体运输成本。

2. 降低仓储成本

物流企业通过合理规划仓储布局、优化库存管理和使用先进的仓储技术，降低了仓储成本。这包括减少不必要的存储空间、提高货物周转率、降低库存积压和损耗等。

3. 节约信息成本

物流信息系统的发展和应用，使物流企业能实时跟踪货物位置、管理物流信息，从而降低了信息成本。通过减少纸质文件的使用、提高数据处理效率，物流企业能为客户提供更加高效、准确的物流服务。

4. 减少风险损失

在国际贸易中，物流企业通过风险评估和应对策略，帮助客户降低自然灾害、政治动荡等风险造成的损失。通过提前预警、制订应对计划，物流企业能确保货物安全、准时地到达目的地，从而减少客户的潜在损失。

5. 提高运营效率

现代物流技术的应用，如物联网、大数据、人工智能等，提高了物流运营效率。这些技术使物流企业能更快速地处理订单、更准确地预测需求、更高效地管理库存，从而降低运营成本并提升客户满意度。

物流通过优化运输成本、降低仓储成本、节约信息成本、减少风险损失和提高运营效率等方式，有效地降低了国际贸易成本。在全球化的背景下，物流已成为国际贸易中不可或缺的一部分，为国际贸易的发展提供了强有力支撑。

（三）物流提高国际贸易效率

物流在国际贸易中扮演着至关重要的角色，不仅确保了国际贸易的顺畅进行，还显著提高了国际贸易的效率。以下是物流如何提高国际贸易效率的几个方面。

1. 快速响应市场需求

物流系统的高效运作使商品能快速地从生产地运往消费地，满足市场对商品的需求。通过优化运输路线、提高运输效率，物流企业能确保商品在最短时间内送达目的地，从而满足客户的紧急需求。

2. 减少贸易环节和流程

物流企业提供的一站式服务能简化国际贸易的流程，减少不必要的环节和手续。例如，通过整合报关、报检、仓储、配送等服务，物流企业能为客户提供更加便捷、高效的物流服务，从而加快贸易进程。

3.提高信息透明度

物流信息系统的发展和应用使贸易双方能实时了解货物的位置、状态等信息，提高了信息的透明度。这种透明度有助于贸易双方更好地掌握货物的动态，做好接收和后续工作的准备，从而提高了贸易效率。

4.优化库存管理

物流企业通过科学的库存管理，能确保货物在存储过程中的安全，并减少库存积压或短缺造成的损失。这种优化库存管理使企业能更好地满足市场需求，降低库存成本，提高资金周转率，从而提高国际贸易的效率。

5.应用先进技术

随着物联网、大数据、人工智能等先进技术的应用，物流企业能更快速地处理订单、更准确地预测需求、更高效地管理库存等。这些技术的应用不仅提高了物流企业的运营效率，还使国际贸易更加智能化、自动化，进一步提高了贸易效率。

物流通过快速响应市场需求、减少贸易环节和流程、提高信息透明度、优化库存管理及应用先进技术等方式，显著提高了国际贸易的效率。在全球化的背景下，物流已成为国际贸易中不可或缺的一部分，为国际贸易的发展提供了强有力支撑。

三、国际贸易与物流相互促进、共同发展

（一）国际贸易推动物流行业的创新与发展

国际贸易的发展对物流行业产生了深远影响，它推动了物流行业的创新与发展，主要体现在以下几个方面。

1.引入和应用先进技术

随着国际贸易的日益繁荣和复杂，物流行业面临着巨大的挑战。为了满足国际贸易中对于快速、准确、安全的物流需求，物流企业纷纷引入和应用先进技术，如物联网、大数据、人工智能、区块链等。这些技术不仅提高了物流运作的自动化和智能化水平，还实现了对物流信息的实时追踪和监控，有效提高了物流服务的效率和质量。

2. 创新服务模式

国际贸易的多样性要求物流企业提供更加多样化、个性化的服务。因此，物流企业不断创新服务模式，以满足不同客户的需求。例如，一些物流企业推出了定制化物流解决方案，根据客户的具体需求提供个性化的物流服务；还有一些物流企业则通过提供一站式物流服务，将运输、仓储、报关等环节整合在一起，为客户提供更加便捷、高效的物流服务。

3. 优化物流网络

国际贸易的全球化趋势要求物流企业具备全球性的网络覆盖能力。为了满足这一需求，物流企业纷纷加强国际合作，拓展物流网络。通过建立全球性的物流网络，物流企业能更好地连接生产者和消费者，提高物流服务的效率和可靠性。同时，这也使物流企业能更好地应对国际贸易中的不确定性因素，降低风险。

4. 加强人才培养与引进工作

国际贸易的发展对物流人才的需求也越来越高。为了培养更多高素质、专业化的物流人才，物流企业纷纷加强人才培养与引进工作。通过与高校合作、开展职业培训等方式，培养更多具备国际视野和专业技能的物流人才；同时，积极引进国际先进的物流管理和技术人才，提升企业的核心竞争力。

国际贸易推动了物流行业的创新与发展，物流企业通过引入和应用先进技术、创新服务模式、优化物流网络，以及加强人才培养与引进工作等措施，不断提升自身的服务能力和竞争力，为国际贸易的顺利进行提供了有力支持。

（二）物流行业的优化增强国际贸易竞争力

物流行业的优化在增强国际贸易竞争力方面起到了关键作用。随着全球化和贸易自由化的深入发展，国际贸易的竞争日益激烈，物流行业的优化成为增强国际贸易竞争力的重要手段。以下是物流行业优化如何增强国际贸易竞争力的几个关键方面。

1. 降低物流成本

物流行业的优化通过提高物流效率、降低库存成本、优化运输方式等手段，显著降低了国际贸易的物流成本。这不仅有助于企业节省成本，提高盈利能力，还能使企业在价格上具有更大的竞争优势，吸引更多的国际买家。

2. 提高物流效率

物流行业的优化通过引入先进的物流管理系统、自动化设备和智能技术，提高了物流运作的效率和准确性。这有助于企业更快速地响应市场需求，缩短交货时间，提升客户满意度。同时，高效的物流运作还能降低运输过程中的损耗和错误率，进一步增强企业的竞争力。

3. 优化供应链管理

物流行业的优化不仅关注物流运作本身，还注重与供应链上下游企业的协同合作。通过建立紧密的供应链合作伙伴关系，优化供应链管理流程，企业能更好地控制产品质量、降低库存风险、提高交货可靠性。这有助于企业在国际贸易中树立良好的信誉和口碑，增强整体竞争力。

4. 提供定制化物流服务

物流行业的优化使企业能根据不同客户的需求提供定制化物流服务。通过深入了解客户的业务需求和市场特点，物流企业能为客户提供更加符合其需求的物流解决方案。这种定制化物流服务不仅能满足客户的特殊需求，还能提升客户对企业的信任度和忠诚度，进一步增强企业的竞争力。

5. 提升物流信息化水平

物流行业的优化还注重提升物流信息化水平。通过建立完善的物流信息系统和电子商务平台，企业能实时追踪货物状态、优化运输路线、提高报关效率等。这不仅有助于企业提高物流运作的透明度和可控性，还能使企业在国际贸易中更加灵活地应对各种挑战和机遇。

物流行业的优化在增强国际贸易竞争力方面发挥着重要作用，通过降低物流成本、提高物流效率、优化供应链管理、提供定制化物流服务及提升物流信息化水平等手段，物流行业为企业提供了更加高效、便捷、可靠的物流服务支持，使企业在国际贸易中更具竞争力。

（三）国际贸易与物流行业的协同发展

国际贸易与物流行业之间存在着紧密联系和相互促进的关系。随着全球化和贸易自由化的加速推进，国际贸易与物流行业的协同发展尤为重要。以下是关于国际贸易与物流行业协同发展的几个关键点。

1. 相互促进的循环关系

国际贸易的发展为物流行业提供了广阔的市场空间和增长动力。随着贸易量的增加，物流需求也随之增长，推动了物流行业的发展。同时，物流行业的优化和发展也为国际贸易提供了强有力支持。高效、可靠的物流服务能降低贸易成本，提高贸易效率，从而增强国际贸易的竞争力。

2. 技术创新与应用

国际贸易和物流行业都在积极引进与应用先进技术，如物联网、大数据、人工智能等，以提高运营效率和降低成本。这些技术的应用不仅促进了各自行业的创新，还使国际贸易与物流行业在数据共享、信息交互等方面更加便捷，推动了双方的协同发展。

3. 供应链管理

国际贸易和物流行业都在加强供应链管理，以提高整体运营效率和降低成本。通过优化供应链流程、加强供应商管理、提高物流运作效率等手段，双方共同提升了供应链的稳定性和可靠性，为国际贸易的顺利进行提供了有力保障。

4. 国际合作与交流

随着国际贸易的全球化趋势加强，各国之间的物流合作也日益紧密。通过建立国际物流合作机制、加强跨国物流企业的合作与交流等方式，国际贸易与物流行业在资源共享、经验借鉴等方面实现了协同发展。

5. 政策与环境支持

各国政府都高度重视国际贸易与物流行业的协同发展，纷纷出台相关政策措施加以支持。这些政策包括优化贸易环境、降低物流成本、加强基础设施建设等，为国际贸易与物流行业的协同发展提供了良好的外部环境和政策支持。

6. 共同应对挑战

国际贸易与物流行业在发展过程中都面临着诸多挑战，如贸易保护主义、地缘政治风险、自然灾害等。通过加强合作与交流，双方可以共同应对这些挑战，降低风险，实现可持续发展。

国际贸易与物流行业的协同发展是全球经济一体化趋势下的必然结果，双方应进一步加强合作与交流、共同推动技术创新、优化供应链管理、加强国际合作与交流等方面的工作，以实现共赢发展。

第三节　国际物流的风险管理

一、国际物流风险概述

（一）国际物流风险的定义

国际物流风险，是指在国际物流运作过程中，多种不确定因素的存在和变化，导致物流活动可能面临的各种潜在损失或不利影响。这些风险可能来源于自然因素（如自然灾害）、人为因素（如运输事故、人为破坏）、政治因素（如政治动荡、政策变化）、经济因素（如汇率波动、经济衰退）及法律和文化差异等多个方面。国际物流风险的存在，不仅可能影响物流活动的正常进行，还可能对物流链上的各环节参与者，包括制造商、供应商、分销商、消费者等，带来直接或间接的经济损失和声誉损害。因此，对于国际物流企业来说，了解和识别这些风险，并采取相应的风险管理措施，是确保物流活动顺利进行和降低潜在损失的关键。

（二）国际物流风险的来源

国际物流风险的来源多种多样，以下是一些主要的来源。

1. 自然因素

自然灾害。自然灾害如地震、台风、洪水等不可抗力事件，可能导致运输中断、货物损失或延误。

气候条件。极端气候条件（如暴雨、暴雪、高温等）可能影响运输工具的行驶和货物的保存条件。

2. 人为因素

运输事故。运输事故如船舶沉没、车辆事故、货物丢失或损坏等，可能是人为错误、设备故障或管理不善导致的。

盗窃和欺诈。在物流过程中，货物可能被盗窃或遭受欺诈行为，如伪造文件、假冒身份等。

恐怖主义活动。恐怖主义活动可能对物流设施或运输工具造成破坏，导致物流中断。

3. 政治因素

政治动荡。如战争、冲突、政变等政治不稳定因素，可能导致物流通道受阻、运输工具被征用或没收。

贸易政策变化。各国之间的贸易政策变化（如关税调整、进口限制等）可能增加物流成本或导致贸易中断。

政府干预。政府对物流活动的干预（如检查、扣留、没收等）可能增加物流时间和成本。

4. 经济因素

汇率波动。汇率波动可能导致货币贬值或升值，影响物流成本和收益。

经济衰退。经济衰退可能导致需求下降、订单减少，从而影响物流量和利润。

供应链中断。供应商破产、生产中断等因素可能导致供应链断裂，影响物流的顺畅进行。

5. 法律和文化差异

法律差异。不同国家之间的法律制度存在差异，可能导致合同执行困难、纠纷解决复杂。

文化差异。不同国家和地区的文化习俗、宗教信仰等存在差异，可能导致沟通不畅、误解或冲突。

了解和识别这些风险来源，对于国际物流企业制定有效的风险管理策略和应对措施至关重要。

（三）国际物流风险的影响

国际物流风险的影响是多方面的，涉及物流链上的各环节和参与者。以下是国际物流风险可能带来的主要影响。

1. 物流延误和中断

风险事件如自然灾害、政治动荡、交通事故等可能导致物流运输的延误和中断，影响货物的及时送达。

物流延误和中断会导致订单履行延迟，影响客户的满意度和企业的声誉。

2. 货物损失和损坏

在物流过程中，货物可能会因为各种因素受到损失或损坏，如装卸不当、包装不严密、运输事故等。

货物损失和损坏不仅会导致企业承担额外的成本（如重新发货、赔偿客户等），还可能影响企业的声誉和客户关系。

3. 成本增加

风险事件可能导致额外的运输成本、仓储成本、保险费用等。

同时，为了应对风险，企业可能需要增加库存、改变运输方式或采取其他措施，这也会增加成本。

4. 供应链管理挑战

国际物流风险可能导致供应链的不稳定，影响供应链的可靠性和灵活性。

企业需要不断调整和优化供应链管理策略，以应对各种潜在的风险。

5. 法律和合规风险

不同国家和地区的法律制度与监管要求存在差异，企业可能面临合规风险。

如果企业未能遵守当地法律或监管要求，就可能会面临罚款、诉讼等法律后果。

6. 声誉和信任度受损

物流延误、货物损失等问题可能导致客户对企业的信任度下降，影响企业的声誉。

就长期而言，这可能会影响企业的市场地位和客户忠诚度。

7. 环境和社会责任问题

物流活动可能会对环境造成负面影响，如碳排放、噪声污染等。

如果企业未能有效管理其物流活动对环境的影响，就可能会面临社会责任问题和公众批评。

为了降低国际物流风险的影响，企业需要采取有效的风险管理措施，如加强风险评估和监控、制定应急预案、优化供应链管理策略等。同时，企业还需要关注市场动态和法律、法规的变化，及时调整其物流战略和风险管理策略。

二、国际物流风险管理策略

（一）风险识别与评估

在国际物流风险管理策略中，风险识别与评估是首要且至关重要的步骤。这一步骤旨在全面、系统地识别国际物流过程中可能面临的各种风险，并对这些风险进行定性和定量的评估。

1. 风险识别

风险识别是发现、列举和描述风险的过程。在国际物流中，风险可能来源于以下方面。

运输风险。如交通事故、延误、货物损失或损坏等。

政治风险。如政治动荡、政策变化、关税调整等。

经济风险。如汇率波动、经济衰退、市场需求变化等。

法律风险。如合同纠纷、法律诉讼、知识产权问题等。

自然灾害风险。如地震、洪水、飓风等。

为了有效识别风险，企业可以采取以下方法。

财务报表分析法。通过分析财务报表，识别潜在的财务风险。

风险列举法。根据企业的生产流程或物流过程，列举可能的风险。

生产流程图法。通过绘制生产或物流流程图，识别其中的薄弱环节和潜在风险。

现场检查法。通过实地调查，了解物流过程中的实际情况和潜在风险。

2. 风险评估

风险评估是对识别出的风险进行定性和定量分析的过程，以确定风险的概率、影响程度和潜在损失。企业可以采用以下方法进行风险评估。

定性评估。基于经验和专业知识，对风险的概率和影响进行主观估计，并以文字形式进行描述和分析。

定量评估。采用统计或模型方法，对风险进行量化分析和计算，以得出具体的数据结果。

此外，还有一些特定的风险评估方法，如模糊综合评价法，它通过建立数学模型，考虑每个风险因素对应的影响程度，并赋予相应的权重值，然后通过数学模型的推算，得出风险可能会发生的程度大小。

在风险识别与评估的过程中，企业应确保全面、准确地识别各种潜在风险，并对其进行合理的评估。这将有助于企业为后续的风险管理策略制定提供有力支持。

（二）风险规避与预防

在国际物流风险管理策略中，风险规避与预防是降低风险发生概率和减轻风险影响程度的重要策略。以下是关于风险规避与预防的一些关键措施。

1. 深入了解与评估

对物流目的地和目标市场进行深入的调研，了解当地的政治、经济、法律和文化环境，以便更好地预测和规避潜在风险。

评估合作伙伴的信誉和可靠性，选择具有良好声誉和经验的物流服务提供商、货运代理与供应商。

2. 多元化策略

在运输方式上实现多元化，如海运、空运、陆运等，以应对不同运输方式可能带来的风险。

多元化供应链布局，确保在某一环节出现问题时，其他环节能迅速补充，保证物流的连续性和稳定性。

3. 合规性管理

确保企业及其合作伙伴遵守所有相关的国际和国内法律、法规与标准，避免违法、违规操作带来的风险。

及时了解并适应各国政策法规的变化，以便及时调整物流策略。

4. 质量控制与检验

对货物进行严格的质量控制与检验，确保货物符合合同要求和进口国的标准，避免质量问题导致的退货、索赔等风险。

5. 保险覆盖

为货物购买适当的运输保险，以覆盖可能发生的损失或损害。在选择保险公司时，要确保其具有良好的信誉和理赔记录。

6. 制定应急预案

针对可能发生的各种风险，制定详细的应急预案，包括应对措施、紧急联系方式、备用物流渠道等。

定期进行应急演练，确保员工熟悉应急预案并能迅速应对突发事件。

7.加强沟通与协作

与合作伙伴、客户，以及当地政府和相关机构保持密切的沟通与协作，及时获取最新的信息和支持。

在物流过程中，确保信息的及时传递和共享，以便及时发现问题并采取相应的措施。

8.技术升级与创新

引入先进的物流技术和设备，提高物流效率和准确性，减少人为错误和故障率。

利用大数据、物联网等先进技术对物流过程进行实时监控和预警，及时发现潜在风险并采取措施进行干预。

通过实施以上措施，企业可以有效地规避与预防国际物流过程中的各种风险，确保物流活动的顺利进行。

（三）风险监控与应对

在国际物流风险管理策略中，风险监控与应对是确保物流活动顺利进行的重要步骤。以下是关于风险监控与应对的一些关键措施。

1.风险监控

建立风险监控体系。企业应建立一套完善的风险监控体系，通过收集、分析和评估各类风险信息，实时监控物流活动的各环节，确保风险被及时发现和应对。

利用信息技术。运用大数据、物联网、人工智能等信息技术手段，对物流过程进行实时监控和数据分析，提高风险监控的效率和准确性。

设置风险监控指标。根据企业实际情况和物流活动特点，设置合理的风险监控指标，如运输时间、货物损失率、客户满意度等，以便对物流活动进行全面、系统的监控。

2.风险应对

制定应急预案。针对可能出现的各种风险，企业应制定详细的应急预案，明确应对措施、责任人和联系方式等，确保在风险发生时能迅速、有效地应对。

灵活调整物流计划。根据风险监控结果和实际情况，灵活调整物流计划，如改变运输路线、调整运输方式、增加库存等，以降低风险对物流活动的影响。

加强沟通与协作。与合作伙伴、客户，以及当地政府和相关机构保持密切的沟通与协作，共同应对风险。通过信息共享和协同工作，提高风险应对的效率和效果。

及时处理风险事件。在风险事件发生后，企业应迅速启动应急预案，采取相应措施进行处理。同时，企业要记录风险事件的过程和结果，总结经验教训，为今后的风险管理提供参考。

3. 风险应对的后续措施

评估应对效果。在风险应对完成后，企业应对应对措施的效果进行评估，了解应对措施是否有效降低了风险对物流活动的影响。

总结经验教训。总结风险监控与应对过程中的经验教训，为今后的风险管理提供有益参考。

持续改进。根据评估结果和总结的经验教训，对风险监控与应对体系进行持续改进和优化，提高风险管理的水平和效果。

三、国际物流风险管理的重点

（一）全面的风险评估

全面的风险评估是国际物流风险管理的首要重点，它涉及对企业或项目面临的各种风险进行全面、系统、深入的评估和分析。这种评估不仅针对企业内部的风险，如人员风险、运营风险、市场风险等，还包括外部风险，如政治风险、经济风险、自然灾害风险等。

在风险评估过程中，首先，进行风险辨识，即查找企业各业务单元、各项重要经营活动及其重要业务流程中有无风险，有哪些风险。这通常可以通过对业务流程的梳理、与业务人员的访谈、查阅历史资料等方式进行。

其次，进行风险分析，对辨识出的风险及其特征进行明确的定义描述，分析和描述风险发生可能性的大小、风险发生的条件、风险的影响范围与影响程度等。这一步骤需要运用专业的风险评估方法，如事件树分析法（ETA）、失效模式与影响分析法（FMEA）、SWOT 分析法等，以确保评估结果的准确性和可靠性。

最后，进行风险评价，将风险按照重要性或优先级进行排序，确定哪些风险是需要优先处理的，哪些风险是可以暂时忽略的。同时，还需要制定相应的风险应对措施，以降低风险对企业或项目的影响。

全面的风险评估有助于企业或项目提前识别和应对各类风险，保证企业或项目的可持续发展。它不仅是企业风险管理的重要环节，还是企业提高风险管理能力的重要途径。通过全面的风险评估，企业可以更好地了解自身的风险状况和外部环境的变化，为决策提供更加准确和全面的信息，从而增强竞争力和提高市场地位。

（二）建立风险预警机制

在国际物流风险管理中，建立风险预警机制至关重要。风险预警机制能帮助企业及时发现并应对潜在的风险，从而确保物流活动的顺利进行。以下是建立风险预警机制的关键步骤。

1. 风险识别

对国际物流过程中的各环节进行全面、深入的风险识别。这包括供应商风险、运输风险、仓储风险、政治风险、经济风险等。风险识别需要运用专业的风险评估方法和工具，确保对潜在风险的全面了解和掌握。

2. 风险评估

对识别出的风险进行评估，确定其可能性和影响程度。评估结果可以帮助企业了解哪些风险是需要重点关注和应对的。在评估过程中，可以运用定量和定性相结合的方法，如概率—影响矩阵等，对风险进行优先级排序。

3. 预警指标设定

根据风险评估结果，设定相应的预警指标。这些指标可以是具体的数值、比率或事件触发条件。一旦这些指标达到或超过设定的阈值，系统就会自动触发预警机制。

4. 风险预警系统搭建

基于设定的预警指标，搭建风险预警系统。这个系统需要能实时监测国际物流过程中的各环节，并自动收集和分析相关数据。当数据达到或超过预警指标时，系统应能自动发送预警信息给相关人员。

5. 应急响应策略制定

针对不同类型的风险，制定相应的应急响应策略。这些策略应明确各级责任和行动方案，确保在风险发生时能快速、有效地进行处置。同时，企业还需要定期进行应急演练，以检验和完善应急响应策略的有效性。

6. 监测与评估

对风险预警机制进行定期监测与评估，确保其持续有效。在监测过程中，企业可以收集和分析相关数据，了解风险预警机制的触发频率、准确性及应急响应的效果等信息。同时，企业还可以根据评估结果对风险预警机制进行必要的调整和优化。

通过建立风险预警机制，企业可以及时发现并应对潜在的风险，降低风险对企业运营的影响。这有助于提高企业的风险管理能力，确保国际物流活动的顺利进行。

（三）制定有效的风险应对策略

在国际物流风险管理中，制定有效的风险应对策略是确保物流活动顺利进行的关键环节。以下是一些制定有效风险应对策略的建议。

首先，企业应明确自身对风险的承受能力和风险偏好，这有助于确定风险应对的底线和优先级。

其次，企业应对识别出的风险进行分类，如政治风险、经济风险、运输风险、供应链风险等，并根据其可能性和影响程度进行优先级排序。

1. 制定应对策略

规避风险。通过改变物流计划、选择其他运输方式或供应商等方式，避免潜在的高风险情况。

降低风险。采取一系列措施降低风险发生的可能性或影响程度，如加强货物包装、选择更可靠的运输公司等。

转移风险。通过购买保险、签订风险分担协议等方式，将部分或全部风险转移给第三方。

接受风险。对于无法规避、降低或转移的风险，企业可以选择接受，并制订相应的应急计划以减轻潜在损失。

2. 制订应急计划

为可能发生的各种风险制订详细的应急计划，包括应对措施、责任分工、资源调配等。应急计划应定期更新和演练，确保其有效性。

3. 建立快速响应机制

当风险发生时，企业应能迅速启动应急计划，并采取有效措施进行处置。建立快速响应机制有助于减少损失并恢复物流活动的正常运行。

4. 加强沟通与协作

在制定风险应对策略时，企业应加强和合作伙伴、客户及政府部门的沟通与协作，共同应对潜在的风险。通过信息共享和协同工作，提高风险应对的效率和效果。

5. 持续优化与改进

风险应对策略并非一成不变，企业应定期评估其有效性并根据实际情况进行调整和优化。通过不断学习和总结经验教训，提高风险应对的水平和能力。

制定有效的风险应对策略需要企业全面考虑各种风险因素，并结合自身的实际情况和资源状况进行制定。同时，企业还需要加强风险监控和预警机制的建设，确保在风险发生时能迅速、有效地进行应对。

第四节　国际物流的法规与政策

一、国际物流的法规

（一）国际物流运输法规

国际物流运输法规主要包括以下几个方面。

1. 国际海上货物运输法规

国际海上货物运输法规主要涉及海上货物运输合同的基本条款、承运人和托运人的权利义务、货物损失的赔偿原则等。例如，《海牙规则》、《海牙—维斯比规则》和《汉堡规则》等国际公约，以及各国的国内法，如中国的《中华人民共和国海商法》等。

2. 国际航空货物运输法规

国际航空货物运输法规主要规定航空货物运输的基本规则、承运人的责任、货物的包装和标记要求等。重要的国际法规包括《华沙公约》和《蒙特利尔公约》等。

3. 国际铁路货物运输法规

国际铁路货物运输法规涉及国际铁路货物联运的基本规则，如《国际货协》等。这些法规规定了铁路运输合同的订立、货物的托运和承运、货物的运输和保管等。

4. 国际公路货物运输法规

国际公路货物运输法规，如《国际公路货物运输合同公约》，该公约规定了公路货物运输合同的基本条款和原则，包括承运人的责任、货物的包装和标记要求等。

5. 多式联运法规

随着多式联运的兴起，一些国家还制定了针对多式联运的法规，以确保不同运输方式之间的顺畅衔接和货物安全。

6. 运输许可证与资质要求

各国政府通常要求从事国际物流运输的企业或个人持有相应的运输许可证或资质证明，以确保其具备从事国际物流运输的能力和条件。

7. 运输安全法规

运输安全法规，涉及货物运输的安全标准、包装要求、危险品运输规定等，以确保货物运输过程中的安全。

需要注意的是，不同国家和地区的国际物流运输法规可能存在差异，从事国际物流运输的企业或个人需要了解并遵守所在国家和地区的法规要求。

（二）国际物流贸易法规

国际物流贸易法规主要涉及国际贸易中的货物运输和交付规则，以及相关的贸易政策和法规。这些法规为国际贸易提供了标准化的术语和规则，确保各国之间的贸易活动能顺利进行。

具体来说，国际物流贸易法规包括以下几个方面。

1.《国际贸易术语解释通则》（INCOTERMS）

《国际贸易术语解释》是一套国际公认的贸易术语，用于解释贸易合同中的交货条件、运输方式、风险转移等重要条款。它有助于交易双方明确各自的权利和义务，减少贸易纠纷。

2. 国际贸易支付法规

国际贸易支付法规涉及国际贸易中的支付方式、支付时间、支付风险等方面的规定。例如，信用证支付方式下的相关法规，确保买方和卖方在支付过程中的权益得到保障。

3. 国际贸易合同法规

国际贸易合同法规规定了国际贸易合同的签订、履行、变更和解除等方面的规则。这些法规有助于确保合同的合法性和有效性，保护交易双方的利益。

4. 国际贸易关税法规

国际贸易关税法规涉及进出口货物的关税税率、税收优惠政策、关税减免等方面的规定。这些法规对国际贸易的成本和价格产生直接影响，因此受到各国政府的高度关注。

5. 国际贸易知识产权保护法规

国际贸易知识产权保护法规保护知识产权在国际贸易中的合法权益，防止侵权和盗版行为的发生。这些法规对于保护创新成果、促进技术进步具有重要意义。

此外，国际物流贸易法规还包括与贸易相关的其他法规，如贸易壁垒、贸易争端解决机制等。这些法规为国际贸易提供了法律保障，促进了全球贸易的自由化和便利化。

需要注意的是，不同国家和地区的国际物流贸易法规可能存在差异，因此从事国际贸易的企业需要了解并遵守所在国家和地区的法规要求，以确保贸易活动的合法性和顺利进行。

（三）国际物流安全法规

国际物流安全法规主要关注确保货物在国际物流过程中的安全运输，避免可能危及货物安全的因素、事件或情况。以下是一些重要的国际物流安全法规。

1. 国际危险品运输法规

例如，联合国《关于危险货物运输的建议书》（*UN Recommendations on the Transport of Dangerous Goods*），它提供了危险品的分类、包装、标记和运输要求，是全球危险品运输的基石。

危险品通常是指那些在一定条件下可能对人类、动植物、物质或环境造成伤害、损害的物质，包括爆炸品、压缩气体、易燃液体、易燃固体等。

2. 货物包装和标记法规

货物包装和标记法规要求货物在运输过程中必须采用符合标准的包装，并标记清晰明了。标记和标签的内容必须符合相关法规的规定，以确保运输过程中的安全。

3. 海关和边境安全法规

各国海关加大了货物安全检查力度，对所有进出口货物实行先进检查，以防止可疑物品入境，确保货物的安全性，维护客户权益，减少经济损失。

4. 反恐和安全法规

为了应对恐怖主义威胁，许多国家制定了针对国际物流的反恐和安全法规，要求物流企业加强安全检查和防范措施，确保货物的安全运输。

5. 运输安全法规

运输安全法规规定了运输过程中必须遵守的安全标准和操作规范，如车辆安全、驾驶员资格、运输路线选择等，以确保货物运输过程的安全可靠。

6. 信息安全法规

随着信息技术的发展，信息安全在国际物流中越来越重要。相关法规要求物流企业加强信息安全管理，保护客户信息和物流数据的安全。

需要注意的是，不同国家和地区的国际物流安全法规可能存在差异，因此从事国际物流的企业需要了解并遵守所在国家和地区的法规要求，以确保货物的安全运输。同时，物流企业还应建立科学完善的风险控制体系和管理机制，增强运输风险管理，提高申报合规性，确保货物能安全到达目的地。

二、法规与政策的关系

（一）定义与性质

法规是指国家机关制定或认可的，用以调整社会关系、规范人们行为的一种准则，具有国家强制性和普遍约束力的规范性文件。它通常包括法律、行政法规、地方性法规、自治条例和单行条例、规章等。法规的制定和修改必须经过严格的法律程序，并且一旦公布实施，就具有普遍的法律效力，任何组织和个人都必须遵守。

政策是指国家或政党为实现一定历史时期的路线而制定的行动准则。它表现为对人们的利益进行分配与调节的政治措施和复杂过程。政策通常包括政治政策、经济政策、社会政策、文化政策等，具有灵活性、针对性和指导性的特点。政策既可以是对社会公共利益的权威性分配，也可以是对社会成员提出的要求和规定。

法规具有强制性与指导性，任何违反法规的行为都会受到法律制裁；而政策则更多具有指导性，通过宣传、教育和引导影响人们的行为。

法规一旦制定，就具有相对的稳定性，不能轻易更改；而政策则可以根据实际情况的变化进行灵活调整。

法规具有明确的法律效力，违反法规的行为将受到法律的制裁；而政策则更多具有行政效力，通过行政手段保障其实施。

虽然法规与政策存在性质上的差异，但二者也存在紧密联系。政策是法规制定的基础，法规是政策的具体化和法律化。在制定和实施法规时，必须充分考虑政策的目标和原则；同时，在制定和实施政策时，也必须遵守法规的规定，确保政策的合法性和有效性。此外，法规与政策在维护社会秩序、促进社会发展等方面都起着重要作用，二者相辅相成，共同推动着社会的进步。

（二）法规与政策之间的联系

政策通常是法规制定的基础和前提，政策的制定和实施为法规的出台提供了实践经验与方向；同时，法规也为政策的实施提供了法律保障和依据，确保政策能在法律框架内得到贯彻执行。

法规和政策在调整社会关系、规范人们行为方面各有侧重。法规通常注重普遍性和稳定性，为整个社会提供基本的法律规范和制度保障；而政策则更加灵活和具体，可以根据不同时期的社会需求和问题制定相应的应对措施。因此，法规和政策在功能上相互补充，共同维护社会秩序和促进社会发展。

在一定条件下，政策可以转化为法规。当政策经过实践检验证明其有效并需要长期执行时，可以通过立法程序将其转化为法规，以确保其稳定性和权威性。同时，一些法规也可能因为社会的发展和变化而需要调整或废除，此时，政策可以作为一种过渡性的措施来应对这种情况。

法规和政策在目标上通常是一致的。它们都是为了维护社会秩序、促进社会发展、保障公民权益而制定的。因此，在制定、实施法规和政策时，需要充分考虑它们之间的目标一致性，确保二者能协同发挥作用。

法规的制定和实施可以影响政策的制定和实施。例如，法规的修改和完善可以为政策的制定提供新的法律依据与参考，而法规的执行情况也可以反映政策的实施效果和问题所在。反过来，政策的制定和实施也可以影响法规的制定和修改。例如，政策的实施经验和教训，可以为法规的修改和完善提供实践依据与参考。

法规与政策之间存在紧密的联系，二者相互影响，在制定和实施法规与政策时，需要充分考虑它们之间的关系和相互作用，以实现最佳效果。

（三）法规与政策的区别

1. 制定主体和程序

法规由立法机关（如国会、人民代表大会等）通过立法程序制定，具有严格的制定程序和法律形式要求。

政策通常是由行政机关、政党或其他政治组织制定的，其制定程序相对灵活，更多基于政治决策和行政指导。

2. 法律效力和约束力

法规具有国家强制力，对全社会成员具有普遍的约束力，违反法规将受到法律的制裁。

政策虽然具有一定的行政效力，但其约束力往往不如法规那样严格和普遍。政策更多是通过引导、激励或约束影响人们的行为。

3. 表现形式

法规通常以法律、行政法规、地方性法规等规范性文件形式表现，具有明确的法律条文和法律效力。

政策表现为各种文件、指示、通知、宣言等，其形式和内容相对灵活与多样。

4. 稳定性和灵活性

法规具有较强的稳定性，一旦制定并公布实施，就不能轻易更改，以维护法律的权威性和稳定性。

政策具有较大的灵活性，可以根据实际情况的变化进行灵活调整，以适应新的社会需求和问题。

5. 内容特点

法规的内容比较明确、具体和详尽，规定了人们的权利和义务，以及违法应承担的法律责任。

政策的内容通常比较原则和概括，更多关注于目标、原则和方向，而不涉及具体的法律责任和制裁措施。

6. 实施方式

法规是依靠国家强制力来保障其实施的，对违法行为进行法律制裁。

政策更多通过行政手段、思想工作、宣传教育、党员的模范带头作用，以及党的纪律保证实现其目标。

7. 调整对象

法规通常调整的是具有普遍性的社会关系和行为规范。

政策可能针对特定的社会群体、行业或地区，具有更具体和针对性的调整对象。

总之，法规与政策在制定主体和程序、法律效力和约束力、表现形式、稳定性和灵活性、内容特点、实施方式及调整对象等方面都存在显著的区别。这些区别使法规与政策在各自领域内发挥着不同的作用和功能。

第五章　绿色物流与可持续发展

第一节　绿色物流的定义与意义

一、绿色物流的定义

（一）基本概念

绿色物流是指在物流过程中，充分考虑环境保护和资源节约，通过先进的物流技术和科学的管理方法，实现物流活动对环境影响的最小化，同时提高物流效率和服务质量。绿色物流旨在实现物流业的可持续发展，即在满足现代经济发展需求的同时，确保对环境的负面影响降到最低，并充分利用物流资源，促进经济与环境的和谐共生。

绿色物流的核心理念包括"绿色化""减量化""循环化""高效化"。其中，"绿色化"要求物流活动在各环节都注重环保，减少对环境的污染和破坏；"减量化"强调通过优化物流流程、提高物流效率，减少物流活动中的资源消耗和废弃物排放；"循环化"是指推动物流资源的循环利用，提高物流资源的利用率和再生率；"高效化"则追求物流活动的高效、快速和准确，以满足客户日益增长的需求。

为了实现绿色物流的目标，企业需要采取一系列措施，如推广环保型运输工具和运输方式、优化仓储布局和仓储管理、采用环保包装材料和包装方式、加强废弃物回收和再利用等。同时，企业还需要加强绿色物流技术的研究和应用，推动物流技术的创新和升级，为绿色物流的发展提供有力支持。

绿色物流是物流业可持续发展的必由之路，也是现代社会经济发展的必然趋势，通过实施绿色物流，可以促进物流业与环境的和谐共生，为经济社会的可持续发展做出积极贡献。

（二）核心内容

绿色物流将环境保护理念贯穿物流活动的始终，从采购、生产、运输、储存、包装、配送到最终消费和废弃物回收，每个环节都考虑到对环境的影响，并寻求降低这种影响的方法。

绿色物流注重资源的节约和高效利用。通过优化物流流程、提高物流效率，减少能源消耗和物料浪费，降低物流活动对资源的消耗。

在运输环节，绿色物流采用环保型运输工具和运输方式，如使用新能源汽车、优化运输路线、提高车辆装载率等，减少尾气排放和能源消耗，降低对环境的污染。

在仓储环节，绿色物流注重仓库的节能和环保设计，如使用节能设备、绿色建材、合理布局等，降低仓储过程中的能耗和污染。

绿色物流倡导采用环保包装材料和包装方式，如使用可降解材料、再生材料、减少包装废弃物等，降低包装对环境的影响。

绿色物流强调对物流过程中产生的废弃物进行科学管理，包括分类收集、回收再利用、无害化处理等，减少废弃物对环境的污染。

绿色物流充分利用信息技术，如物联网、大数据、云计算等，提高物流信息的透明度和可追溯性，优化物流流程，降低物流活动的能耗和排放。

绿色物流还注重增强物流从业人员和公众的环保意识，通过教育和培训，普及绿色物流知识，推动绿色物流理念的普及和实践。

绿色物流的核心内容涵盖了物流活动的各方面，旨在实现物流业的可持续发展，为经济社会的可持续发展做出贡献。

（三）目标与愿景

绿色物流的目标与愿景主要聚焦在可持续发展和环境保护上，旨在实现经济效益、社会效益和环境效益的和谐统一。以下是绿色物流的主要目标与愿景。

首要目标是降低物流活动对环境的负面影响，通过优化物流流程、采用环保技术和材料等手段，降低能源的消耗和污染物的排放，从而保护环境质量，维护生态平衡。

追求物流资源的高效利用和节约，通过整合现有资源、优化资源配置、提高资源利用率等方式，减少资源浪费，降低物流成本，提高物流效率。

构建绿色供应链体系，推动供应链上下游企业共同实施绿色物流，形成绿色物流生态圈，实现整个供应链的绿色转型和可持续发展。

鼓励与支持绿色物流技术的研发和应用，推动绿色物流技术的创新和升级，提高物流活动的智能化、自动化和信息化水平，降低物流活动的能耗和排放。

通过绿色物流的实施，引导消费者形成绿色消费观念和行为习惯，推动绿色消费市场的形成和发展，促进经济社会的可持续发展。

加强与国际绿色物流组织和企业的合作及交流，学习借鉴国际先进经验和技术，推动绿色物流的国际化发展，共同应对全球环境挑战。

提高社会对绿色物流的认识和重视程度，形成广泛的社会共识和参与机制，推动政府、企业、社会组织和公众共同参与绿色物流的建设与实践。

二、绿色物流的内容

（一）环境保护视角下的绿色物流

在环境保护的视角下，绿色物流被视为实现可持续发展的重要途径之一。随着全球环境问题的日益严重，物流行业作为经济发展的重要支撑，其活动对环境的影响不容忽视。绿色物流旨在通过采用环保的物流技术和管理方法，减少物流活动对环境造成的污染和破坏。这包括在物流过程中降低能源消耗、提高资源利用率、减少废气排放等。

首先，绿色物流注重物流活动的能源效率。它鼓励使用清洁能源和高效能源技术，以降低物流活动的能源消耗。例如，在运输环节，通过优化运输路线、提高车辆装载率、使用新能源汽车等方式，减少燃油消耗和尾气排放；在仓储环节，通过采用节能设备和绿色建材，降低仓储过程中的能耗。

其次，绿色物流强调物流活动的资源节约。它注重提高物流资源的利用率，减少资源浪费。例如，在包装环节，通过采用可降解材料、再生材料等环保包装材料，减少包装废弃物的产生；在配送环节，通过合理的配送计划和配送方式，降低配送过程中的空驶和重复运输，提高配送效率。

再次，绿色物流关注物流活动的废弃物管理。它要求对物流过程中产生的废弃物进行科学管理和处理，以减少废弃物对环境的污染。例如，通过对包装废弃物进行分类收集、回收再利用，对不可回收的废弃物进行无害化处理。

最后，绿色物流注重增强物流从业人员的环保意识。通过教育和培训，普及绿色物流知识，推动物流从业人员树立环保意识，自觉践行绿色物流理念。

（二）经济发展视角下的绿色物流

在经济发展的视角下，绿色物流被视为推动经济可持续发展的重要动力。随着全球经济一体化的深入发展，物流行业成为连接生产和消费的重要环节。绿色物流通过提高物流效率和服务质量，降低物流成本，为企业创造更大的经济效益。

首先，绿色物流通过优化物流流程和提高物流效率，降低企业的物流成本。它采用先进的物流技术和科学的管理方法，实现物流活动的快速、准确、高效。例如，通过信息技术的应用，实现物流信息的实时共享和快速处理，提高物流活动的响应速度和准确性。这有助于企业降低库存成本、运输成本等，提高经济效益。

其次，绿色物流有助于企业树立良好的品牌形象。随着消费者环保意识的不断增强，越来越多的消费者倾向于选择环保产品和服务。绿色物流作为企业环保实践的重要方面之一，能展示企业的环保理念和责任感，提高消费者对企业的认同感和信任度。这有助于企业扩大市场份额、增强竞争力。

最后，绿色物流有助于推动绿色经济的发展。绿色经济是以环保和资源节约为基础的经济形态，强调经济发展与环境保护的和谐共生。绿色物流作为绿色经济的重要组成部分之一，通过促进资源的循环利用和减少环境污染，为绿色经济的发展提供有力支持。

（三）社会责任视角下的绿色物流

在社会责任的视角下，绿色物流不仅仅是物流行业的内部事务，更是企业在社会发展中扮演重要角色并承担相应责任的体现。绿色物流强调企业在物流活动中应充分考虑其对环境、社会及消费者的影响，通过采取一系列措施，实现经济效益与环境效益的双赢。

首先，绿色物流体现了企业对环境的责任。物流活动通常涉及大量的能源消耗和废弃物排放，对环境产生较大的影响。绿色物流要求企业在物流过程中采用环保的包装材料、可再生的能源和节能的设备，减少能源消耗和废弃物排放，降低对环境的污染。这种环保实践不仅有助于保护生态环境，还体现了企业对环境责任的积极履行。

其次，绿色物流体现了企业对社会的责任。物流活动作为连接生产和消费的重要环节，对社会经济发展和民生福祉具有重要意义。绿色物流要求企业在追求经济效益的同时，关注社会公平和可持续发展。例如，企业可以通过优化物流网络、提高物流效率、降低物流成本，促进商品的流通和市场的繁荣；同时，企业还可以通过开展公益活动和社区服务，推动社区发展和进步，回馈社会。

最后，绿色物流体现了企业对消费者的责任。随着消费者环保意识的不断增强，越来越多的消费者开始关注产品的环保性能和企业的环保实践。绿色物流要求企业在物流过程中注重产品的安全和质量，确保消费者能购买到安全、健康、环保的产品。同时，企业还应积极宣传绿色物流的理念和实践，提高消费者的环保意识和参与度，共同推动绿色消费和绿色生活的实现。

社会责任视角下的绿色物流强调，企业在物流活动中应充分考虑其对环境、社会和消费者的影响，通过采取一系列措施实现经济效益与环境效益的双赢。这不仅是企业履行社会责任的体现，还是推动社会可持续发展和构建美好未来的重要途径。

（四）技术创新视角下的绿色物流

在技术创新的视角下，绿色物流被赋予了新的活力和可能性。随着科技的飞速发展，技术创新在绿色物流中发挥着越来越重要的作用，它不仅提高了物流效率，降低了物流成本，还促进了物流活动的环保性和可持续性。

首先，技术创新推动了绿色物流的智能化发展。物联网、大数据、云计算、人工智能等先进技术的应用，使物流过程更加智能化、自动化。例如，物联网技术可以实现物流信息的实时共享和快速处理，提高物流活动的响应速度和准确性；大数据技术可以对物流数据进行深度挖掘和分析，优化物流流程和资源配置；人工智能技术可以实现智能仓储和智能配送，提高物流效率和服务质量。这些技术的应用不仅降低了物流成本，还减少了能源消耗和废弃物排放，促进了绿色物流的发展。

其次，技术创新促进了绿色物流的环保化。在物流过程中，技术创新可以帮助企业采用更加环保的包装材料、可再生的能源和节能的设备。例如，新型环保包装材料可以减少包装废弃物的产生，可再生的能源如太阳能、风能等可以减少对化石能源的依赖，节能设备如节能灯具、节能空调等可以降低能源消耗。这些环保措施的实施不仅有助于保护生态环境，还提高了企业的环保形象和竞争力。

最后，技术创新推动了绿色物流的可持续发展。随着环保意识的不断增强和环保法规的不断完善，绿色物流已经成为企业可持续发展的重要组成部分。技术创新可以帮助企业实现绿色采购、绿色生产、绿色运输、绿色仓储等全过程的绿色化。通过技术创新的应用，企业可以降低物流成本、提高物流效率、减少环境污染和资源浪费，实现经济效益和环境效益的双赢。

技术创新视角下的绿色物流强调，通过应用先进技术推动物流活动的智能化、环保化和可持续发展。这些技术的应用不仅提高了物流效率和服务质量，还促进了环保和可持续发展目标的实现。随着科技的不断进步和创新，绿色物流将会迎来更加广阔的发展前景。

三、绿色物流的意义

（一）环境保护与可持续发展的意义

绿色物流在环境保护与可持续发展方面具有重要意义。随着全球环境问题的日益严重，物流行业作为能源消耗和污染排放的主要行业之一，其绿色转型已成为紧迫的议题。绿色物流通过采取环保的物流技术和管理方法，显著降低了物流活动对环境的负面影响。

首先，绿色物流有助于减少能源消耗和碳排放。物流活动中大量的运输、仓储与包装等环节都涉及能源消耗和碳排放。绿色物流通过优化物流网络、提高物流效率、采用清洁能源和节能设备等措施，有效降低了能源消耗和碳排放，为减缓全球气候变化做出了积极贡献。

其次，绿色物流有助于减少废弃物排放和环境污染。物流过程中产生的废弃物和包装物等如果处理不当，就会对环境造成严重的污染。绿色物流通过采用环保包装材料、推广废弃物分类回收等措施，有效减少了废弃物排放和环境污染，保护了生态环境。

最后，绿色物流有助于推动循环经济的发展。循环经济是一种追求资源高效利用和废弃物循环利用的经济模式。绿色物流通过促进资源的循环利用和减少浪费，推动了循环经济的发展，为经济的可持续发展提供了有力支持。

（二）经济效益与企业竞争力的意义

绿色物流在经济效益与企业竞争力方面具有重要意义。随着消费者对环保产品的需求日益增长，绿色物流已成为企业增强市场竞争力的重要手段。

首先，绿色物流有助于企业降低成本。通过优化物流流程、提高物流效率，绿色物流可以帮助企业降低物流成本。同时，采用环保的包装材料和能源设备还可以降低企业的能源与原材料成本。这些成本的降低有助于企业提高盈利能力，增强市场竞争力。

其次，绿色物流有助于企业提升形象和品牌价值。随着消费者对环保问题的关注度不断提高，企业的环保形象已成为消费者选择产品的重要因素之一。绿色物流作为企业环保实践的重要方面之一，可以展示企业的环保理念和责任感，提升企业的形象和品牌价值。

最后，绿色物流有助于企业拓展市场。随着全球环保法规的不断完善，越来越多的国家和地区对环保产品的需求日益增长。绿色物流可以帮助企业满足这些需求，拓展国际市场，实现跨国经营。

（三）社会责任与道德责任的意义

绿色物流在社会责任与道德责任方面具有重要意义。企业作为社会的重要一员，其活动对社会和环境产生着深远的影响。绿色物流要求企业在追求经济效益的同时，积极履行社会责任和道德责任。

首先，绿色物流体现了企业对环境的尊重和保护。通过采取环保的物流技术和管理方法，企业可以减少对环境的污染和破坏，保护生态环境，为后代子孙留下一个宜居的地球。

其次，绿色物流体现了企业对社会的贡献和回馈。通过优化物流网络、提高物流效率等措施，企业可以促进商品的流通和市场的繁荣，推动社会经济的发展。同时，企业还可以通过开展公益活动和社区服务等方式回馈社会，推动社会的和谐与进步。

（四）推动产业转型与升级的意义

绿色物流在推动产业转型与升级方面也具有重要意义。随着全球经济的不断发展和竞争的加剧，传统物流模式已经无法满足现代经济的需求。绿色物流作为一种新型的物流模式，具有高效、环保、智能等特点，可以推动物流产业的转型与升级。

首先，绿色物流可以促进物流产业的绿色化发展。通过采用环保的物流技术和设备，推动物流产业的绿色化转型，降低能源消耗和污染排放，提高物流产业的环保水平。

其次，绿色物流可以促进物流产业的智能化发展。通过应用物联网、大数据、云计算等先进技术，实现物流信息的实时共享和快速处理，提高物流活动的智能化水平，推动物流产业的数字化转型。

最后，绿色物流可以促进物流产业的创新发展。通过不断的技术创新和管理创新，推动物流产业的创新发展，提高物流产业的竞争力和适应能力。

第二节　可持续发展的物流策略

一、绿色物流策略

（一）节能减排，优化运输过程

节能减排是绿色物流策略的首要任务。物流行业作为能源消耗和温室气体排放的主要来源之一，其节能减排的潜力巨大。为了实现这一目标，企业可以从以下几个方面入手。

首先，企业应优化运输方案。通过科学的路线规划、合理的运输方式选择和货物装载率的提高，可以有效减少运输过程中的能源消耗和碳排放。例如，企业采用多式联运、共同配送等模式，提高运输效率，降低运输成本。

其次，企业应采用清洁能源和节能技术。发展电动、氢能源等新能源汽车，减少燃油车的使用，是降低物流行业碳排放的重要途径。同时，企业利用物联网、大数据等先进技术，实现运输过程的智能调度和节能控制，进一步降低能源消耗。

最后，企业还应加强能源管理，建立能源消耗和碳排放的监测体系，制定节能减排的目标和计划，并定期对节能减排效果进行评估和改进。

（二）环保包装，减少污染

包装是物流过程中不可或缺的一环，但传统的包装材料往往难以降解，对环境造成长期污染。因此，环保包装是绿色物流策略的重要组成部分。

首先，企业应采用可回收、可降解的包装材料，减少包装废弃物对环境的污染。例如，企业使用纸质、塑料等可回收材料制作包装箱、包装袋等，减少一次性塑料制品的使用。

其次，企业应优化包装设计，减少包装材料的使用量。通过合理的结构设计、材料选择和加工工艺，实现包装材料的减量化。同时，企业应推广使用标准化、系列化的包装规格，提高包装材料的利用率。

最后，企业应建立包装废弃物的回收体系，对包装废弃物进行分类回收和处理，实现资源的循环利用。

（三）绿色仓储，节约资源

仓储是物流过程中的重要环节，也是资源消耗的主要来源之一。因此，绿色仓储是绿色物流策略的重要组成部分。

首先，企业应优化仓储设施的设计和布局，提高仓储效率。通过科学的仓储设施规划、合理的货物摆放和管理，减少仓储空间的浪费和货物损耗。

其次，企业应采用节能设备和绿色建材，降低仓储设施的能源消耗。例如，企业可以使用节能灯具、节能空调等设备，降低仓储设施的能耗；同时，利用太阳能、风能等可再生能源为仓储设施提供电力支持，进一步降低能源消耗。

最后，企业应加强仓储管理，建立绿色仓储管理制度和操作规程，确保仓储活动的环保性和可持续性。

（四）培养绿色物流意识，强化社会责任

培养绿色物流意识，强化社会责任是绿色物流策略得以实施的重要保障。

首先，企业应加强绿色物流理念的宣传和教育，增强员工的环保意识和绿色物流意识。通过内部培训、外部交流等方式，让员工了解绿色物流的重要性和必要性，激发他们参与绿色物流的积极性。

其次，企业应积极履行社会责任，关注环保问题和社会公益事业。通过参与环保公益活动、支持环保组织等方式，提高企业的环保形象和社会责任感。同时，企业还应加强与政府、社会组织及公众的沟通和合作，共同推动绿色物流的发展。

总之，绿色物流策略是物流行业实现可持续发展的重要途径。通过节能减排、环保包装、绿色仓储和培养绿色物流意识等措施的实施，可以显著降低物流活动对环境的负面影响，提高物流效率和服务质量，促进物流行业的可持续发展。

二、循环物流策略

（一）废弃物管理与资源化利用

废弃物管理是循环物流策略的核心环节，通过对物流过程中产生的废弃物进行科学管理和处理，实现废弃物的减量化、资源化和无害化。

首先，企业应建立完善的废弃物分类和回收体系。通过设立专门的废弃物回收站点，企业应引导员工和消费者将可回收的废弃物进行分类投放，如纸张、塑料、玻璃等。同时，企业应利用现代技术手段，如智能识别系统，对废弃物进行自动分类和收集，提高回收效率。

其次，企业应采取资源化利用措施，将废弃物转化为有价值的资源。例如，企业可以对废纸进行再生造纸，对废塑料进行加工再利用，对废玻璃进行熔炼生产新的玻璃制品等。这些资源化利用措施不仅可以减少废弃物的排放，还可以为企业带来一定的经济收益。

最后，企业应关注废弃物的无害化处理。对于无法资源化利用的废弃物，应采取科学合理的处理方法，如焚烧发电、填埋等，确保废弃物不会对环境和人体健康造成危害。

（二）逆向物流体系建设

逆向物流是指商品从消费者手中返回生产或处理地的过程，是循环物流策略的重要组成部分。企业建立完善的逆向物流体系，对于提高资源利用效率、降低环境污染具有重要意义。

首先，企业应明确逆向物流的目标和原则。逆向物流的目标是最大化资源的回收和利用价值，减少环境污染；其原则包括合规性、经济性和环保性。在明确目标和原则的基础上，企业可以制定相应的逆向物流策略和计划。

其次，企业应建立逆向物流的信息管理系统。通过收集和分析逆向物流的相关信息，如退货原因、退货数量、退货时间等，企业可以及时发现并解决逆向物流中的问题，提高逆向物流的效率和效益。

最后，企业应加强逆向物流的设施建设。例如，设立专门的退货处理中心，配备专业的退货处理设备和人员；建立逆向物流的运输网络，确保退货商品能及时、准确地返回生产或处理地。

（三）促进供应链协同与资源共享

供应链协同与资源共享是循环物流策略的重要支撑。通过加强供应链上下游企业之间的合作与协调，实现资源的共享和优化配置，提高供应链的整体效率和效益。

首先，企业应建立紧密的供应链合作关系。通过签订长期合作协议、共享信息等方式，加强供应链上下游企业之间的沟通和协调，实现资源的共享和优化配置。

其次，企业应加强供应链的信息化建设。利用信息技术手段，建立供应链的信息共享平台，实现供应链信息的实时共享和快速处理。这不仅可以提高供应链的响应速度和准确性，还可以降低供应链的成本和风险。

最后，企业应关注供应链的绿色化转型。通过采用绿色技术和设备、推广绿色包装和运输方式等措施，降低供应链对环境的影响，提高供应链的环保性和可持续性。

（四）培养循环物流意识与强化政策支持

培养循环物流意识与强化政策支持是循环物流策略得以实施的重要保障。

首先，企业应加强循环物流理念的宣传和教育。通过内部培训、外部交流等方式，让员工了解循环物流的重要性和必要性，激发他们参与循环物流的积极性。同时，企业还应加强与政府、社会组织及公众的沟通和合作，共同推动循环物流的发展。

其次，政府应出台相关政策支持循环物流的发展。例如，对采用循环物流技术的企业给予税收优惠、资金扶持等；制定严格的环保法规和标准，推动物流行业的绿色化转型。这些政策支持可以为循环物流的发展提供有力保障。

循环物流策略是物流领域实现可持续发展、提高资源利用效率的重要手段。通过废弃物管理与资源化利用、逆向物流体系建设、促进供应链协同与资源共享，以及培养循环物流意识与强化政策支持等措施的实施，可以显著降低物流活动对环境的影响，提高物流效率和服务质量，促进物流行业的可持续发展。

三、合作与共赢策略

（一）建立战略合作关系

战略合作关系是合作与共赢策略的基础。通过建立长期、稳定的战略合作关系，企业可以在物流领域中实现资源的共享和优化配置，提高整体物流效率。

首先，企业之间可以通过签订战略合作协议，明确双方的合作目标、合作内容和合作方式。这种协议不仅可以确保双方合作的顺利进行，还可以为双方未来的合作提供明确指导。

其次，在战略合作关系中，企业之间可以共同研发新技术、新产品，共同开拓市场，共同应对市场风险。这种合作可以推动双方的技术进步和市场拓展，增强双方的竞争力。

最后，战略合作关系可以促进双方企业文化的融合和交流，增进双方之间的信任和友谊，为双方未来的合作打下坚实基础。

（二）加强信息共享和协同管理

信息共享和协同管理是合作与共赢策略的核心。通过加强企业之间的信息共享和协同管理，可以提高物流信息的透明度和准确性，优化物流流程，降低物流成本。

首先，企业可以建立信息共享平台，实现物流信息的实时共享和快速处理。这种平台可以为企业提供实时的物流数据、市场信息和客户需求等信息，帮助企业更好地了解市场动态和客户需求，制定更加精准的物流策略。

其次，企业可以加强协同管理，实现物流流程的优化和协同。通过协同管理，企业可以更加高效地协调各环节的工作，减少重复劳动和浪费，提高物流效率。

最后，企业可以通过引入物联网、大数据等先进技术，提高信息共享和协同管理的智能化水平，进一步提高物流效率和准确性。

（三）推动供应链协同和整合

供应链协同和整合是合作与共赢策略的重要组成部分。通过推动供应链上下游企业之间的协同与整合，可以实现资源的优化配置和供应链效率的提高。

首先，企业可以加强供应链上下游企业之间的沟通和协作，共同制定供应链策略和计划。这种沟通和协作可以确保供应链上下游企业之间的顺畅合作，避免"信息孤岛"和沟通障碍。

其次，企业可以通过引入供应链管理软件等工具，实现供应链的数字化管理和智能化决策。这种数字化管理和智能化决策可以帮助企业更好地掌握供应链的情况，制定更加精准的供应链策略，提高供应链的效率和质量。

最后，企业可以推动供应链的绿色化转型，通过采用绿色技术和设备、推广绿色包装和运输方式等措施，降低供应链对环境的影响，提高供应链的环保性和可持续性。

（四）合作与共赢策略的持续优化和创新

合作与共赢策略的持续优化和创新是确保其长期有效性、适应性的关键。随着市场环境和技术条件的变化，企业需要不断地对合作与共赢策略进行调整和创新，以适应新的挑战和机遇。

首先，企业需要定期对合作与共赢策略进行评估和反馈。通过收集和分析合作过程中的数据与信息，了解合作的效果和存在的问题，为策略的优化提供数据支持。同时，建立有效的反馈机制，鼓励合作伙伴提出意见和建议，共同推动策略的改进和完善。

其次，企业需要关注新技术和新模式的发展趋势，将其应用到合作与共赢策略中。例如，利用区块链技术提高信息共享的透明度和安全性，利用人工智能技术进行供应链的智能预测和优化等。这些新技术和新模式的应用可以为企业带来更多的合作机会与竞争优势。

最后，企业需要关注市场动态和客户需求的变化，及时调整合作与共赢策略。例如，随着电商的快速发展，企业需要加强与电商平台的合作，优化电商物流的配送和服务；随着环保意识的增强，企业需要推动绿色物流的发展，实现资源的节约和环境的保护。

在持续优化和创新的过程中，企业需要注重合作伙伴的利益和需求，建立长期的利益共享和风险共担机制。同时，企业还需要注重自身的学习和成长，不断提升自身的竞争力和创新能力，为合作与共赢策略的实施提供有力保障。

合作与共赢策略是物流行业中推动企业间协同发展、实现资源共享、降低成本、提升服务质量的重要手段。通过建立战略合作关系、加强信息共享和协同管理、推动供应链协同和整合措施的实施，企业可以实现资源的优化配置和效率的提升。同时，企业还需要关注合作与共赢策略的持续优化和创新，以适应市场环境和技术条件的变化，为未来的发展提供有力支持。

第三节　环保法规与绿色物流的关系

一、环保法规对绿色物流的引导作用

（一）法律框架与绿色物流标准的构建

环保法规在绿色物流的发展中起着至关重要的作用，首要的就是通过立法构建完善的法律框架。这些法规不仅明确了物流活动在环境保护方面的责任和义务，还规定了绿色物流的标准和要求。例如，对于运输车辆的排放标准、包装材料的可降解性、仓储设施的节能性等都有明确规定。这些标准和要求为绿色物流的发展提供了明确的指导与依据，使物流企业在日常运营中能有章可循，有规可依。

环保法规的引导作用还体现在对绿色物流标准的不断完善和更新上。随着环境保护意识的增强和科学技术的进步，绿色物流的标准也在不断提高。环保法规的更新能及时反映这些变化，引导物流企业不断提升绿色物流水平。例如，近年来，随着新能源汽车的发展，一些环保法规已经明确提出了对新能源运输车辆的鼓励和扶持，这为物流企业采用更环保的运输方式提供了法律支持。

（二）经济激励与绿色物流发展的动力

环保法规通过经济激励措施，为绿色物流的发展提供了强大动力。这些激励措施包括税收优惠、资金扶持、绿色金融等，能降低物流企业采用绿色技术的成本，提高绿色物流的经济效益。例如，对于采用新能源运输车辆、使用环保包装材料的物流企业，可以给予税收优惠或资金补贴，鼓励其积极参与绿色物流实践。

此外，环保法规还通过绿色金融政策，为绿色物流的发展提供资金支持。绿色金融政策包括绿色信贷、绿色债券、绿色基金等，能为物流企业提供低成本的融资渠道，支持其开展绿色物流项目。这些经济激励措施能降低绿色物流的门槛，吸引更多的物流企业参与绿色物流实践，推动绿色物流的快速发展。

（三）环保监管与绿色物流行为的规范

环保法规通过严格的环保监管，规范了物流企业的绿色物流行为。这些监管措施包括环保检查、环境监测、环保评估等，能确保物流企业遵守环保法规，采取环保措施，减少物流活动对环境的污染和破坏。

环保监管的引导作用还体现在对违规行为的处罚上。对于违反环保法规、造成环境污染的物流企业，环保部门将依法进行处罚，包括罚款、停产整顿等措施。这种处罚机制能形成有效的威慑力，促使物流企业严格遵守环保法规，采取绿色物流措施，降低环境风险。

（四）社会责任与绿色物流文化的塑造

环保法规在塑造绿色物流文化方面也起着重要作用。通过宣传教育、政策引导等方式，环保法规能增强物流企业的环保意识和社会责任感，推动其积极参与绿色物流实践。

同时，环保法规还能引导社会舆论和公众监督，形成对绿色物流的广泛支持和关注。这种社会氛围的营造，能进一步推动物流企业加强绿色物流建设，提高绿色物流水平。

环保法规对绿色物流的引导作用体现在法律框架的构建、经济激励的提供、环保监管的加强及社会责任的塑造等多个方面。这些引导作用共同推动了绿色物流的发展，为物流行业的可持续发展奠定了坚实基础。

二、绿色物流对环保法规的积极响应

（一）绿色物流实践中的法规遵循与落实

在发展过程中，绿色物流积极响应环保法规的要求，将法规条款落实到具体实践中。首先，绿色物流企业严格遵守环保法规中规定的排放标准、资源利用标准等，确保物流活动在环保法规的框架内进行。例如，在运输环节，绿色物流企业优先选择符合环保要求的运输工具，如新能源汽车、低排放车辆等，以降低尾气排放对环境的影响；在仓储环节，绿色物流企业采用节能型仓储设备，优化仓储布局，降低能源消耗。

其次，绿色物流企业加强内部管理，确保环保法规的贯彻落实。企业建立环保管理制度，明确环保责任和义务，将环保法规的要求融入日常运营中。

最后，绿色物流企业加强员工培训，增强员工的环保意识，确保员工在日常工作中能遵循环保法规的要求。

（二）技术创新推动绿色物流发展

绿色物流在积极响应环保法规的同时，也推动了技术创新。通过引进新技术、新工艺和新材料，绿色物流企业提高了物流活动的环保性能。比如，绿色物流企业采用智能调度系统，优化运输路线，减少空驶和重复运输，降低能源消耗和排放；又如，在包装环节，绿色物流企业推广使用可降解、可循环的包装材料，减少包装废弃物对环境的污染。

技术创新不仅提高了绿色物流的环保性能，还提高了物流效率和服务质量。比如，智能调度系统的应用使运输更加精准、高效，减少了物流时间成本；又如，可降解、可循环的包装材料的应用提高了包装的实用性和环保性。

（三）绿色供应链管理提升整体环保水平

绿色物流不仅关注自身环节的环保性能，还积极推动绿色供应链管理。通过与供应商、客户等合作伙伴建立绿色供应链合作关系，绿色物流企业共同推动供应链的环保性能提升。比如，绿色物流企业要求供应商提供符合环保要求的原材料和产品，减少原材料采购环节对环境的污染；又如，绿色物流企业还与客户合作，共同推广绿色包装、绿色运输等环保措施，降低产品在整个生命周期内的环境影响。

绿色供应链管理的实施不仅提升了供应链的环保水平，还增强了供应链的竞争力和可持续发展能力。通过共同推动供应链的环保性能提升，绿色物流企业实现了与合作伙伴的共赢发展。

（四）绿色物流文化的培育与传播

绿色物流在积极响应环保法规的同时，还积极培育与传播绿色物流文化。通过宣传教育、文化交流等方式，绿色物流企业向员工、客户和公众普及绿色物流的理念与实践经验。比如，绿色物流企业举办环保知识讲座、环保主题活动等形式多样的宣传活动，增强员工和公众的环保意识；又如，绿色物流企业还通过官方网站、社交媒体等渠道发布绿色物流信息，与公众分享绿色物流的实践经验和成果。

绿色物流文化的培育与传播不仅增强了员工和公众的环保意识，还推动了绿色物流理念的普及和实践。这种文化氛围的营造为绿色物流的可持续发展提供了强大的精神支撑。

三、环保法规与绿色物流的相互促进

（一）法规完善与绿色物流标准的提升

环保法规与绿色物流之间存在着相互促进的关系，首先体现在法规完善推动了绿色物流标准的提升。随着环保意识的增强和环保需求的提升，环保法规不断完善，对物流行业的环保要求也日益严格。这些严格的环保要求促使物流企业不断提升绿色物流标准，采用更加环保的物流技术和设备，优化物流流程，减少污染排放，提高资源利用效率。

比如，环保法规对运输车辆的排放标准进行了明确规定，要求物流企业采用低排放或零排放的运输工具。为了符合这一要求，物流企业积极引入新能源汽车、清洁能源等环保型运输工具，推动绿色运输的发展。又如，环保法规对包装材料的环保性能提出了要求，鼓励使用可降解、可循环的包装材料。这一要求促使物流企业积极研发和应用环保包装材料，推动绿色包装的实践。

通过环保法规的完善，绿色物流标准得到了提升，物流行业的环保水平也得到了显著提高。这种相互促进的关系使环保法规与绿色物流在推动环境保护和可持续发展方面发挥了重要作用。

（二）经济激励与绿色物流发展的动力增强

环保法规中的经济激励措施为绿色物流的发展提供了强大动力。通过给予税收优惠、资金扶持等激励措施，环保法规鼓励物流企业积极投入绿色物流技术的研发和应用。这些激励措施降低了绿色物流的成本，提高了绿色物流的经济效益，使物流企业更加愿意参与绿色物流实践。

同时，经济激励措施还促进了绿色物流技术的创新和发展。为了获得更多的经济激励，物流企业不断加大对绿色物流技术的研发投入，推动新技术的诞生和应用。这些新技术不仅提高了物流效率和服务质量，还进一步降低了物流活动对环境的负面影响。

通过经济激励与绿色物流发展的相互促进，物流行业在环保和经济效益方面取得了双赢的局面。这种相互促进的关系为绿色物流的持续发展提供了有力保障。

（三）监管强化与绿色物流行为的规范

环保法规的监管强化为绿色物流行为的规范提供了有力保障。通过严格的环保监管措施，环保法规确保物流企业遵守环保法规要求，采取绿色物流措施，减少环境污染和资源浪费。

环保部门通过加强对物流企业的日常监管和检查，确保企业按照法规要求开展物流活动。对于违规行为，环保部门将依法进行处罚，形成有效的威慑力。这种监管强化促使物流企业更加重视环保问题，规范自身行为，积极履行环保责任。

同时，监管强化还促进了物流企业对绿色物流实践的重视和投入。在严格的监管环境下，物流企业为了避免处罚和负面影响，不得不加大对绿色物流的投入和实践力度。这种相互促进的关系使绿色物流行为更加规范化和普遍化。

（四）社会责任与绿色物流文化的普及

随着环保意识的不断增强，社会责任已成为现代企业不可或缺的一部分。在物流行业中，企业的社会责任不仅仅体现在经济效益的创造上，更体现在对环境的保护和对社会的贡献上。这种社会责任的承担，与绿色物流文化的普及密切相关，共同推动着物流行业的绿色转型。

首先，社会责任的履行是绿色物流文化普及的基石。物流企业作为社会经济活动的重要参与者，其运营活动对环境和社会产生着深远的影响。因此，物流企业必须承担起相应的社会责任，通过绿色物流实践，减少对环境的污染，节约资源，降低能耗，实现可持续发展。这种社会责任的履行，不仅有利于提升企业的社会形象和声誉，还有利于推动绿色物流文化的普及。

其次，绿色物流文化的普及是社会责任履行的具体体现。绿色物流文化强调在物流活动中注重环保、节能、减排等理念，推动物流行业的绿色转型。这种文化的普及，需要物流企业、政府、社会等各方共同努力。物流企业通过自身的绿色物流实践，向社会展示绿色物流的可行性和优势，激发社会对绿色物流的关注和认同。政府通过制定相关政策和法规，引导和支持物流行业的绿色转型，推动绿色物流文化的普及。社会各界通过宣传教育、舆论引导等方式，提高公众对绿色物流的认识和参与度，共同推动绿色物流文化的普及。

在绿色物流文化的普及过程中，需要注重以下几点。

1. 加强宣传教育

通过各种渠道和形式，加强绿色物流文化的宣传教育，提高公众对绿色物流的认识和关注度。通过举办绿色物流知识讲座、开展绿色物流主题宣传活动等方式，向公众普及绿色物流的理念和实践。

2. 强化政策支持

政府应出台相关政策和法规，鼓励和支持物流行业的绿色转型。通过给予税收优惠、资金扶持等激励措施，降低绿色物流的成本和风险，提高物流企业的积极性。

3. 促进产学研合作

加强产学研合作，推动绿色物流技术的研发和应用。通过合作研发、技术转让等方式，将先进的绿色物流技术引入物流行业，提高物流活动的环保性能。

4.建立绿色物流标准体系

建立完善的绿色物流标准体系，规范物流行业的绿色转型。通过制定绿色物流标准、认证和评估体系等，引导物流企业按照绿色物流标准开展运营活动，提高物流行业的环保水平。

社会责任与绿色物流文化的普及相辅相成，物流企业通过履行社会责任，推动绿色物流文化的普及；而绿色物流文化的普及又进一步强化了企业的社会责任意识，促进了物流行业的绿色转型。这种相互促进的关系将推动物流行业向更加绿色、高效、可持续的方向发展。

第六章　第三方物流与第四方物流

第一节　第三方物流的概念与优势

一、第三方物流的概念

（一）第三方物流的定义与特点

第三方物流是指由独立于供需双方以外的第三方，基于合同关系，为客户提供专业物流服务的一种商业模式。这里的"第三方"是指独立于生产者和消费者以外的专业物流公司，它们通过提供运输、仓储、配送、包装、信息处理等一系列物流服务，帮助客户降低物流成本，提高物流效率，从而增强客户的市场竞争力。

第三方物流的最大特点是独立性。第三方物流企业作为独立的法人实体，不受供需双方的直接控制，而是基于合同关系为客户提供物流服务。这种独立性既使第三方物流企业能更加客观、公正地为客户提供服务，也使它们能更加灵活地应对市场变化，满足客户的不同需求。

第三方物流企业通常具备专业的物流知识和技术，拥有经验丰富的物流人才和先进的物流设备。它们能为客户提供全面的物流解决方案，包括运输、仓储、配送、包装、信息处理等多个方面。这种专业性使第三方物流企业能提供高质量、高效率的物流服务，帮助客户降低物流成本，提高物流效率。

第三方物流企业与客户之间的关系是通过合同约束的。双方会在合同中明确各自的权利和义务，确保物流服务的顺利进行。这种契约性使双方都能更加明确自己的责任和权益，减少合作过程中的纠纷和不确定性。

第三方物流企业通常能根据客户的需求和市场变化，灵活调整物流方案和服务方式。它们能为客户提供个性化的物流解决方案，满足客户的特殊需求。同时，它们还能通过优化物流流程、提高物流效率等方式，降低物流成本，提升客户满意度。

随着科技的进步和市场的变化，第三方物流企业也在不断创新和发展。它们积极引入新技术、新设备和新模式，提高物流服务的智能化、自动化和绿色化水平。同时，它们还不断探索新的服务领域和商业模式，为客户提供更加全面、高效、便捷的物流服务。

第三方物流作为一种新兴的物流服务模式，具有独立性、专业性、契约性、灵活性和创新性等特点。这些特点使第三方物流企业能为客户提供高质量的物流服务，降低物流成本，提高物流效率，从而增强客户的市场竞争力。

（二）第三方物流的服务范围

第三方物流的服务范围广泛，涵盖物流活动的多个方面，以满足客户在供应链中的多样化需求。

1. 运输配送服务

公路运输，提供各类货物的公路运输服务，包括零担、整车、冷藏运输等。

水路运输，利用水路资源，提供海运、内河运输等服务，适用于大宗货物的长距离运输。

铁路运输，利用铁路网络，提供快速、稳定的货运服务，特别适用于大宗、重型货物的运输。

空运，提供快速、高效的航空货运服务，适用于高价值、急需的货物。

2. 仓储管理服务

仓库租赁与管理。提供仓库的租赁、管理、维护等服务，确保货物的安全存储。

库存管理，协助客户管理库存，包括货物的入库、出库、盘点、退货等流程。

订单处理，接收、处理、跟踪客户的订单，确保货物按时、按量、按质送达。

3. 增值服务

包装与贴标，提供货物的包装、贴标服务，以满足客户的特定需求。

组装与拆包，根据客户需求，对货物进行组装或拆包处理。

配送到家 / 到店，提供"最后一公里"的配送服务，将货物直接送达客户手中或指定地点。

退货处理，协助客户处理退货事宜，包括退货验收、退货入库等流程。

4. 物流信息服务

物流跟踪与查询，提供货物的实时跟踪和查询服务，确保客户能及时了解货物的状态。

数据报表与分析，根据客户需求，提供物流数据的报表和分析服务，帮助客户优化物流流程、降低成本。

5. 定制化物流服务

根据客户的具体需求和业务流程，量身定制个性化的物流解决方案，包括运输方案、仓储方案、配送方案等。

提供专业的物流咨询和规划服务，帮助客户优化供应链管理、提高物流效率。

6. 其他增值服务

保险代购，为客户提供货物保险服务，确保货物在运输过程中的安全。

咨询与培训，提供专业的物流咨询与培训服务，帮助客户提高物流管理水平。

（三）第三方物流的市场地位与市场价值

第三方物流在现代物流市场中占据着举足轻重的地位。随着全球经济一体化的加速和市场竞争的加剧，企业越来越注重通过优化供应链管理提高效率和降低成本。而第三方物流作为供应链管理的重要环节，其市场地位也日益凸显。

首先，第三方物流企业以其专业化的物流服务，成为连接生产者与消费者的重要桥梁。它们通过整合物流资源、优化物流流程，为企业提供全方位的物流服务，帮助企业降低物流成本、提高物流效率。这种专业化的服务模式使第三方物流企业在物流市场中占据了重要地位。

其次，第三方物流企业具有灵活性和创新性。它们能根据市场需求和客户需求的变化，及时调整物流策略和服务模式，以满足客户的不同需求。同时，它们还积极引入新技术、新设备和新模式，推动物流行业的创新和发展。这种灵活性和创新性使第三方物流企业在市场竞争中保持领先地位。

最后，第三方物流企业与生产者和消费者之间建立了紧密的合作关系。它们通过提供优质的物流服务，赢得了客户的信任和认可，从而建立了长期的合作关系。这种紧密的合作关系使第三方物流企业在市场中具有更高的稳定性和可靠性。

第三方物流的市场价值主要体现在以下几个方面。

1. 降低物流成本

第三方物流企业通过整合物流资源、优化物流流程，降低企业的物流成本。它们可以通过规模效应和资源共享，降低单位的物流成本，提高企业的经济效益。

2. 提高物流效率

第三方物流企业具有专业的物流知识和技术，能为企业提供高效、准确的物流服务。它们可以通过优化运输路线、提高装卸效率等方式，缩短物流时间，提高物流效率。

3. 增强企业竞争力

第三方物流企业提供的物流服务可以帮助企业提高产品质量、降低产品价格、提升服务水平等，从而增强企业的市场竞争力。同时，它们还可以为企业提供市场信息和营销策略等方面的支持，帮助企业更好地开拓市场和拓展业务。

4. 推动产业升级

第三方物流企业的发展推动了物流行业的升级和转型。它们通过引入新技术、新设备和新模式，推动了物流行业的智能化、绿色化和自动化发展。这种产业升级不仅提高了物流行业的整体水平，还为其他行业的发展提供了有力支持。

第三方物流在现代物流市场中具有举足轻重的市场地位和市场价值，它们通过降低物流成本、提高物流效率、增强企业竞争力、推动产业升级等方面，为企业和社会带来了巨大的经济效益与社会效益。

二、第三方物流的优势——专业化与效率提升

（一）专业化的服务与管理

第三方物流的第一个优势在于其专业化的服务与管理。首先，第三方物流企业拥有专业的物流知识和技术团队，这些团队通常具备深厚的行业经验和专业知识，能为客户提供定制化的物流解决方案。从仓储管理、运输配送到信息技术支持，第三方物流企业都能提供高效、专业的服务。

其次，专业化的服务与管理体现在对物流资源的优化配置上。第三方物流企业通过整合供应链资源，实现物流资源的共享和优化配置，从而降低物流成本，提高物流效率。这种资源整合不仅有助于减少企业的库存和运输成本，还能提高企业的响应速度和灵活性。

最后，专业化的服务与管理包括对物流风险的预防和控制。第三方物流企业具备丰富的风险管理经验和能力，能帮助客户识别、评估和控制物流风险，确保物流过程的安全和稳定。这种风险管理能力对于保障企业的正常运营和供应链的稳定至关重要。

（二）提高物流效率与降低物流成本

第三方物流的第二个优势在于其能提高物流效率并降低物流成本。首先，第三方物流企业拥有先进的物流技术和设备，如自动化仓储系统、智能配送技术等，这些技术和设备能大幅提高物流效率，缩短物流时间。

其次，第三方物流企业通过优化物流流程、减少中间环节，降低了物流成本。它们能根据客户的需求和市场变化，灵活调整物流策略，确保货物能按时、按量、按质地送达目的地。这种灵活性不仅能提升客户的满意度，还能降低企业的运营成本。

最后，第三方物流企业能通过规模效应和资源共享，降低单位物流成本。它们通过整合多个客户的物流需求，实现资源的共享和优化配置，从而降低单位物流成本，提高企业的经济效益。

（三）增强供应链的协同与整合

第三方物流的第三个优势在于其能增强供应链的协同与整合。首先，第

三方物流企业作为连接生产者与消费者的桥梁，能协调供应链各环节之间的关系，确保供应链的顺畅运行。它们通过提供一体化的物流服务，将供应商、生产商、分销商和消费者紧密联系在一起，形成一个高效、协同的供应链网络。

其次，第三方物流企业具备强大的信息技术支持能力，能为供应链提供实时的信息共享和协同管理。它们通过建立完善的信息系统，实现物流信息的实时采集、传输和处理，提高供应链的透明度和可视化程度。这种信息共享和协同管理有助于减少供应链的库存积压与浪费现象，提高供应链的响应速度和灵活性。

最后，第三方物流企业能为供应链提供定制化的物流解决方案，满足供应链不同环节的需求。它们通过深入了解供应链的特点和需求，提供有针对性的物流方案和服务，帮助供应链实现更高效、更协同的运作。

（四）持续创新与改进

第三方物流的第四个优势在于其能持续创新与改进。首先，第三方物流企业通常具备较强的创新意识和能力，能不断引入新技术、新设备和新模式，推动物流行业的创新和发展。这种创新不仅有助于提高物流效率和服务质量，还能为企业带来更多的商业机会和竞争优势。

其次，第三方物流企业注重持续改进和优化物流流程与服务。它们通过不断收集和分析客户反馈与市场信息，发现和改进物流过程中的问题与不足，提高物流服务的质量和效率。这种持续改进与优化有助于提升客户满意度和忠诚度，增强企业的市场竞争力。

最后，第三方物流企业积极参与行业交流和合作，推动物流行业的共同进步和发展。它们通过分享经验、交流技术和合作研发等方式，促进物流行业的创新和进步，为整个行业的发展做出贡献。

三、第三方物流的优势——成本节约与风险管理

（一）成本节约的优势

1. 资源整合与规模经济

第三方物流企业通过整合多个客户的物流需求，实现资源的共享和优化配置，形成规模经济效应。这种资源整合不仅减少了物流设施、设备和人员

的重复投入，还通过统一采购、集中配送等方式降低了物流运作的固定成本和变动成本。例如，第三方物流企业可以利用大型仓储设施，通过集中存储、统一配送降低单位货物的存储和运输成本。

2. 专业化的成本控制

第三方物流企业在物流领域具备专业的知识和经验，能为客户提供专业化2的成本控制服务。它们通过深入分析客户的物流需求，制定合理的物流方案，降低不必要的物流成本。同时，第三方物流企业还通过引入先进的物流技术和管理方法，提高物流效率，减少物流过程中的浪费和损耗，进一步降低成本。

3. 灵活的定价策略

第三方物流企业通常采用灵活的定价策略，根据客户的需求和市场变化来调整价格。这种定价策略不仅有助于确保客户获得最合理的物流价格，还为第三方物流企业提供了更大的利润空间。此外，第三方物流企业还能根据客户的业务需求，提供个性化的物流解决方案，帮助客户实现成本节约和效益最大化。

4. 供应链的协同与优化

第三方物流企业通过协调供应链各环节之间的关系，实现供应链的协同与优化。它们通过优化运输路线、提高装卸效率、减少库存积压等方式，降低供应链的运营成本。同时，第三方物流企业还能通过引入新技术、新设备和新模式，推动供应链的智能化、绿色化和自动化发展，进一步降低成本。

（二）风险管理的优势

1. 风险分散与降低

通过将物流业务外包给第三方物流企业，企业能将物流风险分散给专业的物流服务提供商。第三方物流企业具备丰富的风险管理经验和能力，能为客户提供全面的风险管理服务。它们通过制定合理的风险管理策略、建立完善的风险管理制度和机制，降低物流过程中的各种风险，确保物流过程的安全和稳定。

2. 风险预警与应对

第三方物流企业通常拥有先进的信息技术系统，能实时监测物流过程中的各种风险。一旦发现潜在风险，它们就能迅速启动应急预案，采取相应的措施进行应对。这种风险预警与应对能力有助于降低物流风险对企业的影响，确保企业的正常运营。

3. 法规遵从与合规性

第三方物流企业在物流领域具备丰富的专业知识和经验，能为客户提供合规性的物流解决方案。它们熟悉各种物流法规和政策，能确保客户的物流活动符合相关法规和政策的要求。这种合规性不仅有助于降低企业的法律风险，还能提高企业的信誉度和竞争力。

4. 危机管理与应急响应

在面临自然灾害、交通拥堵、突发事件等危机时，第三方物流企业能迅速启动危机管理和应急响应机制。它们通过协调供应链各环节之间的关系，制定有效的应对方案，确保物流过程的连续性和稳定性。这种危机管理与应急响应能力有助于降低危机对企业的影响，保障企业的正常运营。

（三）提升服务质量与灵活性

1. 专业化服务提升

第三方物流企业凭借其在物流领域的专业知识和经验，能为客户提供更加专业化和个性化的物流服务。它们不仅具备完善的物流网络和信息系统，还拥有专业的物流团队和先进的管理技术，能确保物流服务的高效、准确和可靠。这种专业化服务不仅能提升客户的满意度，还能提升客户对第三方物流企业的信任度和忠诚度。

2. 灵活的服务模式

第三方物流企业能根据客户的需求和市场变化，灵活调整物流服务模式。它们能为客户提供定制化的物流解决方案，包括运输、仓储、配送、包装等一系列服务，以满足客户的不同需求。同时，第三方物流企业还能根据客户的需求和市场变化，快速调整物流策略和方案，确保物流服务的及时性和准确性。这种灵活的服务模式有助于企业更好地应对市场变化和客户需求，提高物流服务的竞争力和市场占有率。

3. 快速响应市场需求

由于第三方物流企业专注于物流服务，它们通常具备更加敏锐的市场洞察力和快速响应能力。当市场需求发生变化时，第三方物流企业能迅速调整物流策略和资源分配，确保物流服务的及时性和准确性。这种快速响应市场需求的能力有助于企业更好地满足客户需求，提升客户的满意度和忠诚度。

（四）创新与发展能力

1.技术创新与应用

第三方物流企业通常具备强大的技术创新能力，能不断引入与应用新技术、新设备和新模式，推动物流服务的创新和发展。例如，它们可以利用物联网、大数据、人工智能等先进技术，实现物流信息的实时跟踪和智能调度，提高物流服务的效率和准确性。同时，第三方物流企业还可以借助云计算、区块链等先进技术，实现物流资源的共享和优化配置，降低物流成本和提高服务质量。

2.持续改进与优化

第三方物流企业通常具备持续改进与优化的能力，能不断评估和改进物流服务的质量与效率。它们通过建立完善的质量管理体系和绩效评估机制，对物流服务进行全面、客观的评价和监控。同时，第三方物流企业还能根据客户的反馈和市场需求的变化，及时调整和优化物流服务策略与方案，确保物流服务的质量和效率持续提升。

3.拓展业务领域

随着市场的不断变化和客户需求的多样化，第三方物流企业能不断拓展业务领域和服务范围。它们能通过引入新的物流服务模式和技术手段，开拓新的市场和客户群体。同时，第三方物流企业还能与其他企业合作，共同开发新的物流产品和服务，实现资源共享和互利共赢。这种拓展业务领域的能力有助于企业实现多元化发展，提高市场竞争力和盈利能力。

第二节 第四方物流的兴起与发展

一、第四方物流的概念与背景

（一）第四方物流的概念解析

第四方物流是物流行业中的一个先进概念，由著名的管理咨询公司埃森哲公司（Accenture）首次提出，并逐渐在全球范围内得到广泛认可和应用。它作为一个供应链的集成商，其核心职能在于对整个供应链的资源、能力和技术进行整合与管理，以提供一个全面且定制的供应链解决方案。

具体来说，第四方物流并不是直接参与物流的具体操作，如运输、仓储或配送等，而是作为一个战略管理者和协调者，负责将供应链中的各环节（如供应商、制造商、分销商、零售商和最终消费者）紧密连接起来。它通过对这些环节中的不同资源、能力和技术进行整合，优化整个供应链的运作效率，降低物流成本，并提高供应链的可靠性和灵活性。

第四方物流从战略和全局的角度出发，考虑整个供应链的运作效率和成本，而不仅仅局限于某个环节或某个企业。它通过对供应链的全面分析，制定出符合企业整体战略目标的供应链解决方案。

第四方物流通过整合供应链中的各环节和资源，打破"信息孤岛"，实现供应链各环节的协同工作。它利用先进的信息技术和物流技术，提高供应链的透明度和协作效率，降低企业的运营风险。

第四方物流提供的供应链解决方案是定制化的，根据企业的具体需求和特点进行设计与实施。同时，它不断创新和改进供应链管理模式与技术手段，以适应市场变化和客户需求的变化。

第四方物流是一个提供全面供应链解决方案的供应链集成商，它通过整合与管理供应链中的各环节和资源，优化整个供应链的运作效率和成本，提高供应链的可靠性和灵活性，从而帮助企业实现持续运作和成本降低。

（二）背景分析：市场需求的演变

在物流行业的演进中，市场需求的演变是推动第四方物流兴起的重要因素之一。随着全球化、电子商务的迅猛发展和消费者需求的多样化，物流行业正面临着前所未有的挑战和机遇。我们可以从以下几个方面分析市场需求的演变对第四方物流兴起的影响。

首先，随着企业业务的不断扩张和全球化，供应链变得越来越复杂。企业需要管理多个供应商、分销商和零售商，同时确保物流、信息流和资金流的顺畅。这种复杂性要求企业寻求更加高效和专业的供应链管理解决方案。

第四方物流通过整合供应链中的各环节和资源，提供一站式的供应链解决方案，帮助企业降低管理成本，提高供应链的可靠性和灵活性。

其次，随着消费者需求的多样化，企业需要提供个性化的产品和服务。这就要求物流行业能提供定制化的物流解决方案，以满足不同客户的特定需求。

第四方物流以其强大的资源整合能力和专业的服务团队，能根据客户的具体需求定制供应链解决方案，满足客户的个性化需求。

再次，随着全球环境问题的日益严重，越来越多的企业开始关注绿色环保和可持续性。他们希望在追求经济效益的同时，实现环境保护和社会责任。

第四方物流在提供物流解决方案的同时，也注重环保和可持续性。通过推广可再生能源、绿色运输和减少碳排放等措施，帮助企业实现绿色环保和可持续性目标。

最后，随着信息技术的快速发展，企业正逐步实现数字化转型。他们希望通过数字化手段提高物流运作的效率和准确性，降低成本，并提升客户体验。

第四方物流利用先进的信息技术和物流技术，提供数字化、智能化的物流解决方案。通过实时数据分析、智能调度和自动化操作等手段，帮助企业实现数字化转型目标。

市场需求的演变推动了第四方物流的兴起，企业面临着供应链复杂性增加、定制化需求增长、绿色环保和可持续性追求及数字化转型等挑战与机遇。第四方物流以其独特的优势和价值，为企业提供全面、定制化的供应链解决方案，帮助企业应对市场变化，增强竞争力。

（三）背景分析：技术发展的推动

在第四方物流的兴起和发展过程中，技术发展的推动起到了至关重要的作用。随着信息技术的飞速进步，物流行业也迎来了前所未有的变革。这些技术不仅提高了物流行业的运作效率，还为其带来了更多的创新可能性，推动了第四方物流的快速发展。

首先，物联网技术的应用为第四方物流提供了实时、准确的数据支持。通过将传感器、RFID等技术应用于物流设备和货物上，可以实现对物流全过程的实时监控和追踪。这种实时监控不仅提高了物流的透明度，还为第四方物流提供了丰富的数据资源，有助于其更好地分析和预测市场变化，优化供应链策略。

其次，大数据和云计算技术的应用使第四方物流能处理与分析海量数据。通过对这些数据进行分析和挖掘，第四方物流可以发现供应链中的潜在问题，提出有针对性的解决方案。同时，云计算技术还提供了强大的计算能力，使第四方物流能快速地处理和分析数据，提高决策效率和准确性。

再次，人工智能和机器学习技术的应用为第四方物流带来了更多的智能化服务。通过利用这些技术，第四方物流可以实现自动化仓储、智能调度、智能配送等功能，提高物流运作的自动化水平和效率。同时，这些技术还可以帮助第四方物流更好地预测市场需求、优化库存管理、降低物流成本等。

最后，区块链技术的应用为第四方物流带来了更多的创新可能性。区块链技术具有去中心化、不可篡改等特点，可以确保供应链中的数据安全和可信。通过将区块链技术应用于供应链管理中，第四方物流可以实现供应链中各环节的透明化、可追溯化，提高供应链的可靠性和安全性。

技术发展的推动为第四方物流的兴起和发展提供了强有力的支持，随着技术的不断进步和应用，第四方物流将能在供应链管理中发挥更加重要的作用，为企业带来更多的价值和竞争优势。

二、第四方物流的核心优势与价值

（一）全面的供应链解决方案

第四方物流的第一个核心优势在于其能提供全面的供应链解决方案。与传统的第三方物流相比，第四方物流不仅仅关注物流操作层面的服务，更是从整个供应链的角度出发，为企业提供从采购、生产、分销到最终消费者的全链条服务。

首先，第四方物流通过对供应链的全面分析和优化，能发现潜在的改进空间，并制定出符合企业战略目标的供应链策略。这种策略能确保供应链的顺畅运作，降低库存成本，提高生产效率，从而增强企业的市场竞争力。

其次，第四方物流具备强大的资源整合能力。它能将多个企业的物流需求集中起来，通过规模效应降低成本；同时，它还能整合多个企业的物流资源，实现资源的共享和优化配置。这种资源整合能力不仅提高了物流运作的效率，还降低了企业的运营成本。

最后，第四方物流能提供定制化的服务。它深入了解企业的具体需求和特点，根据企业的实际情况制定出符合其需求的供应链解决方案。这种定制化服务能更好地满足企业的需求，提升客户满意度。

（二）专业的技术和管理能力

第四方物流的第二个核心优势在于其具备专业的技术和管理能力。随着信息技术和物流技术的不断发展，物流行业对技术的依赖程度越来越高。第四方物流通过引进先进的信息技术、大数据、人工智能等技术手段，提高了物流运作的智能化水平。

首先，第四方物流利用物联网技术实现了对物流全过程的实时监控和追踪。这种实时监控不仅能提高物流的透明度，还能为第四方物流提供丰富的数据资源，有助于其更好地分析和预测市场变化，优化供应链策略。

其次，第四方物流通过大数据和云计算技术实现了对海量数据的处理与分析。这种数据分析能帮助第四方物流发现供应链中的潜在问题，提出有针对性的解决方案。同时，云计算技术还提供了强大的计算能力，使第四方物流能快速地处理和分析数据，提高决策效率和准确性。

最后，第四方物流具备专业的管理能力。它拥有经验丰富的管理团队和专业的物流人才，能为企业提供高效的物流服务。同时，第四方物流还注重员工的培训和发展，不断提高员工的专业素质和服务水平。

（三）降低风险和成本

第四方物流的第三个核心优势在于其能帮助企业降低风险和成本。随着市场竞争的加剧和客户需求的变化，企业面临着越来越多的挑战和风险。第四方物流通过整合供应链中的各环节和资源，提高了供应链的可靠性和稳定性，降低了企业的运营风险。

同时，第四方物流还能通过优化供应链管理降低企业的成本。它通过对供应链的全面分析和优化，降低了库存成本、运输成本等物流费用。此外，第四方物流还能通过引入先进的物流技术和设备，提高物流运作的自动化水平和效率，进一步降低企业的运营成本。

（四）增强企业的市场竞争力

第四方物流的第四个核心优势在于其能增强企业的市场竞争力。通过其专业的服务、技术创新能力和资源整合能力，第四方物流为企业带来了一系列竞争优势，使企业在激烈的市场竞争中脱颖而出。

首先，第四方物流提供的全面供应链解决方案使企业能更专注于自身的核心业务，而将物流等非核心业务外包给专业的第四方物流公司。这样，企业可以节省大量的人力、物力和财力，将这些资源投入研发、市场营销等核心领域，从而增强自身的核心竞争力。

其次，第四方物流的技术创新能力为企业带来了巨大的竞争优势。通过引入先进的物流技术、信息技术和大数据等技术手段，第四方物流能为企业提供更加高效、智能的物流服务。例如，利用物联网技术实现实时追踪和监控，利用大数据分析预测市场需求等。这些技术的应用不仅提高了物流运作的效率和准确性，还为企业提供了更多的商业机会和增值服务。

再次，第四方物流的资源整合能力使企业能充分利用外部资源，实现资源的优化配置。通过整合多个企业的物流需求，第四方物流可以实现规模效应，降低物流成本；同时，通过整合多个企业的物流资源，第四方物流可以实现资源的共享和优化配置，提高物流运作的效率和灵活性。这种资源整合能力不仅降低了企业的运营成本，还为企业提供了更多的商业机会和增值服务。

最后，第四方物流能为企业提供全球范围内的物流服务。随着全球化的加速和电子商务的兴起，企业需要面对更加复杂多变的国际市场环境。第四方物流具备全球范围内的物流网络和资源，能为企业提供全球范围内的物流服务，包括跨国运输、海外仓储、国际贸易等。这种全球范围内的服务能力使企业能更好地应对国际市场的挑战和机遇，拓展自身的业务范围和市场份额。

第四方物流在增强企业的市场竞争力方面发挥着重要作用，通过提供全面的供应链解决方案、专业的技术和创新能力、降低风险和成本，以及提供全球范围内的物流服务等措施，第四方物流为企业带来了更多的商业机会和增值服务，帮助企业实现持续发展和竞争优势。

三、第四方物流的发展趋势

（一）数字化转型与智能化升级

随着信息技术的飞速发展，数字化转型与智能化升级成为第四方物流发展的必然趋势。首先，通过应用物联网、大数据、云计算等先进技术，第四方物流能实现对物流全过程的实时监控和数据分析，从而提高物流运作的透明度和准确性；其次，利用人工智能和机器学习技术，第四方物流能实现自动化决策和智能调度，进一步提高物流运作的效率和灵活性。

在数字化转型方面，第四方物流将更加注重信息系统的建设和优化。通过建立完善的物流信息系统，实现信息的快速传递和共享，提高信息的准确性和可靠性。同时，通过引入先进的供应链管理软件，实现对供应链的全面监控和管理，降低库存成本，提高供应链的响应速度。

在智能化升级方面，第四方物流将不断引进新技术和新设备，提高物流运作的自动化水平。例如，利用自动化仓储设备和机器人技术，实现仓库的自动化管理和货物的快速分拣。同时，通过引入自动驾驶技术和无人机配送技术，实现运输过程的自动化和智能化，降低运输成本，提高运输效率。

（二）服务创新与定制化

随着客户需求的多样化和个性化，服务创新与定制化成为第四方物流发展的重要趋势。首先，第四方物流将更加注重客户需求的分析和挖掘，深入了解客户的具体需求和特点，为客户提供个性化的物流解决方案；其次，通过引入新的服务模式和产品，满足客户的多样化需求，提升客户满意度。

在服务创新方面，第四方物流将不断探索新的服务领域和服务模式。例如，开展供应链金融、物流咨询等增值服务，为客户提供更加全面的服务支持。同时，通过引入共享经济模式，实现物流资源的共享和优化配置，降低物流成本，提高物流效率。

在定制化方面，第四方物流将更加注重客户的个性化需求。通过深入了解客户的业务特点和需求，为客户提供量身定制的物流解决方案。同时，通过引入柔性化生产技术和个性化配送服务，满足客户的个性化需求，提升客户满意度。

（三）绿色物流与可持续发展

随着全球环境问题的日益严重，绿色物流与可持续发展成为第四方物流发展的重要趋势。首先，第四方物流将更加注重环保和可持续发展理念在物流运作中的应用，通过采用环保材料和节能设备，降低物流运作对环境的影响；其次，通过优化运输路线和减少运输量，降低能源消耗和碳排放量。

在绿色物流方面，第四方物流将积极推广绿色包装、绿色运输等环保措施。通过采用可降解材料、循环使用包装等方式，减少包装废弃物对环境的影响。同时，通过优化运输路线和采用绿色运输方式（如电动车辆、铁路运输等），降低运输过程中的能源消耗和碳排放量。

在可持续发展方面，第四方物流将注重资源的节约和循环利用。通过优化库存管理、提高物流运作效率等方式，降低资源的浪费和损耗。同时，通过引入循环经济理念，实现物流资源的循环利用和可持续发展。

第三节　第三方物流与第四方物流的比较分析

一、服务范围与定位

（一）服务内容的广度与深度

第三方物流和第四方物流在服务内容的广度与深度上存在显著区别。第三方物流主要关注物流运作的具体环节，如货物的运输、仓储、配送等，其服务内容相对单一，侧重提供高效的物流操作服务；而第四方物流则拥有更广泛的服务内容，不仅涵盖第三方物流提供的物流操作服务，还涉及供应链的全面规划、设计、优化及战略咨询等方面。

从广度上来看，第四方物流的服务范围涵盖了从供应商到最终消费者的整个供应链，包括供应商管理、采购、生产、分销、零售等各环节。它通过对供应链的全面管理，实现了物流、信息流和资金流的集成，为客户提供了一站式服务。这种全面的服务范围使第四方物流能更好地满足客户的多样化需求，提高供应链的运作效率。

从深度上来看，第四方物流的服务更加深入，它不仅仅是执行物流操作，更关注供应链的优化和战略层面的规划。它通过对供应链的深入分析，发现潜在的问题和机会，为客户提供定制化的解决方案。这种深入的服务不仅能帮助客户降低成本、提高效率，还能为客户创造更大的价值。

（二）定制化与个性化服务

在服务范围与定位上，第四方物流相较于第三方物流更注重提供定制化与个性化服务。第三方物流的服务通常基于标准化的物流操作流程，难以满足客户的个性化需求；而第四方物流则深入了解客户的业务需求和战略目标，根据客户的具体情况提供定制化的供应链解决方案。

这种定制化与个性化服务能更好地满足客户的特殊需求，提升客户满意度。同时，第四方物流还能根据市场的变化和客户的需求变化，灵活调整服务内容和方式，为客户提供更加灵活和高效的服务。

（三）战略层面与长期合作

在服务范围与定位上，第四方物流更强调战略层面与长期合作。它不仅仅关注物流操作层面的服务，更关注客户的整体战略目标和市场需求。通过深入了解客户的业务需求和战略目标，第四方物流能为客户提供战略层面的建议和支持，帮助客户实现供应链的优化和升级。

同时，第四方物流通常与客户建立长期稳定的合作关系，通过长期的合作积累经验和知识，提高服务质量和效率。这种长期合作关系使第四方物流能更好地理解客户的需求和期望，为客户提供更加贴心和专业的服务。

（四）创新与技术驱动

在服务范围与定位上，第四方物流更加注重创新与技术驱动。随着科技的不断发展，物流行业也面临着巨大的变革。第四方物流积极引进、应用新技术、新模式和新业态，推动物流行业的创新和发展。

例如，第四方物流通过应用物联网、大数据、人工智能等先进技术，实现了对供应链的实时监控和数据分析，提高了供应链的透明度和准确性。同时，第四方物流还积极探索新的服务模式和商业模式，如共享物流、绿色物流等，为客户提供更加高效、环保和可持续的物流服务。

第三方物流和第四方物流在服务范围与定位上存在显著差异，第四方物流拥有更广泛深入的服务内容、更注重定制化与个性化服务、更强调战略层面与长期合作，以及更注重创新与技术驱动。这些差异使第四方物流能更好地满足客户的多样化需求，提高供应链的运作效率，为企业创造更大的价值。

二、资源整合能力

（一）供应链协同与整合

在资源整合能力方面，第四方物流相较于第三方物流展现出更强的供应链协同与整合能力。第四方物流通过对供应链的全面理解和掌控，能将供应链上的各环节、各参与方及各资源进行有效的整合和协同，从而实现供应链的优化和升级。

首先，第四方物流具备强大的信息整合能力。通过建立完善的信息系统，第四方物流能实时获取供应链上的各种信息，包括物流信息、销售信息、库存信息等，从而实现对供应链的全面监控和管理。这种信息整合能力使第四方物流能及时发现供应链中的问题，并采取相应的措施进行解决，提高了供应链的响应速度和准确性。

其次，第四方物流具备丰富的供应链管理经验。第四方物流通常拥有一支专业的供应链管理团队，他们具备丰富的行业经验和专业知识，能为客户提供定制化的供应链解决方案。通过对供应链进行深入的分析和规划，第四方物流能发现供应链中的瓶颈和机会，并为客户提供相应的建议和支持。

最后，第四方物流通过与多个物流服务商的紧密合作，形成了强大的物流资源网络。这个网络包括运输、仓储、配送等各种物流资源，能为客户提供一站式物流服务。通过整合这些资源，第四方物流能为客户提供更加高效、灵活和经济的物流服务，提升客户的满意度和忠诚度。

（二）技术创新与应用

在资源整合能力方面，第四方物流还表现出强大的技术创新与应用能力。随着科技的不断发展，物流行业也面临着巨大的变革。第四方物流积极引进与应用新技术、新模式和新业态，推动物流行业的创新和发展。

首先，第四方物流在物流自动化方面取得了显著进展。通过引入自动化仓储设备、机器人、无人机等先进技术，第四方物流能实现仓库的自动化管理和货物的快速分拣。这种自动化技术的应用不仅提高了物流运作的效率和准确性，还降低了人力成本和错误率。

其次，第四方物流在大数据分析方面具有优势。通过对物流数据的深入挖掘和分析，第四方物流能发现供应链中的潜在问题和机会，并为客户提供相应的建议和支持。这种大数据分析能力使第四方物流能更好地理解客户的需求和市场趋势，为客户提供更加精准和高效的服务。

最后，第四方物流在物联网技术方面有所建树。通过应用物联网技术，第四方物流能实现对货物的实时追踪和监控，提高物流运作的透明度和准确性。同时，物联网技术还能为客户提供更加灵活和个性化的服务，提升客户的满意度和忠诚度。

（三）风险管理与应对

在资源整合能力方面，第四方物流具备较强的风险管理与应对能力。由于供应链涉及多个环节和多个参与方，存在着各种潜在的风险和挑战。第四方物流通过建立完善的风险管理体系和应对机制，能及时发现和应对这些风险，确保供应链的稳定运行。

首先，第四方物流具备强大的风险评估能力。通过对供应链进行全面的风险评估，第四方物流能识别出各种潜在的风险和挑战，并制定相应的应对策略。这种风险评估能力使第四方物流能更好地预测和应对市场的变化，降低客户的运营风险。

其次，第四方物流具备灵活的应急响应机制。在供应链出现突发情况时，第四方物流能迅速启动应急响应机制，采取相应的措施进行应对。这种应急响应机制能确保供应链的稳定运行，降低客户的损失和影响。

最后，第四方物流具备完善的保险体系。通过与保险公司合作，第四方物流能为客户提供全面的保险服务，降低客户的运营风险。这种保险体系能为客户提供更加安心的服务保障，提高客户的信任度和忠诚度。

（四）全球网络布局

在资源整合能力方面，第四方物流还具备全球网络布局的能力。随着全球化的加速和国际贸易的不断发展，企业需要面对更加复杂多变的国际市场环境。第四方物流通过在全球范围内建立物流网络和合作伙伴关系，能为客户提供全球范围内的物流服务。

首先，第四方物流具备全球物流网络的覆盖能力。通过在全球范围内建立物流节点和合作伙伴关系，第四方物流能为客户提供全球范围内的运输、仓储、配送等物流服务。这种全球物流网络的覆盖能力使第四方物流能更好地满足客户的全球化需求，提升客户的满意度和忠诚度。

其次，第四方物流具备跨文化沟通和管理能力。在国际物流中，不同国家和地区的文化、法律、政策等方面存在差异。第四方物流通过深入了解不同国家和地区的文化背景与法律法规，能为客户提供更加符合当地实际情况的物流服务。这种跨文化沟通和管理能力使第四方物流能更好地适应国际市场的变化与挑战。

最后，第四方物流具备全球供应链的整合能力。通过整合全球范围内的供应链资源，第四方物流能为客户提供更加高效、灵活和经济的全球供应链解决方案。这种全球供应链的整合能力使第四方物流能更好地满足客户的全球化需求，提高客户的竞争力和市场份额。

三、战略层面与长期合作

（一）深度战略理解与伙伴关系

在战略层面与长期合作方面，第四方物流相较于第三方物流展现出对客户业务战略更深度的理解和建立长期伙伴关系的能力。第四方物流不仅仅关注物流操作层面的服务，更致力成为客户的战略合作伙伴，共同推动业务的发展。

首先，第四方物流通过深入了解客户的业务需求和战略目标，能为客户提供定制化的供应链解决方案。这种深度战略理解使第四方物流能准确把握客户的期望和需求，提供符合客户战略方向的服务。通过与客户的紧密合作，第四方物流能参与客户的战略规划过程，共同制定符合双方利益的供应链战略。

其次，第四方物流通过建立长期稳定的合作关系，与客户形成紧密的伙伴关系。这种长期合作不仅有助于第四方物流深入了解客户的业务运作和市场需求，还能促进双方之间的信任和合作。在长期合作过程中，第四方物流能不断积累经验和知识，提高服务质量和效率，为客户提供更加专业、高效和可靠的物流服务。

（二）共同创新与发展

在战略层面与长期合作方面，第四方物流注重和客户共同创新与发展。随着市场的不断变化和竞争的加剧，企业需要不断寻求新的增长点和发展机会。第四方物流通过与客户共同研发新的产品和服务，推动双方的创新和升级。

首先，第四方物流积极引进与应用新技术、新模式和新业态，推动物流行业的创新和发展。通过与客户的紧密合作，第四方物流能将最新的技术和模式应用到客户的业务中，帮助客户实现业务升级和转型。同时，第四方物流还能根据客户的需求和市场趋势，为客户提供定制化的创新解决方案，帮助客户在市场中取得竞争优势。

其次，第四方物流注重与客户的共同研发和创新。通过与客户的研发团队紧密合作，第四方物流能深入了解客户的需求和期望，共同研发符合市场需求的新产品和服务。这种共同研发不仅能促进双方之间的技术交流和合作，还能提高新产品的市场适应性和竞争力。

（三）风险共担与利益共享

在战略层面与长期合作方面，第四方物流注重与客户实现风险共担和利益共享。在供应链运作过程中，存在着各种潜在的风险和挑战。通过与客户的紧密合作，第四方物流能共同面对这些风险和挑战，实现风险共担与利益共享。

首先，第四方物流通过建立完善的风险管理体系和应对机制，能及时发现和应对供应链中的风险。同时，第四方物流还能为客户提供风险预警和应对建议，帮助客户降低运营风险。在风险发生时，第四方物流能与客户共同承担风险带来的损失，确保供应链的稳定运行。

其次，第四方物流注重与客户的利益共享。通过与客户的紧密合作，第四方物流能深入了解客户的业务运作和市场需求，为客户提供更加精准和高效的服务。这种服务不仅能提升客户的满意度和忠诚度，还能为第四方物流带来更多的业务机会和利润。同时，第四方物流还能通过不断优化供应链运作，降低物流成本和提高物流效率，为客户创造更大的价值。

（四）文化与价值观契合

在战略层面与长期合作方面，第四方物流注重和客户在文化与价值观上的契合。这种契合不仅有助于双方之间的沟通和合作，还能提高双方的信任度和忠诚度。

首先，第四方物流尊重客户的文化与价值观，并在服务过程中积极适应和融入客户的文化环境。通过深入了解客户的文化背景和价值观，第四方物流能为客户提供更加符合其需求和期望的服务。这种文化上的契合有助于双方之间的沟通和理解，提高合作效率和质量。

其次，第四方物流注重与客户在价值观上的契合。通过共同追求客户利益最大化、持续改进和创新等价值观，第四方物流能与客户建立共同的目标和愿景。这种价值观上的契合有助于双方之间的合作和信任，推动双方共同发展和成长。

第四节　物流外包的风险与策略

一、物流外包的风险识别与评估

（一）合同风险

物流外包的起始点在于双方签订的合作合同，合同中规定了双方的权利、义务，以及服务范围和标准。然而，合同风险是物流外包过程中最直接且常见的风险之一。

首先，合同中的条款可能不够明确或存在歧义，导致双方在执行过程中产生争议。例如，对于服务标准、价格调整、违约责任等方面的规定若不够具体，则容易引发纠纷。因此，在签订合同前，双方应充分沟通，确保合同条款清晰明确，避免产生歧义。

其次，合同风险体现在合同的变更和解除上。由于市场环境、客户需求等因素的变化，合同可能需要变更或解除。然而，如果合同中没有明确的变更和解除条款，或者变更和解除过程没有遵循合同规定，就可能导致双方产生纠纷，甚至诉讼。因此，在合同中应明确变更和解除的条件、程序与后果，以便双方在需要时能顺利处理。

（二）运营风险

物流外包的运营风险主要来自服务提供方的运营能力和服务质量。如果服务提供方的运营能力不足或服务质量不达标，就可能影响到客户的正常运营和业务发展。

首先，服务提供方的运营能力包括物流设施、设备、人员等方面的投入和管理。如果服务提供方在物流设施、设备、人员等方面投入不足或管理不善，就可能导致物流效率低下、服务质量差等问题。因此，在选择服务提供方时，客户应充分考察其运营能力，确保其具备足够的实力和能力来承担外包业务。

其次，服务提供方的服务质量是运营风险的重要方面。如果服务提供方的服务质量不达标，就可能导致客户的货物损失、延误等问题，从而影响到客户的正常运营和业务发展。因此，客户应定期对服务提供方的服务质量进行评估和监督，确保其符合合同规定和客户需求。

（三）信息安全风险

在物流外包过程中，客户需要将大量的信息数据交给服务提供方进行处理和管理。这些信息数据包括订单信息、客户信息、产品信息等敏感信息。如果这些信息数据没有得到妥善的保护和管理，就可能引发信息安全风险。

首先，服务提供方应建立完善的信息安全管理制度和采用先进的信息安全技术手段，确保客户的信息数据安全。例如，服务提供方应建立完善的信息安全保密制度、访问控制制度、数据备份和恢复制度等；同时，服务提供方应采用先进的信息安全技术手段，如数据加密、防火墙、入侵检测等，保障信息数据的安全。

其次，客户应对服务提供方的信息安全能力进行评估和监督。在选择服务提供方时，客户应充分考察其信息安全能力和管理水平；同时，在合作过程中，客户应定期对服务提供方的信息安全管理制度与技术手段进行检查和评估，确保其符合合同规定和客户需求。

（四）供应链风险

物流外包作为供应链的重要环节之一，其风险也与整个供应链的风险密切相关。供应链风险主要来自供应商、客户、市场等方面的不确定性因素。

首先，供应商风险主要来自供应商的生产能力、质量、交货期等方面的不确定性因素。如果供应商无法按时、按质交货，就可能影响到物流外包的正常进行和客户的正常运营。因此，在选择供应商时，客户应充分考察其生产能力和质量管理水平；同时，在合作过程中，应建立稳定的供应商关系，并加强对供应商的监督和评估。

其次，客户风险主要来自客户需求的不确定性和波动性。如果客户需求发生较大变化或波动较大，就可能影响到物流外包的计划和执行。因此，在签订合同时，双方应充分沟通并明确客户需求的变化范围和波动范围；同时，在合作过程中，应建立有效的沟通机制，及时了解客户需求的变化并调整相应的计划和措施。

最后，市场风险主要来自市场环境的变化和竞争对手的动态。如果市场环境发生变化或竞争对手采取新的策略，就可能影响到物流外包的竞争力和市场份额。因此，在签订合同时，双方应充分分析市场环境和竞争对手的动态；同时，在合作过程中，应密切关注市场变化和竞争对手的动态，并采取相应的措施来应对风险和挑战。

二、物流外包风险的应对策略

（一）合同风险的应对策略

合同风险是物流外包中首要考虑的风险之一。为了有效应对合同风险，企业应采取以下策略。

首先，建立严谨的合同管理制度。企业应设立专门的合同管理部门或指定专人负责合同管理，确保合同条款的明确性和完整性。在签订合同前，他们应对合同条款进行细致审查，避免存在模糊或容易引起争议的条款。同时，合同应明确双方的权利和义务，以及违约责任和争议解决方式。

其次，加强合同执行过程中的监控和评估。企业应定期对服务提供方的合同履行情况进行检查和评估，确保服务提供方按照合同规定提供服务。对于合同履行过程中出现的问题，企业应及时与服务提供方沟通并协商解决，避免问题扩大化。

再次，建立合同变更和解除的应急机制。在合同执行过程中，当因市场环境、客户需求等因素发生变化，合同需要变更或解除时，企业应建立相应的应急机制。这包括制定合同变更和解除的流程与标准，以及明确双方的责任和义务。在变更或解除合同前，企业应与服务提供方进行充分沟通，并签订书面协议。

最后，利用法律手段保护自身权益。当服务提供方违反合同约定或造成损失时，企业应积极利用法律手段维护自身权益。这包括向法院提起诉讼、申请仲裁等方式，要求服务提供方承担相应的法律责任。

（二）运营风险的应对策略

运营风险是物流外包中较为常见的风险之一。为了降低运营风险，企业应采取以下策略。

首先，选择可靠的服务提供方。在选择服务提供方时，企业应对其进行充分的调查和评估，包括考察其物流设施、设备、人员等方面的投入和管理水平。同时，企业可以参考其他企业的合作经验和评价，选择具有良好声誉和实力的服务提供方。

其次，建立严格的服务质量标准和监督机制。企业应与服务提供方共同制定服务质量标准，明确服务内容、服务质量要求等方面的具体规定。同时，企业应建立服务质量监督机制，定期对服务提供方的服务质量进行评估和检查，确保其符合合同规定和客户需求。

再次，加强供应链管理。企业应建立完善的供应链管理制度，确保供应链的稳定性。这包括与供应商、客户等建立稳定的合作关系，加强信息共享和协同管理，以及建立应对供应链中断的应急预案。

最后，提高应急处理能力。在运营过程中，可能会出现各种突发情况和问题，如交通事故、自然灾害等。企业应建立应急处理机制，制定应急预案和处置流程，提高应急处理能力，确保物流外包业务的顺利进行。

（三）信息安全风险的应对策略

信息安全风险是物流外包中需要重点关注的风险之一。为了保障信息安全，企业应采取以下策略。

首先，建立完善的信息安全管理制度。企业应建立完善的信息安全管理制度，明确信息安全的目标、原则、措施和责任等方面的规定。同时，企业应加强员工的信息安全教育和培训，提高员工的信息安全意识和能力。

其次，采用先进的信息安全技术手段。企业应采用先进的信息安全技术手段，如数据加密、防火墙、入侵检测等，保障信息数据的安全。同时，企业应定期对信息系统进行安全检查和漏洞扫描，及时发现和修复安全隐患。

再次，加强信息数据的备份和恢复工作。企业应建立信息数据的备份和恢复机制，确保在发生数据丢失或损坏时能及时恢复数据。同时，企业应定期测试备份数据的完整性和可用性，确保备份数据的可靠性。

最后，建立信息安全事件的应急响应机制。在发生信息安全事件时，企业应迅速启动应急响应机制，组织专业人员进行应急处置和调查工作，尽快恢复信息系统的正常运行并防止类似事件再次发生。

三、物流外包的持续优化与风险管理

（一）建立持续改进机制

在物流外包的持续优化过程中，建立持续改进机制至关重要。这要求企业与服务提供方共同制定明确的改进目标和计划，并定期对物流外包业务进行评估和审查。

首先，企业应与服务提供方共同分析物流外包业务中存在的问题和瓶颈，识别出需要改进的关键领域。这可能包括运输效率、仓储管理、信息技术应用等方面。通过深入分析和讨论，双方可以共同确定改进目标和计划。

其次，企业应建立定期评估机制，对物流外包业务的执行情况进行跟踪和评估。这包括对运输效率、成本控制、客户满意度等关键指标的监测和分析。通过评估结果，企业可以了解物流外包业务的表现，及时发现问题并进行改进。

最后，企业可以邀请行业专家或第三方机构对物流外包业务进行评估和审计，以获取更客观、全面的反馈和建议。这些反馈和建议有助于企业发现潜在的问题与机会，为持续改进提供有力支持。

（二）加强风险管理意识

在物流外包的持续优化过程中，加强风险管理意识必不可少。这要求企业和服务提供方都充分认识到风险管理的重要性，并采取积极的措施来应对和防范风险。

首先，企业应加强对服务提供方的风险评估和管理。在选择服务提供方时，企业应对其进行全面的调查和评估，了解其财务状况、经营能力、信誉等方面的信息。同时，在合作过程中，企业应定期对服务提供方的风险状况进行评估和审查，确保其具备稳定的运营能力和良好的服务质量。

其次，企业应加强对供应链风险的管理。供应链风险是物流外包中常见的风险之一，可能来自供应商、客户、市场等方面的不确定性因素。为了降低供应链风险，企业应建立稳定的供应链关系，加强信息共享和协同管理，并制定应对供应链中断的应急预案。

最后，企业应加强对信息安全风险的管理。信息安全风险可能来自内部和外部的威胁，如黑客攻击、数据泄露等。为了保障信息安全，企业应建立完善的信息安全管理制度和采用先进的信息安全技术手段，并加强对员工的信息安全教育和培训。

（三）促进双方的合作与沟通

在物流外包的持续优化过程中，促进双方的合作与沟通至关重要。这有助于双方共同应对挑战、分享经验，实现互利共赢。

首先，企业应与服务提供方建立紧密的合作关系。双方应建立定期的沟通机制，加强信息共享和协同管理。通过沟通与合作，双方可以共同发现问题、制订改进计划并推动实施。

其次，企业应鼓励服务提供方提出创新性的解决方案和建议。服务提供方作为专业的物流服务商，通常具有丰富的行业经验和专业知识。通过鼓励。服务提供方提出创新性的解决方案和建议，企业可以借鉴其经验和技术优势，推动物流外包业务的持续优化。

最后，企业应建立有效的激励机制和约束机制。通过激励机制和约束机制的设计，企业可以激发服务提供方的积极性和创造力，同时，约束其行为符合合同规定和客户需求。这有助于双方保持长期稳定的合作关系，实现互利共赢。

（四）持续学习与适应变化

在物流外包的持续优化过程中，持续学习与适应变化必不可少。这要求企业保持敏锐的洞察力和学习能力，及时应对外部环境和市场需求的变化。

首先，企业应关注行业发展趋势和市场需求变化。通过了解行业发展趋势和市场需求变化，企业可以及时调整物流外包策略和业务模式，以适应市场变化。

其次，企业应加强对新技术和新模式的学习与应用。随着物流技术的不断发展和创新，新的物流模式和解决方案不断涌现。企业应积极学习与应用新技术和新模式，提高物流外包的效率和质量。

最后，企业应建立灵活的组织结构和流程，灵活的组织结构和流程有助于企业快速响应市场与客户需求的变化。通过优化组织结构和流程设计，企业可以提高物流外包的灵活性和适应性。

第七章　冷链物流

第一节　冷链物流的定义与特点

一、冷链物流的定义

（一）冷链物流的基本概念

冷链物流，简称"冷链"，是一种特殊的物流过程，专注于确保易腐食品、药品，以及其他需要在特定低温环境下储存和运输的产品在整个供应链中保持其品质、安全性与有效性。这一物流过程涵盖了从产品生产、加工、储存、运输到销售及最终消费的每个环节，目的是通过控制温度保持产品的品质、延长保质期并减少损耗。

冷链物流的基本概念可以进一步细分为以下几个要点。

冷链物流的核心在于温度控制。易腐食品如肉类、海鲜、蔬菜、水果等，以及某些药品和化工产品，在储存和运输过程中需要保持恒定的低温环境，以减缓微生物的生长和化学反应的速度，从而保持其品质、延长保质期。

冷链物流要求从产品离开生产线开始，到最终消费者手中的每个环节，都必须保持在恒定的低温环境下。这包括原料的采购，产品的加工、储存、运输、配送及销售等多个环节。

冷链物流需要使用专业的冷藏和冷冻设备，如冷藏车、冷库、冷冻柜等，确保产品在储存和运输过程中始终处于恒定的低温状态。同时，冷链物流还需要使用专业的温度监测设备来实时监控产品的温度，确保温度控制的有效性。

随着信息技术的不断发展，冷链物流越来越依赖于信息化管理。通过使用物联网、大数据、云计算等现代信息技术手段，可以对冷链物流的各环节进行实时监控和追踪，确保产品在整个供应链中的温度控制和品质保障。

冷链物流不仅关注产品的品质和安全，还注重提高物流效率、降低物流成本。通过优化物流流程、提高物流设备的使用效率等方式，可以实现冷链物流的综合效益最大化。

冷链物流是一种特殊的物流过程，其基本概念涵盖了温度控制、全程冷链、专业设备、信息化管理和综合效益等多个方面。随着消费者对食品安全和品质要求的不断提高，冷链物流将在未来发挥更加重要的作用。

（二）冷链物流的温度控制要求

冷链物流的温度控制是其核心和关键要素之一，对于确保易腐食品、药品等产品在供应链全过程中保持其品质、安全性和有效性至关重要。以下是冷链物流的温度控制要求。

不同产品对温度的要求各不相同。例如，生鲜肉类、水产品等需要在 -18 摄氏度以下的冷冻环境中储存和运输，以确保产品不会变质；而蔬菜、水果等则需要在 0~4 摄氏度的冷藏环境中储存和运输，以保持其新鲜度和口感。因此，冷链物流在操作过程中需要根据产品特性设定合理的温度范围。

冷链物流要求在产品从生产、加工、储存、运输到销售及最终消费的每个环节中都保持恒定的低温环境。这意味着在整个供应链中，需要采用专业的冷藏和冷冻设备，如冷藏车、冷库、冷冻柜等，确保产品始终处于设定的温度范围内。

为了实时监控产品的温度状况，冷链物流需要配备温度监测设备，如温度传感器、温度记录仪等。这些设备能实时记录产品的温度数据，并通过数据分析软件对数据进行处理和分析，以便及时发现温度异常并采取相应措施。

在冷链物流过程中，由于环境变化、设备故障等，温度可能会出现波动。为了确保产品的品质和安全，冷链物流需要制定严格的温度波动控制范围。例如，在运输过程中，冷冻食品的温度回升限度为 -15 摄氏度，冷藏食品的温度回升限度为 7 摄氏度（有些果蔬除外）。同时，冷链物流需要尽快采取措施将温度降至设定范围内。

当温度出现异常时，冷链物流需要及时采取措施进行处理。例如，当温度超过设定范围时，冷链物流需要立即启动应急预案，如调整设备运行状态、更换损坏的零部件等。同时，冷链物流需要记录异常情况的原因和处理过程，以便后续分析和改进。

冷链物流的温度控制要求非常严格，需要采用专业的设备和技术手段来确保产品在整个供应链中始终保持恒定的低温环境。只有这样，才能最大限度地保持产品的品质和安全性，满足消费者的需求。

（三）冷链物流的社会经济价值

冷链物流在保障食品安全、提高人民生活水平方面具有重要意义。随着人们生活水平的提高和消费习惯的变化，对冷藏、冷冻食品的需求日益增加。冷链物流的发展不仅满足了人们的消费需求，而且通过保证产品的品质和安全性，提高了消费者的信任度。同时，冷链物流的发展也促进了相关产业的发展，如制冷设备制造业、信息技术产业等，为社会经济发展做出了重要贡献。

在进一步分析冷链物流的社会经济价值时，我们可以看到，冷链物流不仅为食品行业带来了变革，还为其他行业如医药、化工等提供了重要的物流服务。例如，在医药行业中，许多药品需要在特定的低温环境下储存和运输，以确保其有效性和安全性。冷链物流的发展为这些行业提供了可靠的物流保障，促进了这些行业的发展。

此外，冷链物流还促进了全球贸易的发展。随着国际贸易的日益频繁，越来越多的产品需要在全球范围内进行流通。冷链物流的发展使这些产品能在全球范围内进行高效、安全的流通，为全球贸易的发展提供了重要的物流支持。

冷链物流是一种重要的物流方式，其定义涵盖了温度控制要求、技术支持及社会经济价值等多个方面。随着科技的进步和消费者需求的不断变化，冷链物流将继续发展并发挥更加重要的作用。

二、冷链物流的特点

（一）严格的温度控制

冷链物流第一个也是最显著的特点是严格的温度控制。这一特点主要体现在以下几个方面。

首先，冷链物流对于温度的精确控制要求极高。不同产品对温度的要求各不相同，如肉类、海鲜等需要在 -18 摄氏度以下的冷冻环境中储存和运输，而蔬菜、水果等则需要在 0~4 摄氏度的冷藏环境中保持其新鲜度。这种精确的温度控制要求冷链物流系统具备高度的可靠性和稳定性，能确保产品在任何情况下都处于适宜的温度环境中。

其次，冷链物流的温度控制是全程的。这意味着从产品的生产、加工、储存、运输到销售等各环节，都需要保持恒定的低温环境。这要求冷链物流系统必须能无缝对接各环节，实现温度控制的无缝衔接。

最后，冷链物流的温度控制需要具备快速响应能力。一旦温度出现异常，冷链物流系统必须能迅速发现并采取措施进行处理，以避免产品受损或变质。这种快速响应能力对于保障产品的品质和安全至关重要。

（二）高度的专业性和技术性

冷链物流的第二个显著特点是高度的专业性和技术性。这主要体现在以下几个方面。

首先，冷链物流需要使用专业的冷藏和冷冻设备，如冷藏车、冷库、冷冻柜等。这些设备需要具备高度的可靠性和稳定性，能确保产品在储存和运输过程中始终处于恒定的低温环境中。同时，这些设备还需要具备节能环保、智能化控制等特点，以适应现代物流的需求。

其次，冷链物流需要采用先进的温度监测和记录技术。通过实时监测和记录产品的温度数据，可以及时发现温度异常并采取相应措施进行处理。这种技术可以确保冷链物流系统的高效运行和产品的品质安全。

最后，冷链物流需要具备专业的操作和管理团队。这些团队需要具备丰富的专业知识和经验，能熟练掌握冷链物流的操作流程和管理要求，确保冷链物流系统的正常运行和产品的品质安全。

（三）对时效性的高要求

冷链物流的第三个特点是对时效性的高要求。由于易腐食品、药品等产品在储存和运输过程中容易变质或失效，需要在最短的时间内将产品送达目的地。这要求冷链物流系统必须具备高效的运输能力和快速的配送速度，以确保产品能及时送达消费者手中。

同时，冷链物流还需要具备灵活的调度和配送能力。在面临突发事件或订单量激增等情况下，冷链物流系统需要能迅速调整运输计划和配送路线，确保产品及时送达目的地并满足消费者的需求。

（四）对安全性的重视

冷链物流的第四个特点是对安全性的重视。由于易腐食品、药品等产品在储存和运输过程中容易受到污染或损坏，需要在冷链物流系统中加强安全管理。这包括采用严格的包装和密封措施，防止产品在运输过程中受到污染或损坏；加强对冷链物流设备和工具的维护与保养，确保其正常运行和安全性；建立完善的应急预案和危机处理机制，以应对突发事件的发生。

此外，冷链物流还需要遵守相关的法律法规和标准要求，如食品安全法、药品管理法等，确保产品的品质与安全符合国家和行业的标准。这种对安全性的重视可以确保冷链物流系统的稳定运行和消费者的信任度。

三、冷链物流的重要性

（一）保障食品品质与安全

冷链物流在保障食品品质与安全方面发挥着至关重要的作用。随着消费者对食品安全和品质要求的不断提高，冷链物流成为确保食品从生产到消费全过程新鲜、健康、安全的关键环节。

首先，冷链物流通过严格的温度控制，有效抑制了微生物的生长和繁殖，从而延长了食品的保质期。无论是肉类、海鲜等需要冷冻保存的食品，还是蔬菜、水果等需要冷藏保鲜的食品，冷链物流都能为其提供适宜的储存和运输环境，确保食品在流通过程中不会变质或腐败。

其次，冷链物流能减少食品在流通过程中的损耗。食品在储存和运输过程中容易受到温度、湿度等环境因素的影响，导致品质下降和损耗增加。而冷链物流通过专业的设备和技术手段，能最大限度地减少这些损耗，提高食品的利用率和经济效益。

最后，冷链物流有助于实现食品的追溯管理。通过建立完善的冷链物流信息系统，可以实现对食品生产、加工、储存、运输等各环节的全程追溯。一旦出现食品安全问题，就可以迅速追溯到问题源头，及时采取措施进行处理，确保消费者的健康和安全。

（二）满足药品等特殊商品的储存与运输需求

冷链物流在满足药品等特殊商品的储存与运输需求方面具有重要意义。药品作为一种特殊的商品，对储存和运输条件有着严格的要求。冷链物流通过提供专业的温度控制和安全保障措施，确保了药品在流通过程中的品质和安全性。

首先，冷链物流能满足药品对温度控制的严格要求。不同种类的药品对温度的要求各不相同，有的需要在低温下储存和运输，有的则需要在恒温环境中保持品质。冷链物流通过提供不同温度的储存和运输环境，确保了药品在流通过程中的品质稳定。

其次，冷链物流有助于实现药品的追溯管理。通过建立完善的冷链物流信息系统，可以实现对药品生产、加工、储存、运输等各环节的全程追溯。这不仅可以确保药品的品质和安全，还可以为药品的监管和追责提供有力支持。

最后，冷链物流能满足药品对时效性的要求。药品由于其特殊性质，需要在最短的时间内送达患者手中。冷链物流通过提供高效的运输和配送服务，确保了药品能及时送达目的地，为患者提供及时的治疗和救助。

（三）促进农业与食品产业的可持续发展

冷链物流对于促进农业与食品产业的可持续发展方面具有重要意义。

首先，冷链物流减少了食品在流通过程中的损耗和浪费，提高了食品资源的利用率。这对于缓解食品短缺问题、保障粮食安全具有重要意义。

其次，冷链物流促进了农产品的深加工和附加值提升。通过将农产品加工成高品质、高附加值的食品产品，可以提高农产品的市场竞争力和盈利能力。

最后，冷链物流推动了农业与食品产业的现代化和产业升级。通过引入先进的冷链物流技术和设备，可以提高农业与食品产业的生产效率和质量水平，推动产业向更高层次发展。

（四）提升消费者的满意度与忠诚度

冷链物流对于提升消费者的满意度和忠诚度同样具有重要意义。

首先，通过冷链物流的配送服务，消费者可以在最短时间内收到新鲜、健康、安全的食品或药品产品。这大大提升了消费者的购物体验和满意度。

其次，冷链物流的全程追溯功能可以提高消费者对产品的信任度。消费者可以通过查询产品信息了解产品的生产、加工、储存、运输等各环节的情况，从而更加放心地购买和使用产品。

最后，冷链物流的优质服务可以提升消费者的忠诚度。当消费者对冷链物流的服务感到满意时，他们更有可能成为品牌的忠实顾客并持续购买该品牌的产品。

第二节　冷链物流的关键技术

一、温度控制技术

温度控制技术是冷链物流中的核心和关键技术，它直接关系到产品的品质、安全性和经济效益。我们可以从以下四个方面对温度控制技术进行详细分析。

（一）制冷技术的基本原理与应用

制冷技术是温度控制技术的核心，其基本原理是通过制冷剂的循环流动，在蒸发器内吸收热量，使被冷却物体的温度降低，然后将热量通过冷凝器排出系统。在冷链物流中，制冷技术广泛应用于冷藏车、冷库、冷冻柜等设备，确保产品在储存和运输过程中始终处于恒定的低温环境。

制冷技术的应用不仅要求设备具备高效的制冷能力，还需要考虑设备的能耗、噪声、环保等因素。随着技术的不断发展，新型制冷技术如变频控制、多温区控制等逐渐得到应用，进一步提高了冷链物流系统的效率和可靠性。

（二）温度监测与记录技术的重要性

温度监测与记录技术是温度控制技术的重要组成部分。通过在冷链物流系统中安装温度传感器和记录设备，可以实时监测和记录产品的温度数据。这些数据对于分析产品的品质变化、预测产品的保质期及追溯产品质量问题具有重要意义。

温度监测与记录技术的重要性在于其能提供准确、可靠的温度数据，帮助冷链物流系统实现精准控制。同时，这些数据还可以作为冷链物流系统优化和改进的依据，提高系统的运行效率和经济效益。

（三）温度调节与控制技术的实现方式

温度调节与控制技术是实现冷链物流系统精准控制的关键。它主要包括温度设定、温度调节、温度反馈等环节。通过设定合理的温度范围，系统可以根据外部环境的变化自动调节制冷设备的运行状态，保持产品的温度恒定。

在实现温度调节与控制技术时，需要考虑多种因素，如产品的特性、储存和运输条件、外部环境等；同时，还需要采用先进的控制算法和传感器技术，确保系统的稳定性和可靠性。随着物联网、大数据等技术的应用，温度调节与控制技术正向着智能化、自动化的方向发展。

（四）温度控制技术面临的挑战与发展趋势

尽管温度控制技术在冷链物流中发挥着重要作用，但仍面临一些挑战。首先，随着消费者对产品品质和安全性的要求不断提高，冷链物流系统需要更加精准、可靠的温度控制技术来保障产品的品质和安全；其次，随着冷链物流市场的不断扩大和竞争的加剧，如何降低系统的能耗和成本成了一个重要问题。

针对这些挑战，温度控制技术正朝着智能化、自动化、环保化等方向发展。首先，通过引入物联网、大数据等先进技术，实现冷链物流系统的智能化管理和控制；其次，通过优化制冷设备的设计和制造工艺，降低系统的能耗和噪声；最后，需要增强环保意识，推动冷链物流系统的绿色可持续发展。

总之，温度控制技术是冷链物流中的关键技术之一。随着技术的不断发展和应用，相信未来冷链物流系统将会更加高效、可靠、环保。

二、湿度控制技术

湿度控制技术是冷链物流中不可忽视的一环，对于确保产品的品质和安全起着至关重要的作用。我们可以从以下四个方面对湿度控制技术进行详细分析。

（一）湿度对产品品质的影响

湿度对产品品质的影响是湿度控制技术被广泛关注的首要原因。湿度过高或过低都可能对产品造成不利影响。例如，在高湿环境下，食品容易吸湿变质，药品可能受潮导致药效降低；而在低湿环境下，食品可能失去水分变得干瘪，影响口感和营养价值。因此，湿度控制技术对于维持产品在冷链物流过程中的适宜湿度环境至关重要。

湿度控制技术通过监测和调节环境湿度，确保产品在储存和运输过程中处于稳定的湿度环境。这不仅可以防止产品因湿度变化而受损，还可以延长产品的保质期，保证产品的品质。

（二）湿度监测与记录技术的应用

湿度监测与记录技术在冷链物流中的应用至关重要，它们为管理者提供了关于产品储存和运输过程中湿度环境的关键信息。以下是对湿度监测与记录技术应用的详细分析。

1. 实时监测与数据记录

湿度监测与记录技术首先通过高精度的湿度传感器，实时、连续地测量并记录环境中的湿度数据。这些传感器通常安装在冷藏车、冷库、冷藏柜等冷链物流设施内部的关键位置，以确保能准确反映产品所处环境的湿度状况。实时监测可以确保管理者在任何时候都能了解产品的湿度环境，而数据记录则可以为后续的分析和处理提供基础。

2. 数据分析与预测

通过收集到的湿度数据，管理者可以进行深入的分析和预测。例如，他们可以通过比较不同时间点的湿度数据，了解湿度环境的变化趋势；通过分析湿度数据与产品品质的关系，预测产品的保质期和安全性。这些数据分析与预测可以帮助管理者更好地了解产品的湿度需求，从而制定更合理的湿度控制策略。

3. 报警和预警功能

当环境湿度超出预设范围时，湿度监测与记录系统可以自动触发报警和预警功能。这些功能可以通过声音、光信号或电子邮件等方式通知管理者，使其能迅速采取应对措施。报警和预警功能可以有效防止湿度异常导致的产品损失或品质下降，确保冷链物流系统的稳定运行。

4. 追溯和质量管理

湿度监测与记录技术还可以为产品的追溯和质量管理提供有力支持。通过记录产品在整个冷链物流过程中的湿度数据，管理者可以追溯产品的品质变化历史，了解产品在储存和运输过程中是否受到湿度的影响。这有助于管理者及时发现潜在的质量问题，并采取相应的措施进行改进。此外，湿度数据还可以作为产品质量评估的重要依据，帮助企业提高产品质量和竞争力。

5. 智能化与自动化控制

随着物联网、大数据等技术的不断发展，湿度监测与记录技术正逐步向智能化和自动化方向发展。通过与制冷设备、通风设备等其他冷链物流设施的联动控制，湿度监测与记录系统可以自动调节环境湿度，确保产品始终处于适宜的湿度环境中。这不仅可以提高冷链物流系统的运行效率，还可以降低能耗和运营成本。

总之，湿度监测与记录技术在冷链物流中发挥着至关重要的作用。它们通过实时监测与数据记录、数据分析与预测、报警和预警、追溯和质量管理及智能化与自动化控制等功能，为管理者提供了全面的湿度环境管理手段，确保产品在储存和运输过程中始终处于适宜的湿度环境中。

（三）湿度调节与控制技术的实现方式

湿度调节与控制技术是实现冷链物流系统湿度控制的关键。它主要包括加湿和除湿两种方式。在湿度过低时，系统可以通过加湿器向环境中释放水分，提高环境湿度；在湿度过高时，系统可以通过除湿器吸收环境中的水分，降低环境湿度。

湿度调节与控制技术的实现需要考虑多种因素，如产品的特性、储存和运输条件、外部环境等。为了实现精准控制，系统需要采用先进的传感器技术和控制算法，实时监测环境湿度并根据需要进行调节。同时，为了确保系统的稳定性和可靠性，还需要对加湿器和除湿器等设备进行定期维护与保养。

（四）湿度控制技术面临的挑战与发展趋势

尽管湿度控制技术在冷链物流中发挥着重要作用，但仍面临一些挑战。首先，不同产品对湿度的要求不同，如何根据产品特性实现精准控制是一个难题；其次，随着冷链物流市场的不断扩大和竞争的加剧，如何降低湿度控制系统的能耗和成本成了一个重要问题；最后，湿度控制技术需要与其他技术如温度控制技术、气体控制技术等相互协调，以实现冷链物流系统的整体优化。

针对这些挑战，湿度控制技术正朝着智能化、自动化、集成化等方向发展。首先，通过引入物联网、大数据等先进技术，实现湿度控制系统的智能化管理和控制；其次，通过优化设备的设计和制造工艺，降低系统的能耗和成本；最后，需要加强与其他技术的协调配合，实现冷链物流系统的整体优化和升级。

湿度控制技术是冷链物流中不可或缺的一环，随着技术的不断发展和应用，相信未来湿度控制技术将会更加精准、可靠、高效，为冷链物流行业的发展提供有力支持。

三、智能监控技术与追溯技术

（一）智能监控技术的实现与应用

智能监控技术通过物联网、传感器、云计算等技术手段，实现了对冷链物流全过程的实时监控。在冷链物流中，智能监控技术可以应用于多个环节，包括储存、运输、配送等。通过安装温度传感器、湿度传感器、气体传感器等设备，可以实时收集温度、湿度、气体浓度等关键数据，并通过无线网络传输到云端服务器进行处理和分析。

智能监控技术的应用，使冷链物流的管理更加精准和高效。管理者可以通过手机、电脑等终端设备，随时查看冷链物流的实时状态，包括温度、湿度、位置等信息。同时，系统还可以根据预设的规则和算法，自动判断冷链物流的状态是否正常，如果出现异常，系统就会立即发出警报，提醒管理者采取相应的措施。

（二）追溯技术的原理与功能

追溯技术作为一种现代管理技术，其原理在于通过建立完善的信息数据库和追溯系统，实现对产品从生产、加工、储存、运输到销售等全过程的信息记录与追踪。追溯技术的原理主要包括信息收集、信息编码、信息存储与信息查询四个关键步骤。

第一，收集与产品相关的各类信息，这些信息包括但不限于产品的原材料来源、生产日期、生产批次、生产工艺、储存条件、运输路径等。这些信息的收集通常通过人工录入、传感器自动采集、扫描标签等方式实现。

第二，收集到的信息需要进行编码处理，以便在后续的存储和查询过程中能快速、准确地识别。编码通常采用条形码、二维码、RFID等技术，这些技术能将复杂的信息转化为简单的编码，方便信息的存储和传输。

第三，编码后的信息需要存储到数据库中，以便后续的查询和追溯。数据库的建立需要考虑到信息的分类、存储格式、访问权限等因素，以确保信息的安全性和可追溯性。

第四，当需要追溯产品的相关信息时，可以通过查询系统输入产品的编码或相关信息，系统便能快速地检索出与该产品相关的所有信息，包括生产、加工、储存、运输等各环节的详细数据。

通过追溯技术，企业可以实现对产品全过程的监控和管理，及时发现和处理可能存在的质量问题，提高产品的安全性和可靠性。

追溯技术可以记录产品所有生产环节和流通环节的信息，实现产品的溯源管理。当产品出现质量问题时，可以追溯到问题的源头，以便及时采取措施进行纠正和防范。

通过追溯技术，消费者可以了解到产品的详细信息和生产流程，从而提升对产品的信任度和满意度。这有助于提高企业的品牌形象和市场竞争力。

追溯技术可以实现信息的自动化采集和处理，减少人工干预和降低错误率，提高企业管理的效率和准确性。同时，通过数据分析，企业还可以了解产品的生产和销售情况，为市场策略的制定提供数据支持。

追溯技术可以连接供应链的各环节，实现信息的共享和协同管理。这有助于优化供应链管理，降低库存和运输成本，提高供应链的响应速度和灵活性。

追溯技术作为一种现代管理技术，其原理在于通过信息收集、信息编码、信息存储和信息查询等步骤实现对产品全过程的监控与管理，其功能涵盖了提高产品的安全性、实现产品溯源、提升消费者信任度、提高企业管理效率和实现供应链管理优化等方面。随着技术的不断发展和应用，追溯技术将在未来的物流管理中发挥更加重要的作用。

（三）智能监控与追溯技术的集成和优化

智能监控与追溯技术的集成和优化，是提升冷链物流管理水平的关键。通过将智能监控与追溯技术进行有机结合，可以实现对冷链物流全过程的智能化管理和控制。同时，通过对系统进行优化和升级，可以进一步提高系统的稳定性和可靠性，降低故障率。

在集成和优化过程中，需要考虑多个因素，如系统的兼容性、数据的准确性、传输的实时性等。为了确保系统的稳定运行，还需要制定严格的数据管理流程和应急处理机制。此外，随着物联网、大数据等技术的不断发展，智能监控与追溯技术也在不断更新和升级，为企业提供更加全面、高效的管理方案。

（四）智能监控与追溯技术面临的挑战和发展趋势

尽管智能监控与追溯技术在冷链物流中发挥着重要作用，但仍面临一些挑战。首先，技术的复杂性和高成本限制了其在中小企业中的普及；其次，数据安全和隐私保护问题引起了广泛关注；最后，如何确保数据的准确性和可靠性也是一个亟待解决的问题。

针对这些挑战，智能监控与追溯技术正朝着更加智能化、自动化、标准化的方向发展。首先，随着技术的不断进步和成本的降低，智能监控与追溯技术将逐渐普及更多企业；其次，通过加强数据安全和隐私保护技术的研究与应用，可以确保数据的安全性和隐私性得到保障；最后，通过制定统一的数据标准和接口规范，可以提高数据的准确性和可靠性。

智能监控与追溯技术在冷链物流中的应用具有重要意义，通过实现对冷链物流全过程的实时监控和追溯管理，可以提高产品的安全性和可追溯性，降低企业的运营成本和风险。随着技术的不断发展和应用，相信智能监控与追溯技术将为冷链物流行业的发展带来更多机遇和挑战。

第三节　冷链物流在食品、医药等行业的应用

一、冷链物流在食品行业的应用

（一）保障食品质量与新鲜度

冷链物流在食品行业的应用首先体现在其对食品质量与新鲜度的保障上。食品，尤其是易腐食品如肉类、海鲜、水果和蔬菜等，对储存和运输过程中的温度控制有着极高要求。冷链物流通过专业的制冷设备和技术，确保食品在全程中维持恒定的低温环境，有效抑制了微生物的生长和化学反应的速度，从而延长了食品的保质期，并保持了其原有的口感和营养价值。

在食品行业中，新鲜度是衡量食品质量的重要标准之一。通过冷链物流，食品从生产地到销售地的时间被大大缩短，降低了长时间运输和储存导致食品质量下降的风险。例如，在果蔬类食品中，冷链物流能减少果蔬在运输过程中的水分流失和营养损失，确保消费者在购买时能享受到最新鲜、最健康的食品。

此外，冷链物流还能有效减少食品腐败变质带来的经济损失。据统计，每年食品腐败变质造成的经济损失巨大，而冷链物流的应用则能显著降低这一损失。通过冷链物流，食品企业可以更好地控制库存和订单量，减少积压导致的食品浪费和损失。

（二）提高食品安全性

冷链物流在食品行业的应用还体现在其对食品安全性的提高上。食品在储存和运输过程中容易受到细菌、病毒等微生物的污染，从而导致食品安全问题。冷链物流通过严格的温度控制和卫生管理，有效降低了食品受到污染的风险。

在食品行业中，食品安全问题一直备受关注。食品中毒、食品污染等事件时有发生，给人们的身体健康带来了严重威胁。而冷链物流在食品行业的应用则能在很大程度上解决这些问题。通过冷链物流，食品在储存和运输过程中得到了有效的保护，减少了微生物的污染和生长，从而降低了食品安全风险。

此外，冷链物流还能实现对食品的可追溯性管理。通过对食品从生产到销售的全过程进行记录和追踪，一旦发现问题食品，就可以迅速追溯到源头并采取相应的处理措施。这不仅可以保障消费者的权益，还可以提升食品企业的信誉度和市场竞争力。

（三）满足食品市场需求多样化

随着人们生活水平的提高和消费观念的转变，市场对食品的需求也日益多样化。不同种类的食品对储存和运输条件的要求也不尽相同。冷链物流能根据不同食品的需求提供个性化的服务方案，满足市场的多样化需求。

例如，在夏季高温季节，对于需要冷藏的食品如冰激凌、冷饮等，冷链物流可以提供全程低温运输服务，确保食品在运输过程中不会融化变质；而对于需要冷冻的食品如海鲜、肉类等，冷链物流则可以采用深冷技术进行储存和运输，确保食品在长时间储存和运输过程中仍能保持原有的品质与口感。

此外，冷链物流还可以根据市场需求的变化灵活调整服务方案。例如，在节假日或促销活动期间市场需求量增加时，冷链物流可以增加运力投入和配送频次以满足市场需求；而在市场需求量减少时，则可以减少运力投入和配送频次以降低运营成本。

（四）促进食品行业可持续发展

冷链物流在食品行业的应用还有助于促进食品行业的可持续发展。通过优化资源配置和提高物流效率，冷链物流可以降低能源消耗和减少环境污染，从而实现绿色、低碳的物流发展。

在食品行业中，能源消耗和环境污染问题一直存在。传统的物流方式往往存在着能源消耗大、排放污染多等问题，而冷链物流则可以通过采用先进的制冷技术和节能设备降低能源消耗；同时，通过对食品废弃物的有效处理和利用减少环境污染。

此外，冷链物流还可以推动食品行业的产业升级和转型升级。通过引入先进的物流技术和管理模式，提高食品行业的整体水平和竞争力；同时，通过推动食品行业的创新发展，开发新的产品和服务满足市场需求，从而推动食品行业的可持续发展。

二、冷链物流在医药行业的应用

（一）确保药品质量和疗效

在医药行业中，药品的质量和疗效直接关系到患者的健康与安全。冷链物流通过严格控制药品在储存和运输过程中的温度、湿度等环境因素，确保药品在全程中保持恒定的适宜条件，从而保证药品的稳定性和有效性。这对于需要在特定温度条件下储存的药品，如疫苗、生物制品、血液制品等尤为重要。通过冷链物流，这些药品能保持其活性成分的稳定，避免发生变质或失效，确保患者在使用时能获得预期的疗效。

此外，冷链物流还能减少药品在运输过程中的损耗和浪费。药品具有特殊性，一旦受到温度、湿度等环境因素的影响，就可能导致药品变质或失效，造成经济损失和医疗资源的浪费。而冷链物流通过提供全程的温度控制和监控，能及时发现和处理问题，减少药品的损耗和浪费，提高药品的利用率。

（二）保障药品安全性

药品安全性是医药行业的首要任务。冷链物流通过严格的温度控制和安全管理措施，确保药品在储存和运输过程中不会受到污染或损坏，从而保障药品的安全性。这包括防止药品受到细菌、病毒等微生物的污染，以及防止药品在运输过程中发生破损或泄漏等事故。

在医药行业中，一些药品对温度、湿度等环境因素非常敏感，一旦超出适宜的储存条件，就可能导致药品变质或失效。而冷链物流通过提供恒定的低温环境，确保这些药品在储存和运输过程中保持稳定的品质。同时，冷链物流还采用严格的安全管理措施，如封闭运输、专人押运等，确保药品在运输过程中不会受到污染或损坏。

（三）满足药品市场多样化需求

随着医药行业的不断发展，市场对药品的需求也日益多样化。不同种类的药品对储存和运输条件的要求也不尽相同。冷链物流能根据不同药品的需求提供个性化的服务方案，满足市场的多样化需求。

例如，对于需要冷藏的药品，冷链物流可以提供全程的低温运输服务，确保药品在运输过程中处于恒定的低温环境；对于需要冷冻的药品，冷链物流则可以采用深冷技术进行储存和运输，确保药品在长时间储存和运输过程中仍能保持原有的品质与疗效。此外，冷链物流还可以根据市场需求的变化灵活调整服务方案，如增加运力投入、提高配送频次等，以满足市场的多样化需求。

（四）推动医药行业创新与发展

冷链物流在医药行业的应用不仅提高了药品的质量和安全性，还推动了医药行业的创新与发展。通过引入先进的物流技术和管理模式，冷链物流提高了医药行业的整体水平和竞争力。

首先，冷链物流促进了医药行业的产业升级。传统的医药物流方式往往存在着效率低下、成本高昂等问题；而冷链物流通过引入先进的制冷技术、信息化技术等手段，提高了物流效率并降低了成本。这使医药企业能更好地应对市场竞争并实现可持续发展。

其次，冷链物流推动了医药行业的创新与发展。随着科技的不断进步和应用，冷链物流领域也不断涌现出新的技术和设备。这些新技术和设备的应用不仅提高了冷链物流的效率与安全性，还推动了医药行业的创新与发展。例如，通过引入物联网技术实现药品的实时追踪和监控，通过引入大数据分析技术优化药品的储存和运输方案等。这些创新举措不仅提高了医药行业的整体水平和竞争力，还为患者提供了更加优质、便捷的医疗服务。

三、冷链物流在食品、医药行业应用的挑战与对策

（一）技术挑战与对策

1. 挑战

冷链物流在食品、医药行业的应用中，技术挑战是首要的。这包括制冷技术、温度监控技术、信息管理技术等。制冷技术的落后可能导致温度控制不精确，影响食品、药品的品质和安全性；温度监控技术的不足则可能导致无法及时发现温度异常，造成损失；信息管理技术的滞后则会影响物流信息的实时传递和处理，降低物流效率。

2. 对策

第一，加大技术研发投入，引进先进的制冷技术和温度监控技术，确保食品、药品在储存和运输过程中的温度控制精确、稳定。

第二，建立完善的信息管理系统，实现物流信息的实时传递和处理，提高物流效率。同时，利用大数据、物联网等现代信息技术手段，对冷链物流过程进行实时监控和数据分析，及时发现和解决问题。

第三，加强技术创新和人才培养，培养一批具备专业知识和技能的冷链物流人才，为冷链物流的发展提供有力支持。

（二）成本挑战与对策

1. 挑战

冷链物流的成本通常高于普通物流，这主要是因为需要投入更多资金用于制冷设备、温度监控设备、运输车辆等的购置和维护。同时，冷链物流还需要更高的运营成本，如能源消耗、人力成本等。这些成本对食品、医药企业来说是一笔不小的负担。

2. 对策

第一，优化冷链物流网络布局，提高物流效率，降低运营成本。通过合理规划物流路线、优化仓储设施布局等措施，减少不必要的运输和储存环节，降低物流成本。

第二，采用节能型制冷设备和运输车辆，降低能源消耗。同时，加强设备的维护保养，延长设备的使用寿命，降低维修成本。

第三，政府可以给予一定的政策支持和资金扶持，如提供税收优惠、贷款支持等，帮助食品、医药企业降低冷链物流成本。

（三）管理挑战与对策

1. 挑战

冷链物流的管理难度较大，需要建立完善的管理制度和流程，确保食品、药品在储存和运输过程中的品质与安全；同时，还需要对冷链物流过程进行实时监控和数据分析，及时发现和解决问题。

2. 对策

第一，建立完善的管理制度和流程，明确各部门的职责和协作关系，确保冷链物流过程的顺畅进行。同时，加强对员工的培训和教育，提高员工的责任意识和专业素养。

第二，引入先进的管理理念和工具，如供应链管理、精益管理等，优化冷链物流过程，提高管理效率。同时，利用现代信息技术手段，实现冷链物流过程的实时监控和数据分析，为管理决策提供有力支持。

第三，加强与供应商、客户等合作伙伴的沟通和协作，建立稳定的合作关系，确保冷链物流的稳定运行。

（四）政策和市场挑战与对策

1. 挑战

政策与市场环境的变化也会对冷链物流在食品、医药行业的应用产生影响。如政策调整可能导致冷链物流的成本增加或运营受限，市场需求的变化则可能影响冷链物流的布局和发展方向。

2. 对策

第一，密切关注政策动态和市场变化，及时调整冷链物流的发展策略。同时，加强与政府部门的沟通和协调，争取更多的政策支持和市场机遇。

第二，加强市场调研和需求分析，了解市场需求的变化趋势和客户需求的特点，为冷链物流的发展提供有力支持。同时，加强与行业协会、研究机构的合作和交流，共同推动冷链物流在食品、医药行业的应用和发展。

第三，拓展多元化的服务模式和市场渠道，提高冷链物流的附加值和竞争力。例如，开展定制化服务、提供增值服务等以满足不同客户的需求。

第四节　冷链物流的质量管理与控制

一、冷链物流质量管理体系的构建

（一）明确质量控制标准与要求

在构建冷链物流质量管理体系的过程中，首要任务是明确质量控制标准与要求。这涉及对冷链物流全过程中各环节的细致分析，以确保产品在储存、运输、配送等各环节都能保持最佳的品质和安全性。质量控制标准应基于产品特性、储存要求、运输距离和时间等因素进行制定，并符合国内外相关法规和标准。

在明确质量控制标准后，需要将其贯穿冷链物流的每个环节。从入库验收开始，就需要对产品的温度、湿度、包装等进行严格检查，确保产品符合质量要求；在储存过程中，应定期对储存环境进行监测和记录，确保温度、湿度等参数在可控范围内；在运输和配送过程中，应选择合适的运输工具和配送方式，确保产品在途中的温度稳定和时间控制。

（二）优化流程管理与操作规范

流程管理是冷链物流质量管理体系中的一个重要环节。通过优化流程管理，可以提高冷链物流的效率和准确性，减少浪费和损失。在流程管理方面，应建立详细的操作规范，明确各环节的职责、操作步骤和时间要求；同时，应加强对员工的培训和教育，确保员工能熟练掌握操作规范并严格执行。

在流程优化方面，可以引入先进的物流技术和信息化手段，如物联网技术、RFID 技术等，实现对冷链物流全过程的实时监控和数据分析。通过数据分析，可以及时发现潜在的问题和风险，为优化流程提供有力支持。此外，还可以借鉴其他行业的成功经验，结合冷链物流的特点进行流程创新和改进。

（三）强化质量控制与检验机制

质量控制与检验是冷链物流质量管理体系中的关键环节。通过建立完善的质量控制与检验机制，可以确保产品在储存、运输、配送等各环节都符合质量要求。在质量控制方面，应建立严格的质量检验标准和流程，对每批产品都进行质量检测和评估；同时，应加强对供应商的管理和评估，确保供应商提供的产品符合质量要求。

在检验机制方面，可以引入第三方检验机构进行产品质量检验和评估。第三方检验机构具有专业的检验设备和人员，能提供客观、公正的检验结果。此外，还可以建立自检和互检机制，鼓励员工之间进行相互监督和检查，提高质量控制的全面性和有效性。

（四）建立持续改进与反馈机制

持续改进与反馈是冷链物流质量管理体系中不可或缺的一环。通过建立持续改进与反馈机制，可以及时发现和解决问题，不断提高冷链物流的质量和效率。在持续改进方面，应定期对冷链物流的各环节进行评估和分析，找出存在的问题和不足；然后，针对这些问题和不足制定相应的改进措施与计划，并落实到具体工作中去。

在反馈机制方面，应建立畅通的沟通渠道和反馈机制，鼓励员工积极提出意见和建议；同时，应加强对客户需求的调研和分析，了解客户对冷链物流的期望和要求。根据客户的反馈和需求变化，及时调整和改进冷链物流的服务内容与方式，提升客户的满意度和忠诚度。

二、冷链物流温度监控与追溯

（一）温度监控技术的选择与应用

在冷链物流中，温度监控技术的选择与应用是确保产品质量和安全性的基础。现代冷链物流温度监控技术主要包括温度传感器、RFID 标签、GPS 技术等。这些技术可以实时、准确地监测产品在储存、运输过程中的温度变化，为冷链物流的质量管理提供重要数据支持。

首先，选择合适的温度传感器至关重要。温度传感器应具备高精度、高稳定性、高可靠性等特点，能适应不同环境条件下的温度监测需求。同时，温度传感器还应具备远程传输功能，以便将监测数据实时传输到监控中心。

其次，RFID标签在冷链物流中得到了广泛应用。通过在产品和包装上粘贴RFID标签，可以实现对产品信息的实时追踪和追溯。当产品进入冷链物流系统时，RFID读写器会读取标签中的信息，并将其传输到监控中心。监控中心可以根据这些信息对产品的温度、位置等进行实时监控和追溯。

最后，GPS技术为冷链物流的温度监控提供了有力支持。通过GPS技术，可以实时获取运输车辆的位置信息，并结合温度传感器数据，对运输过程中的温度变化进行实时监控。这有助于及时发现和解决运输过程中的温度异常问题，确保产品在整个冷链物流过程中的品质稳定。

（二）温度监控系统的设计与实施

在选择了合适的温度监控技术后，还需要设计并实施一套完善的温度监控系统。该系统应能实时、准确地监测产品在冷链物流全过程中的温度变化，并将监测数据实时传输到监控中心。

首先，需要对冷链物流系统进行全面分析，确定需要监测的关键环节和节点。然后，根据监测需求选择合适的温度监控设备，并设计合理的监测方案。在方案设计中，需要充分考虑设备的安装位置、监测频率、数据传输方式等因素，以确保监测数据的准确性和可靠性。

其次，在实施温度监控系统时，需要确保设备的质量和稳定性。这包括设备的选型、采购、安装、调试等环节。同时，还需要建立完善的设备维护和管理制度，确保设备能长期稳定运行。

最后，需要对温度监控系统进行定期评估和优化。通过收集和分析监测数据，可以发现系统中存在的问题和不足，并及时进行改进和优化。这有助于提高温度监控系统的准确性和可靠性，为冷链物流的质量管理提供更加有力的支持。

（三）温度数据的处理与分析

温度监控系统中产生的数据是冷链物流质量管理的重要依据。因此，对温度数据进行处理与分析至关重要。通过数据处理与分析，可以发现温度异常的原因和规律，为冷链物流的改进和优化提供有力支持。

首先，可以对温度数据进行预处理。这包括数据清洗、数据转换、数据整合等步骤，以确保数据的准确性和可靠性。然后，可以利用统计分析、数据挖掘等方法对温度数据进行深入分析，发现温度异常的原因和规律。

其次，可以将温度数据与冷链物流的其他数据（如位置数据、运输时间等）进行关联分析，以揭示冷链物流全过程中的问题点和瓶颈。这有助于发现潜在的风险和隐患，为冷链物流的改进和优化提供重要参考。

最后，可以根据温度数据分析的结果制定相应的改进措施和计划，并落实到具体工作中去。这包括优化运输路线、调整储存条件、加强设备维护等措施，以提高冷链物流的效率和品质稳定性。

（四）追溯体系的建设与完善

在冷链物流中，追溯体系的建设与完善是确保产品质量和安全性的重要保障。通过建立完善的追溯体系，可以追溯到产品的生产、储存、运输等各环节信息，为问题产品的召回和溯源提供有力支持。

首先，需要明确追溯体系的目标和范围。根据产品的特性和需求，确定需要追溯的关键环节和节点。然后，选择合适的追溯技术和方法，如 RFID 标签技术、二维码技术等，实现对产品信息的实时追踪和追溯。

其次，需要充分考虑数据的完整性和准确性。通过采用先进的技术手段和管理方法，确保追溯数据的真实性和可靠性。同时，还需要建立完善的数据管理和维护制度，确保追溯数据的长期保存和可查询性。

最后，需要不断完善和优化追溯体系。随着冷链物流的发展和产品需求的变化，追溯体系也需要不断更新和改进。通过收集和分析用户反馈与数据分析结果，发现追溯体系中存在的问题和不足，并及时进行改进和优化。这有助于提高追溯体系的准确性和可靠性，为冷链物流的质量管理提供更加有力的支持。

三、冷链物流风险评估与应对策略

（一）冷链物流风险识别与分析

冷链物流在运作过程中面临的风险多种多样，从设备故障到环境变化，再到人为因素等，都可能对冷链物流的效率和产品质量造成影响。因此，进行风险识别与分析是冷链物流风险评估的首要步骤。

在风险识别阶段，首先，我们需要全面了解冷链物流的各环节，包括储存、运输、配送等，并识别出可能存在的风险因素。这包括但不限于设备故障、温度失控、交通事故、自然灾害、人为错误等。其次，我们需要对这些风险因素进行细致的分析，评估其发生的可能性和对冷链物流的影响程度。

为了更准确地识别与分析冷链物流风险，我们可以采用多种方法，如头脑风暴、德尔菲法、故障树分析等。这些方法可以帮助我们系统地梳理冷链物流中的风险因素，为制定有效的应对策略奠定基础。

（二）风险评估模型的建立与应用

在识别与分析冷链物流风险后，我们需要建立一个科学的风险评估模型，以量化评估各风险因素对冷链物流的影响。

风险评估模型通常包括风险发生的可能性、影响程度和风险等级三个维度。我们可以根据历史数据和专家意见，为每个风险因素打分，并计算其综合风险值。通过比较不同风险因素的综合风险值，我们可以确定冷链物流中的主要风险点，并制定相应的应对策略。

在风险评估模型的应用过程中，我们需要不断收集和分析冷链物流的实际数据，以验证和优化模型的准确性。同时，我们还可以利用大数据、人工智能等技术手段，对冷链物流的风险进行实时监测和预警，为冷链物流的决策提供有力支持。

（三）风险应对策略的制定与实施

针对冷链物流中的风险点，我们需要制定相应的应对策略。这些策略应包括预防措施、应急措施和恢复措施三个方面。

预防措施旨在降低风险发生的可能性，包括加强设备维护、优化运输路线、增强员工安全意识等；应急措施用于应对风险发生时的情况，包括制定应急预案、建立应急响应机制、配备应急物资等；恢复措施则是在风险事件发生后，用于恢复冷链物流的正常运作，包括修复损坏设备、重新调配资源等。

在制定风险应对策略时，我们需要充分考虑冷链物流的实际情况和需求，确保策略的有效性和可行性。同时，我们还需要加强员工培训和演练，提高员工应对风险的能力。

（四）风险监控与持续改进

风险监控是冷链物流风险管理的重要环节。通过实时监控冷链物流的风险状况，我们可以及时发现潜在的风险问题，并采取相应的措施进行应对。

在风险监控过程中，我们需要建立有效的监控机制，包括定期检查和不定期抽查等方式。同时，我们还需要建立风险信息报告制度，确保风险信息的及时传递和处理。

此外，我们还需要对冷链物流的风险管理进行持续改进。通过收集和分析风险管理的实际效果与反馈意见，我们可以发现存在的问题和不足，并制定相应的改进措施。这些改进措施包括优化风险评估模型、完善风险应对策略等，以提高冷链物流风险管理的水平和效果。

第八章　应急物流与危机管理

第一节　应急物流的概念与特点

一、应急物流的基本概念

（一）应急物流的定义与起源

应急物流作为一种特殊的物流形态，其定义主要围绕着对突发事件中物资、人员、信息等资源的高效、快速、准确地调配与管理。这种物流模式起源于对各类紧急事件的应对需求，如自然灾害、公共卫生事件、社会安全事件等。在这些紧急情况下，传统物流体系往往无法满足快速响应和高效运作的需求，因此，应急物流应运而生。

应急物流的起源可以追溯到古代对战争、自然灾害等紧急事件的物资调配。然而，随着现代社会的发展，突发事件的种类和复杂性不断增加，应急物流的概念也得到了进一步的拓展和完善。在现代社会中，应急物流不仅仅局限于物资调配，更涉及信息的快速传递、人员的有效组织、资源的优化配置等多个方面。

（二）应急物流的作用与意义

应急物流在应对突发事件中发挥着至关重要的作用。首先，它能为灾区提供及时的物资支持，帮助受灾群众渡过难关；其次，它能快速调配人员和资源，有效应对各种紧急事件；最后，它能提高社会的应急能力和抗灾能力，减轻灾害带来的损失。因此，应急物流对于保障人民生命财产安全、维护社会稳定具有重要意义。

（三）应急物流与普通物流的区别

应急物流与普通物流在多个方面存在显著区别。首先，在物流目标上，应急物流主要追求快速响应和高效运作，而普通物流则更注重成本效益和顾客满意度；其次，在物流流程上，应急物流需要快速决策、快速执行，而普通物流则更注重流程的优化和标准化；最后，在物流资源上，应急物流需要充分利用现有资源并进行优化配置，而普通物流则更注重资源的合理利用和成本控制。这些区别使应急物流在应对紧急事件时具有独特的优势和作用。

应急物流作为一种特殊的物流形态，在应对突发事件中发挥着重要作用。通过对应急物流的基本概念进行分析和探讨，我们可以更好地理解其特点和作用，为应对各类紧急事件提供有力的支持。同时，我们也应该加强对应急物流的研究和应用，不断提高其效率和效果，为社会的稳定和发展做出贡献。

二、应急物流的主要特点

（一）紧急性与快速响应

应急物流的第一个特点是紧急性与快速响应。在突发事件发生时，如自然灾害、公共卫生事件等，往往伴随着时间上的紧迫性和空间上的不确定性。这种紧急性要求应急物流系统必须具备高度的快速响应能力，以便在极短时间内完成资源的调配、信息的传递和决策的执行。

首先，快速响应体现在对突发事件的敏锐感知和及时反应上。应急物流系统需要建立有效的预警机制，实时监测潜在风险，一旦事件发生，立即启动应急预案，迅速组织资源。其次，快速响应体现在物流流程的优化和简化上。在应急状态下，物流流程需要尽可能减少环节，降低复杂性，以提高整体运作效率。例如，可以采用直达运输、优先配送等方式，减少中转和等待时间。

此外，快速响应还需要依赖先进的信息技术和通信手段。通过实时信息共享、智能调度等技术手段，可以实现资源的快速调配和信息的快速传递，为应急物流的快速响应提供有力支持。

（二）高效性与精准性

应急物流的第二个特点是高效性与精准性。在应对突发事件时，高效性意味着以最短的时间、最小的成本完成物流任务；而精准性则要求物流活动必须准确无误，确保资源能到达正确的地点、满足正确的需求。

高效性的实现需要依赖先进的物流技术和管理手段。例如，采用自动化、智能化的物流设备可以大大提高物流作业的效率和准确性；采用精细化的管理方法可以优化物流流程，减少浪费和损失。同时，应急物流还需要建立高效的协作机制，实现各参与方之间的紧密配合和协同作战。

精准性的实现则需要依赖准确的信息支持和科学的决策方法。在应急物流中，信息的准确性和时效性至关重要。通过实时收集、处理和分析各类信息，可以确保物流决策的精准性和有效性。同时，科学的决策方法也是实现精准性的关键。通过运用运筹学、统计学等科学方法，可以对物流需求进行精准预测和规划，确保资源的合理配置和有效利用。

（三）灵活性与适应性

应急物流的第三个特点是灵活性与适应性。在突发事件中，情况往往瞬息万变，物流需求和资源状况也可能随之发生变化。因此，应急物流系统必须具备高度的灵活性和适应性，以应对各种不确定性因素。

灵活性主要体现在物流资源的配置和物流流程的调整上。在应急状态下，物流资源需要根据实际需求进行灵活调配，确保资源的充分利用和高效运作；同时，物流流程也需要根据实际情况进行调整和优化，以适应不断变化的需求和环境。

适应性则主要体现在对突发事件的应对能力和对复杂环境的适应能力上。应急物流系统不仅需要具备较强的应对能力，能迅速适应各种突发事件的挑战和变化，还需要具备较强的适应能力，能在复杂多变的环境中保持稳定和高效运作。

（四）社会性与公益性

应急物流的第四个特点是社会性与公益性。在应对突发事件时，应急物流系统往往承载着重要的社会责任和公益使命。通过为灾区提供及时的物资支持、人员援助和信息服务等，可以帮助受灾群众渡过难关、减轻灾害损失，维护社会稳定和公共安全。

因此，应急物流系统需要注重社会效益和公益效果，将社会责任和公益使命融入物流活动中；同时，还需要加强与政府、企业、社会组织等各方力量的合作和协调，共同构建完善的应急物流体系，为应对突发事件提供有力支持。

三、应急物流的重要性与必要性

（一）保障人民生命财产安全的迫切需求

应急物流在保障人民生命财产安全方面扮演着至关重要的角色。在突发事件，如地震、洪水、疫情等发生时，人民的生命财产安全受到严重威胁。应急物流能及时、有效地将救援物资和人员输送到灾区，为受灾群众提供必要的生活支持和医疗救助，从而最大限度地减少灾害造成的人员伤亡和财产损失。

首先，应急物流的快速响应能力对于保障人民生命财产安全至关重要。在灾害发生后，应急物流系统能迅速启动应急预案，组织资源进行紧急调配和运输。这种快速响应能确保救援物资在第一时间到达灾区，为受灾群众提供及时的帮助。

其次，应急物流的精准性是保障人民生命财产安全的重要因素。在灾害发生后，受灾地区的需求往往复杂多样，需要不同类型的物资和人员支持。应急物流系统能根据实际需求进行精准调配和运输，确保资源能准确到达需要的地点，满足受灾群众的实际需求。

最后，应急物流的社会性与公益性体现了其在保障人民生命财产安全方面的重要性。应急物流不仅仅关注经济效益，更注重社会效益和公益效果。在灾害发生时，应急物流系统积极承担社会责任，为受灾群众提供无私的帮助和支持，展现了人类社会的团结和互助精神。

（二）维护社会稳定与和谐的关键因素

应急物流在维护社会稳定与和谐方面发挥着重要作用。在突发事件发生时，如果救援物资和人员无法及时到达灾区，就可能导致灾区出现恐慌、混乱等不稳定因素。而应急物流的快速响应和精准调配能力，能及时为灾区提供必要的支持和帮助，稳定灾区的社会秩序和民心。

首先，应急物流的及时性和高效性有助于缓解灾区的紧张情绪。在灾害发生后，受灾群众往往处于恐慌和不安的状态。应急物流系统能迅速组织资源进行调配和运输，为灾区提供急需的物资和人员支持。这种及时性和高效性能缓解灾区的紧张情绪，增强受灾群众的信心和安全感。

其次，应急物流的公平性和公正性有助于维护社会的公平正义。在灾害发生时，受灾群众往往面临生活困境和生存挑战。应急物流系统能根据实际需求进行精准调配和运输，确保资源能公平、公正地分配到每个受灾群众手中。这种公平性和公正性能维护社会的公平正义，增强社会的凝聚力和向心力。

最后，应急物流的透明度和公信力是维护社会稳定与和谐的重要因素。在灾害发生后，公众对于救援物资和人员的来源、分配等情况往往高度关注。应急物流系统能建立透明的信息发布机制，及时向社会公布救援进展和物资分配情况，增强公众对于救援工作的信任和支持。这种透明度和公信力有助于维护社会的稳定与和谐。

（三）促进经济持续健康发展的有力保障

应急物流在促进经济持续健康发展方面具有重要意义。在突发事件发生时，如果救援物资和人员无法及时到达灾区，就可能导致灾区的生产和生活秩序受到严重影响，进而影响整个经济社会的稳定和发展。而应急物流的快速响应和精准调配能力，能及时为灾区提供必要的支持和帮助，恢复灾区的生产和生活秩序，促进经济社会的持续健康发展。

首先，应急物流能减少灾害对经济的冲击和损失。在灾害发生后，应急物流系统能迅速组织资源进行调配和运输，为灾区提供急需的物资和人员支持。这种及时性与高效性能减少灾害对经济的冲击和损失，降低灾害对经济社会的影响。

其次，应急物流能促进灾区经济的恢复和发展。在灾害发生后，灾区往往需要重建基础设施、恢复生产活动等。应急物流系统能为灾区提供必要的物资和人员支持，促进灾区经济的恢复和发展。同时，应急物流还能带动相关产业的发展和壮大，为经济社会的持续健康发展注入新的动力。

最后，应急物流能提高整个社会的应急能力和抗灾能力。通过加强应急物流体系的建设和完善，可以提高社会对于突发事件的应对能力和抗灾能力，减少灾害带来的损失和影响。这种提高能增强整个社会的稳定性和韧性，为经济社会的持续健康发展提供有力保障。

（四）推动社会文明进步的重要体现

应急物流作为现代社会文明进步的重要体现之一，在推动社会文明进步方面也具有重要意义。在应对突发事件时，应急物流展现了人类社会的团结、互助和奉献精神，体现了人类文明的高尚品质和精神风貌。

首先，应急物流体现了人类社会的团结和互助精神。在灾害发生时，应急物流系统积极承担社会责任，为受灾群众提供无私的帮助和支持。这种团结和互助精神能增强社会的凝聚力与向心力，促进社会的和谐稳定。

其次，应急物流体现了人类社会的奉献精神。在灾害发生时，许多志愿者、救援人员等不畏艰险、挺身而出，为灾区提供力所能及的帮助和支持。这种奉献精神体现了人类文明的高尚品质和精神风貌，是推动社会文明进步的重要力量。

最后，应急物流能推动相关领域的科技进步和创新发展。在应对突发事件时，应急物流系统需要运用先进的科技手段进行物资调配、信息传递等工作。这种科技进步和创新发展能推动相关领域的快速发展与进步，为人类社会的文明进步提供有力支持。

第二节 危机管理与应急物流的关系

一、危机管理概述与应急物流的引入

（一）危机管理的基本概念与重要性

危机管理是指组织在面对潜在或已发生的危机时，通过制定与实施一系列策略、计划和措施，预防、减轻和消除危机带来的负面影响，并抓住危机中的机遇，实现组织的可持续发展。危机管理的重要性不言而喻，它既关乎组织的生存与发展，也关乎社会的稳定与和谐。

危机管理的过程通常包括预防、准备、应对和恢复四个阶段。在预防阶段，组织需要识别潜在的危机因素，并采取措施加以防范；在准备阶段，组织需要制订危机应对计划和策略，明确各方的职责和协作方式；在应对阶段，组织需要迅速启动应急预案，调配资源，有效应对危机；在恢复阶段，组织需要总结经验教训，修复受损的设施和系统，恢复正常运营。

（二）应急物流在危机管理中的作用

应急物流是指在突发事件或紧急情况下，为了满足特定物流需求而进行的快速、高效的物流活动。在危机管理中，应急物流发挥着至关重要的作用。

首先，应急物流能确保救援物资和人员及时到达灾区。在危机发生后，灾区往往急需各类救援物资和人员支持。应急物流系统能迅速启动，组织资源进行调配和运输，确保救援物资和人员在最短时间内到达灾区，为灾区提供及时的帮助。

其次，应急物流能优化资源配置，提高救援效率。在危机管理中，资源的合理配置和高效利用至关重要。应急物流系统能根据灾区的实际需求，对各类资源进行精准调配和运输，确保资源能得到有效利用，提高救援效率。

最后，应急物流能为危机管理提供决策支持。在危机发生后，决策者需要及时掌握灾区的实际情况和救援进展，以便做出正确的决策。应急物流系统能实时收集、处理和分析各类信息，为决策者提供及时、准确的数据支持，帮助决策者做出正确的决策。

（三）应急物流引入危机管理的必要性

将应急物流引入危机管理具有必要性。首先，随着现代社会的发展，突发事件的种类和复杂性不断增加，传统物流体系已经无法满足快速响应和高效运作的需求。因此，引入应急物流成为危机管理不可或缺的一部分。

其次，应急物流的引入可以提高危机管理的效率和效果。通过优化资源配置、提高救援效率等方式，应急物流可以缩短救援时间、降低救援成本、提高救援质量，从而提高危机管理的效率和效果。

最后，应急物流的引入可以提高社会的抗灾能力和应急能力。通过加强应急物流体系的建设和完善，可以提高社会对于突发事件的应对能力和抗灾能力，减少灾害带来的损失和影响。这种提高能增强社会的稳定性和韧性，为社会的持续健康发展提供有力保障。

（四）应急物流与危机管理的融合发展趋势

随着全球化和信息化的深入发展，应急物流与危机管理面临着新的挑战和机遇。未来，应急物流与危机管理将更加紧密地融合在一起，呈现出以下发展趋势。

首先，应急物流将更加注重技术创新和智能化发展。通过运用物联网、大数据、人工智能等先进技术，可以实现应急物流的智能化、自动化和精准化，提高应急物流的效率和效果。

其次，应急物流将更加注重国际合作和协同发展。在全球化的背景下，各国之间的危机管理合作越来越紧密。应急物流作为危机管理的重要组成部分，也需要加强国际合作和协同发展，共同应对全球性的挑战和危机。

最后，应急物流将更加注重可持续性和绿色发展。在应对突发事件的过程中，需要注重环境保护和资源节约，实现应急物流的可持续发展。这将有助于推动应急物流的绿色化和环保化发展，为社会的可持续发展做出贡献。

二、危机管理中应急物流的核心作用

（一）快速响应与及时保障

在危机管理中，应急物流的第一个核心作用体现在其快速响应与及时保障的能力方面。危机事件往往具有突发性、紧急性及不确定性等特点，这就要求应急物流系统能在最短时间内启动并运作，以提供必要的物资和人员支持。

首先，快速响应意味着应急物流系统能在危机发生后的极短时间内，根据危机的性质和规模，迅速制订并执行相应的物流计划。这包括确定物资需求、选择运输方式、调配运输资源等一系列工作。通过快速响应，应急物流能确保在危机初期就为受灾地区提供必要的支持，减轻危机带来的损失。

其次，及时保障是指应急物流系统能在危机持续期间，持续、稳定地为受灾地区提供所需的物资和人员。这要求应急物流系统具备高度的灵活性和适应性，能根据危机的变化及时调整物流计划，确保物资和人员的及时供应。通过及时保障，应急物流能确保受灾地区在危机期间得到持续的关注和支持，促进危机管理的顺利进行。

（二）优化资源配置与提高救援效率

在危机管理中，应急物流的第二个核心作用是优化资源配置与提高救援效率。由于危机事件的特殊性质，救援资源的分配和利用往往面临着诸多挑战。应急物流系统通过科学规划和合理调配，能实现救援资源的优化配置，提高救援效率。

首先，应急物流系统能根据受灾地区的实际情况和需求，对各类救援资源进行精准调配。这包括物资的种类、数量、运输方式等方面的考虑。通过精准调配，应急物流能确保救援资源真正满足受灾地区的需求，避免资源的浪费和短缺。

其次，应急物流系统能通过优化运输路径和运输方式，提高救援物资的运输效率。在危机管理中，时间往往比金钱更重要。应急物流系统通过选择最短的运输路径、最快的运输方式，能确保救援物资在最短时间内到达受灾地区，为受灾群众提供及时的帮助。

（三）信息支持与决策辅助

在危机管理中，应急物流的第三个核心作用是信息支持与决策辅助。危机管理需要决策者根据灾区的实际情况和救援进展做出正确决策。应急物流系统通过实时收集、处理和分析各类信息，能为决策者提供及时、准确的数据支持，帮助决策者做出正确的决策。

首先，应急物流系统能实时收集灾区的各类信息，包括受灾情况、物资需求、运输情况等方面的数据。这些数据是决策者了解灾区实际情况的重要依据。

其次，应急物流系统能对收集到的信息进行处理和分析，提取出有价值的信息，为决策者提供决策支持。通过对信息的分析，决策者可以了解灾区的实际需求和物资供应情况，从而制订更加科学的救援计划和策略。

（四）社会抗灾能力与增强韧性

在危机管理中，应急物流的第四个核心作用体现在其提高社会抗灾能力与增强韧性方面。通过加强应急物流体系的建设和完善，可以提高社会对于突发事件的应对能力和抗灾能力，减少灾害带来的损失和影响。

首先，应急物流系统能加强社会各部门之间的协作和配合，形成统一的救援力量。在危机管理中，各部门之间的协作和配合至关重要。应急物流系统通过协调各方力量，形成统一的指挥和调度体系，确保各部门之间的顺畅沟通和协作，提高救援效率。

其次，应急物流系统能加强社会的物资储备和供应能力。通过建设完善的物资储备体系和供应网络，可以确保在危机发生时能及时提供所需的物资和人员支持。这种物资储备和供应能力的加强可以提高社会的抗灾能力，减少灾害带来的损失和影响。

最后，应急物流系统能推动相关领域的科技进步和创新发展。通过运用先进的技术手段，可以实现应急物流的智能化、自动化和精准化，提高应急物流的效率和效果。这种科技进步和创新发展不仅可以推动应急物流的发展，还可以为其他领域的发展提供有力支持，提升整个社会的韧性和抗灾能力。

三、危机管理和应急物流的协同与互动

（一）协同机制的建立与完善

在危机管理中，应急物流不是一个单独的环节，而是与危机管理的各环节密切相关、相互协同的系统。协同机制的建立与完善，是确保危机管理与应急物流有效互动的关键。

首先，协同机制需要明确各方的职责和角色。在危机管理中，政府、企业、社会组织等各方都有各自的职责和角色。应急物流作为其中的一环，需要与其他各方建立明确的协同关系，明确各自在危机管理中的职责和任务，确保各方能按照协同机制的要求，有序、高效地参与危机管理。

其次，协同机制需要建立有效的信息共享和沟通渠道。危机管理中的信息共享和沟通至关重要。应急物流系统需要与其他各方建立畅通的信息共享和沟通渠道，确保各方能及时了解灾区的实际情况和救援进展，共同制订和调整救援计划。通过有效的信息共享和沟通，可以提高危机管理的效率和效果，降低信息不畅带来的负面影响。

最后，协同机制需要建立有效的资源调配和整合机制。在危机管理中，资源的调配和整合是确保救援工作顺利进行的关键。应急物流系统需要与其他各方建立有效的资源调配和整合机制，确保在危机发生时能迅速、有效地调配和整合各类资源，为灾区提供必要的支持。通过资源的有效调配和整合，可以最大限度地发挥各类资源的作用，提高危机管理的效率和效果。

（二）互动关系的深化与拓展

危机管理与应急物流之间的互动关系不仅体现在协同机制上，还体现在更深层次的互动关系上。深化与拓展这种互动关系，有助于更好地发挥应急物流在危机管理中的作用。

首先，需要深化应急物流在危机预警和预防中的作用。应急物流系统可以通过对危机信息的实时收集和分析，为危机预警和预防提供有力支持。通过及时发现和预警潜在的危机因素，可以为危机管理提供更早的干预和准备时间，降低危机发生的概率和影响。

其次，需要拓展应急物流在危机应对和恢复中的作用。在危机应对阶段，应急物流系统需要迅速启动应急预案，为灾区提供必要的物资和人员支持。在危机恢复阶段，应急物流系统还需要继续发挥作用，为灾区的重建和恢复提供必要的支持与帮助。通过拓展应急物流在危机应对和恢复中的作用，可以更好地支持灾区的重建和恢复工作，提升社会的韧性和抗灾能力。

（三）技术创新在协同与互动中的应用

技术创新是推动危机管理和应急物流协同与互动的重要手段。通过运用先进的技术手段，可以提高危机管理的效率和效果，提升应急物流系统的能力和水平。

首先，可以利用大数据、云计算等现代信息技术手段，建立危机管理信息平台。该平台可以实时收集、处理和分析各类危机信息，为决策者提供及时、准确的数据支持。同时，该平台还可以与其他各方建立信息共享和沟通渠道，提高危机管理的协同性和互动性。

其次，可以利用物联网、无人机等现代物流技术手段，提高应急物流的效率和效果。通过物联网技术，可以实现对物资和人员的实时追踪与监控；通过无人机技术，可以实现快速、高效的物资投送和人员运输。这些技术手段的应用可以大大提高应急物流的效率和效果，为灾区提供更加及时、有效的支持。

（四）持续学习与改进

在危机管理和应急物流的协同与互动过程中，需要不断总结经验教训，持续学习与改进。通过反思和总结每次危机管理中的成功经验与失败教训，可以发现存在的问题和不足，为今后的危机管理提供有益的借鉴和参考。

同时，还需要加强对应急物流系统的培训和演练。通过定期的培训和演练，既可以提高应急物流人员的专业素质和应对能力，也可以检验与完善应急物流系统的运作流程和机制。这种持续学习与改进的过程，有助于不断提高危机管理与应急物流的协同性和互动性，提高社会的韧性和抗灾能力。

第三节　应急物流的规划与执行

一、应急物流规划的基本原则

（一）快速响应原则

在应急物流规划中，快速响应原则是最核心和基础的原则。这一原则要求在面对突发事件时，应急物流系统能迅速启动，并立即展开行动，确保在最短时间内将所需的物资、设备、人员等资源送达灾区，以满足灾区的紧急需求。

首先，快速响应原则要求应急物流系统具备高度的灵敏性和预见性。这意味着系统需要实时监控各种可能引发突发事件的因素，如自然灾害、公共卫生事件等，并在第一时间做出反应；同时，系统还需要对可能出现的危机进行预测和评估，提前准备好相应的应急资源和预案。

其次，快速响应原则要求应急物流系统具备高效的决策和执行能力。在危机发生后，系统需要迅速启动应急预案，并立即进行资源调配和运输安排。这要求系统具备完善的决策机制和高效的执行团队，能在短时间内做出正确的决策，并迅速付诸行动。

最后，快速响应原则要求应急物流系统具备强大的协调能力和合作精神。在危机管理中，各部门、各组织之间需要密切协作，形成合力。应急物流系统需要与其他相关部门和组织建立紧密的合作关系，共同应对危机，确保资源的及时送达和有效利用。

（二）科学规划原则

科学规划原则是应急物流规划中的重要指导原则。它要求应急物流系统在进行规划时，要充分考虑各种因素，运用科学的方法和手段，制定出合理、可行的物流方案。

首先，科学规划原则要求应急物流系统具备全面、准确的信息收集和分析能力。在制定物流方案时，系统需要充分了解灾区的实际情况和需求，包括灾区的地理位置、受灾程度、资源分布等；同时，系统还需要对运输路线、运输方式、运输时间等进行科学规划和评估，确保物流方案的可行性和有效性。

其次，科学规划原则要求应急物流系统具备创新和优化的能力。在面对复杂多变的危急情况时，系统需要不断创新和优化物流方案，以适应不断变化的形势和需求。这要求系统具备开放的心态和创新的思维，不断探索新的物流技术和方法，提高物流效率和质量。

最后，科学规划原则要求应急物流系统具备持续改进的能力。在危机管理过程中，系统需要不断总结经验教训，对物流方案进行持续改进和优化。这要求系统具备自我评估和反思的能力，及时发现和纠正存在的问题与不足，提高物流系统的稳定性和可靠性。

（三）以人为本原则

以人为本原则是应急物流规划中的重要人文关怀原则。它要求应急物流系统在进行规划时，要充分考虑人的需求和利益，确保物流活动能真正满足受灾群众的需求和利益。

首先，以人为本原则要求应急物流系统关注受灾群众的生命安全和身体健康。在危机发生时，系统需要优先保障受灾群众的基本生活需求，如食品、水、药品等；同时，系统还需要关注受灾群众的心理状态，提供必要的心理援助和支持。

其次，以人为本原则要求应急物流系统关注受灾群众的生产和生活秩序。在危机管理过程中，系统需要尽可能减少物流活动对受灾群众生产和生活的影响，确保受灾群众能尽快恢复正常的生产和生活秩序。

最后，以人为本原则要求应急物流系统关注受灾群众的长远发展。在危机过后，系统需要积极参与灾区的重建和恢复工作，为受灾群众提供必要的支持和帮助，促进灾区的可持续发展。

（四）可持续发展原则

可持续发展原则是应急物流规划中的重要指导原则。它要求应急物流系统在进行规划时，充分考虑环境保护和资源节约的要求，确保物流活动能实现经济效益、社会效益和环境效益的协调发展。

首先，可持续发展原则要求应急物流系统注重环境保护。在物流活动中，系统需要尽可能减少对环境的影响和破坏，采用环保的运输方式和包装材料，降低能源消耗和废弃物排放。

其次，可持续发展原则要求应急物流系统注重资源节约。在物流活动中，系统需要充分利用各种资源，提高资源利用效率，减少浪费和损失；同时，系统还需要探索新的资源利用方式和技术手段，推动资源的循环利用和可持续发展。

最后，可持续发展原则要求应急物流系统注重经济效益和社会效益的协调发展。在物流活动中，系统需要充分考虑经济效益和社会效益的平衡，确保物流活动能为社会带来积极的影响和贡献；同时，系统还需要关注物流活动的长期效益和可持续发展能力，为社会的可持续发展做出贡献。

二、应急物流规划的关键步骤

（一）需求分析阶段

应急物流规划的第一个步骤是需求分析阶段。这一阶段的主要目标是明确在危机事件发生时，哪些物资、设备、人力等资源是必需的，以及这些资源的需求量和时间要求。

首先，需求分析需要对危机事件的性质、规模、影响范围等进行全面评估。这包括了解危机事件的类型（如自然灾害、公共卫生事件等）、受灾地区的具体情况（如地理位置、人口分布、基础设施状况等），以及危机事件可能带来的社会经济影响等。

其次，基于危机事件的评估结果，进行资源需求分析。这包括确定所需的物资种类、数量、规格等，以及这些物资的需求优先级和紧急程度；同时，还需要考虑如何获取这些资源，包括从现有库存中调配、从外部采购或者通过捐赠等方式获得。

最后，在需求分析阶段，需要建立需求预测模型。通过对历史数据的分析，结合当前的危机情况，预测未来一段时间内资源需求的变化趋势，为后续的物流规划和资源调配提供科学依据。

（二）规划制定阶段

在明确了资源需求后，应急物流规划进入第二个步骤——规划制定阶段。这一阶段的主要任务是制定具体的物流方案，确保资源能按时、按量、按质送达灾区。

首先，需要确定物流网络结构。这包括选择合适的运输方式（如陆运、空运、水运等）、确定运输路线、设立物资集散中心等。在选择运输方式和确定运输路线时，需要综合考虑时间、成本、安全性等因素，确保物流活动的效率和效益。

其次，需要制订详细的物流计划。这包括确定各种资源的运输顺序、时间节点、数量分配等。在制订计划时，需要充分考虑各种可能的风险和挑战，如交通拥堵、天气恶劣等，并制定相应的应对措施。

最后，需要建立物流信息系统。通过物流信息系统实现信息的实时共享和传递，提高物流活动的透明度和可追溯性。同时，物流信息系统还可以用于监测物流活动的执行情况，及时发现和解决问题。

（三）实施执行阶段

应急物流规划的第三个步骤——实施执行阶段，是将规划转化为实际行动的过程。这一阶段的主要任务是确保物流活动按照计划顺利进行，并及时调整计划以应对各种突发情况。

首先，需要组织专门的执行团队负责物流活动的具体实施。执行团队需要具备高度的责任心和敬业精神，能严格按照计划执行任务，并及时反馈执行情况。

其次，需要密切监控物流活动的进展情况，及时发现和解决问题。如果出现计划与实际不符的情况，就需要及时调整计划以适应实际情况。

最后，需要注重与各方面的协调合作，包括与政府部门、企业、社会组织等各方面的协调合作，确保物流活动的顺利进行。

（四）评估反馈阶段

应急物流规划的第四个步骤是评估反馈阶段。这一阶段的主要任务是对物流活动的执行情况进行评估和总结，为今后的应急物流规划提供经验和教训。

首先，需要对物流活动的执行情况进行全面评估。这包括评估物流活动的效率、效益、安全性等方面情况，以及评估物流活动对受灾地区的影响和贡献。

其次，需要在评估的基础上进行总结和反思。总结物流活动的成功经验和不足之处，分析原因并提出改进措施。同时，还需要对规划制定的过程与方法进行反思和改进，提高规划的科学性和有效性。

最后，还需要注重信息共享和传递。将评估结果与经验教训及时分享给相关部门和组织，为今后的应急物流规划提供有益的借鉴和参考。

三、应急物流执行的策略与措施

（一）快速响应与决策机制

在应急物流的执行过程中，快速响应与决策机制至关重要。这一策略要求物流系统能在危机事件发生后迅速启动，并立即进行决策和行动。

首先，建立高效的应急响应团队是关键。这个团队应该由具备丰富经验和专业知识的物流人员组成，能迅速对危机事件进行评估，并制定出相应的物流策略。同时，团队成员之间需要保持紧密的沟通和协作，确保信息的及时传递和共享。

其次，构建灵活的决策流程是必不可少的。在危机事件中，情况往往瞬息万变，需要物流系统能快速做出决策。因此，需要简化决策流程，减少不必要的环节和审批程序，提高决策效率；同时，还需要建立多层次的决策机制，确保在紧急情况下能迅速做出决策。

最后，利用先进的信息技术是实现快速响应和决策的重要手段。通过应用物联网、大数据、人工智能等先进技术，可以实时获取物流信息，对物流活动进行实时监控和预测，为决策提供支持。

（二）资源优化与调配

在应急物流执行过程中，资源优化与调配是确保物流活动高效进行的关键。

首先，需要建立完善的资源信息系统。这个系统应该能实时更新和展示各类资源的数量、位置、状态等信息，为资源调配提供科学依据。同时，还需要建立资源的动态分配机制，根据实际需求的变化及时调整资源的分配方案。

其次，采用多式联运的运输方式是提高物流效率的有效手段。在危机事件中，单一的运输方式往往难以满足需求，需要采用多种运输方式相结合的方式来完成物流任务。这不仅可以提高运输效率，还可以降低运输成本。

最后，需要建立与供应商和合作伙伴的紧密合作关系。通过与供应商和合作伙伴建立稳定的合作关系，可以确保在紧急情况下能及时获取所需的物资和资源；同时，还可以通过与合作伙伴共同开发新产品或新服务，提高物流活动的效率和质量。

（三）风险管理与应对

在应急物流执行过程中，风险管理与应对是确保物流活动顺利进行的重要保障。

首先，需要对可能面临的风险进行全面评估。这包括评估危机事件的性质、规模、影响范围等因素，以及评估物流活动可能面临的各种风险，如交通拥堵、天气恶劣等。通过对风险的评估，可以为后续的风险管理和应对提供依据。

其次，需要制定完善的风险应对措施。这包括制定应急预案、建立应急物资储备库、加强人员培训等。在危机事件发生时，可以根据实际情况采取相应的应对措施来降低风险对物流活动的影响。

最后，需要建立风险预警和监测机制。通过实时监测物流活动的进展情况，及时发现潜在的风险因素，并采取相应的措施进行预警和应对。这可以确保在危机事件发生前或发生时能及时采取行动，避免或减少风险带来的损失。

（四）持续改进与提升

在应急物流执行过程中，持续改进与提升是确保物流系统不断优化和发展的重要途径。

首先，需要建立反馈机制。通过收集和分析物流活动的执行情况与效果，及时发现存在的问题和不足，并制定相应的改进措施。这可以确保物流系统能不断适应新的需求和挑战，提高物流活动的效率和质量。

其次，需要加强与其他国家和地区的合作及交流。通过与国际社会共同应对危机事件，可以学习借鉴其他国家和地区的先进经验与技术，提高自身的应急物流能力和水平。

最后，需要加强技术研发和创新。通过应用新技术和新方法，可以提高物流系统的自动化、智能化水平，降低人力成本和运营成本，提高物流活动的效率和效益；同时，还可以通过创新产品和服务满足不断变化的市场需求，提高物流系统的竞争力和适应性。

第九章　物流人才与培训

第一节　物流人才的需求与现状

一、物流人才需求的背景与趋势

（一）行业发展的推动力

物流行业作为现代经济体系中的关键一环，其发展的推动力主要来源于以下几个方面。

1. 经济增长与市场需求

随着全球经济的快速增长，企业对于供应链效率的要求不断提高，这促进了物流行业的快速发展。同时，消费者对于购物体验、配送速度等要求的提高，也推动了物流行业向更高效、更便捷的方向发展。

2. 技术进步与创新

近年来，物联网、大数据、人工智能等技术的快速发展，为物流行业带来了革命性的变革。这些技术的应用不仅提高了物流行业的运营效率，降低了成本，还推动了物流行业的智能化、自动化和绿色化发展。例如，物联网技术可以实现货物的实时追踪和监控；大数据技术可以对物流数据进行深度挖掘和分析，为物流决策提供有力支持。

3. 政策引导与支持

各国政府对于物流行业的发展给予了高度重视，出台了一系列政策措施来推动物流行业的发展。这些政策包括税收优惠、资金扶持、基础设施建设等，为物流行业的发展提供了有力保障。同时，政府还积极推动物流行业的标准化、信息化和国际化发展，提高了物流行业的整体竞争力。

4. 产业融合与协同

随着制造业、电子商务等产业的快速发展，物流行业与这些产业的融合越来越紧密。这种融合不仅推动了物流行业的快速发展，还为物流行业带来了新的业务增长点。例如，随着电子商务的兴起，快递物流成了物流行业的重要组成部分；随着制造业的转型升级，供应链管理也成了物流行业的重要发展方向。

5. 全球化与区域一体化

随着全球化的深入发展，各国之间的经济联系越来越紧密，物流行业作为连接各国经济的重要纽带，其重要性日益凸显。同时，区域一体化的发展也推动了物流行业的协同发展。通过加强区域合作和一体化发展，可以优化资源配置、降低成本、提高效率，推动物流行业的共同发展。

（二）技术创新的引领力

在物流行业，技术创新的引领力是不可忽视的。随着科技的不断进步，各种新技术层出不穷，这些技术不仅极大地推动了物流行业的变革，还为物流行业带来了前所未有的发展机遇。

首先，物联网技术的广泛应用，使物流信息的实时获取、处理和传输成为可能。通过物联网技术，物流企业可以实时监控货物的位置、状态和环境信息，确保货物在运输过程中的安全和可靠。同时，物联网技术还可以实现物流设备的智能化管理，提高设备的运行效率和可靠性。

其次，大数据技术的应用，为物流企业提供了强大的数据分析和处理能力。通过对海量物流数据的挖掘和分析，物流企业可以更加准确地预测市场需求、优化库存管理和运输路线，从而提高物流效率和服务质量。此外，大数据技术还可以帮助物流企业实现精准营销和个性化服务，提升客户的满意度和忠诚度。

再次，人工智能技术的不断发展，为物流行业带来了更多的智能化解决方案。通过应用人工智能技术，物流企业可以实现自动化仓储管理、智能调度和配送等，降低人力成本和提高物流效率。同时，人工智能技术还可以帮助物流企业实现智能决策和风险管理，提高物流企业的竞争力和抗风险能力。

最后，区块链、无人机配送、自动驾驶等新技术在物流行业中得到了广泛应用。区块链技术可以提高物流信息的透明度和可信度，降低欺诈和纠纷的风险；无人机配送可以实现快速、灵活的配送服务，特别适用于偏远地区或交通不便的区域；自动驾驶技术可以提高运输效率和安全性，降低交通事故的发生率。

（三）市场需求的驱动力

随着消费者对物流服务质量的要求不断提高，物流企业需要不断提升自身的服务水平和竞争力。这要求物流企业拥有更多的高素质物流人才来支撑企业的发展。同时，随着跨境电商、冷链物流等新兴物流业态的兴起，对物流人才的需求也日益多样化。这些新兴物流业态对物流人才的需求不仅要求具备传统物流知识，还要求具备跨境电商、冷链物流等专业知识。因此，物流人才的需求呈现出多元化、专业化的趋势。

综上所述，物流人才需求的背景与趋势是多方面因素共同作用的结果。行业发展、技术创新和市场需求是推动物流人才需求增长的主要动力。未来，随着物流行业的不断发展和变革，物流人才的需求将呈现出更加多元化、专业化的趋势。因此，我们需要加强物流人才的培养和引进工作，提高物流人才的专业素质和创新能力，以适应物流行业发展的需求。同时，我们也需要关注物流行业的发展趋势和市场需求变化，不断调整和优化物流人才的培养方案，为物流行业的持续健康发展提供有力的人才保障。

二、当前物流人才的供需状况

（一）物流行业发展的迅猛与人才需求的激增

随着全球化和电子商务的蓬勃发展，物流行业作为现代经济体系中的关键一环，其发展速度异常迅猛。这一发展态势不仅体现在物流市场规模的迅速扩大方面，还体现在物流服务的专业化、智能化和绿色化等方面。在这样的背景下，物流行业对于人才的需求也呈现出快速增长的趋势。从传统的仓储、运输等岗位，到现代的供应链管理、数据分析、物流规划等岗位，都需要大量的专业人才来支撑。

具体来说，物流行业的发展推动了物流人才需求的激增。一方面，随着物流市场的不断扩大，物流企业数量不断增加，对人才的需求自然也随之增加；另一方面，随着物流行业的转型升级，对人才的需求也从传统的劳动密集型向技术密集型转变。这要求物流人才不仅要具备扎实的专业知识和技能，还要具备创新意识和跨界整合能力。

（二）物流人才供给的现状与问题

尽管物流行业对人才的需求不断增长，但当前物流人才供给的现状不容乐观。一方面，物流专业人才培养体系尚不完善，高校和职业学校在物流专业人才培养方面存在诸多不足，如课程设置不合理、教学方法落后、师资力量不足等。这导致物流专业毕业生的专业素质和综合能力难以满足企业的实际需求。另一方面，物流行业的人才流失现象比较严重。由于物流行业工作强度大、工作压力大、薪酬待遇相对较低等，很多物流人才在工作一段时间后选择转行或离职，进一步加剧了物流人才供给的紧张状况。

此外，物流行业还存在人才结构不合理的问题。目前，物流行业的人才主要集中在中低端领域，如仓储、运输等岗位；而高端领域如供应链管理、数据分析、物流规划等岗位的人才相对较少。这导致物流行业在转型升级过程中面临人才瓶颈。

（三）物流人才需求与供给的错位和矛盾

当前物流人才需求与供给之间存在明显的错位和矛盾。一方面，物流企业对于高素质、专业化的物流人才需求量巨大，但市场上难以找到符合需求的人才；另一方面，很多物流专业的毕业生在就业市场上难以找到合适的工作岗位。这种错位和矛盾的原因主要有两个方面：一是物流人才培养体系与企业实际需求之间存在脱节现象；二是物流行业的人才流动机制不完善，导致人才流失和浪费现象比较严重。

为了解决这一矛盾，需要从多个方面入手。首先，高校和职业学校应该加强与企业的合作及交流，了解企业的实际需求并有针对性地调整课程设置和教学方法；其次，物流企业应该加强对员工的培训和教育，提高员工的专业素质和综合能力；最后，政府应该出台相关政策措施来支持物流人才的培养和引进工作，为物流行业的发展提供有力的人才保障。

（四）未来物流人才供需趋势与挑战

未来物流人才供需趋势将呈现出以下几个特点：一是物流行业对于高素质、专业化的物流人才需求将持续增长，二是物流人才培养体系将进一步完善和优化，三是物流行业的人才流动机制将更加灵活和开放。同时，未来物流人才供需也将面临一些挑战：一是物流行业的快速发展将使人才需求更加多元化和复杂化，二是新技术的不断涌现将使物流人才需要具备更高的技能和能力，三是国际竞争的加剧将使物流人才需要具备更强的跨文化交流和合作能力。因此，未来物流人才的培养和引进工作需要更加注重创新与发展，以适应物流行业发展的新趋势和新挑战。

三、物流人才需求的未来展望与挑战

（一）行业发展趋势与人才需求的多样化

随着全球经济一体化和数字化浪潮的推进，物流行业正迎来前所未有的发展机遇。未来，物流行业将朝着更加智能化、绿色化、服务化的方向发展，这将使物流人才需求呈现出多样化的趋势。

首先，智能化趋势将推动物流行业对技术型人才的需求增长。随着物联网、大数据、人工智能等技术的广泛应用，物流行业将越来越依赖技术驱动，需要更多具备数据分析、算法设计、系统开发等技能的专业人才。

其次，绿色化趋势将催生物流行业对环保型物流人才的需求。随着全球对环境保护意识的增强，绿色物流将成为行业发展的重要方向。因此，具备环保理念、掌握绿色物流技术和管理的专业人才将受到青睐。

最后，服务化趋势将推动物流行业对服务型人才的需求。随着消费者对于物流服务品质要求的提高，物流行业将更加注重服务质量和客户体验。因此，具备良好沟通能力、服务意识和团队协作精神的物流人才将更具竞争力。

（二）人才供给与需求的匹配问题

在未来物流人才需求多样化的背景下，人才供给与需求的匹配问题将变得日益突出。一方面，高校和职业学校在物流专业人才培养方面需要更加注重实践性与创新性，以培养出符合企业实际需求的高素质物流人才；另一方面，物流企业需要积极参与人才培养过程，通过校企合作、实习实训等方式，为学生提供更多实践机会和职业发展指导。

此外，政府也需要加强对物流人才培养的支持和引导，通过制定相关政策、加大投入等方式，推动物流人才培养体系的完善和优化；同时，政府还需要加强物流行业人才流动的引导和管理，建立健全的人才流动机制，避免人才流失和浪费现象的发生。

（三）技术革新对物流人才的新要求

随着新技术的不断涌现和应用，物流行业对人才的需求也将发生深刻变化。未来物流人才不仅需要具备扎实的专业知识和技能，还需要具备创新意识和跨界整合能力。

首先，新技术将推动物流行业向数字化、智能化方向发展，因此物流人才需要掌握相关技术和工具的应用。例如，物联网技术可以帮助物流企业实现实时监控和智能调度，大数据技术可以帮助物流企业进行市场预测和决策支持，人工智能技术可以帮助物流企业实现自动化仓储管理和智能配送等。

其次，新技术将推动物流行业向跨界融合方向发展，因此物流人才需要具备跨界整合能力。例如，物流人才需要了解电子商务、供应链管理等相关领域的知识和技能；同时，还需要具备创新思维和创业精神，能推动物流行业的创新和发展。

（四）国际竞争对物流人才的挑战

随着全球化的深入发展，物流行业的国际竞争将日益激烈。这将对物流人才提出更高的要求和挑战。

首先，国际竞争将要求物流人才具备更高的跨文化交流和合作能力。在跨国物流项目中，物流人才需要能与不同国家和地区的合作伙伴进行有效沟通及协作；同时，物流人才还需要了解不同国家和地区的法律法规与文化差异，避免产生误解和冲突。

其次，国际竞争将要求物流人才具备更强的学习能力和适应能力。随着全球经济环境的不断变化和新技术的不断涌现，物流人才需要不断学习新知识、掌握新技能；同时，物流人才还需要具备较强的适应能力和应变能力，以应对各种复杂多变的情况。

最后，国际竞争将要求物流人才具备更高的职业素养和道德水平，在跨国物流项目中，物流人才需要遵守国际法律法规和商业道德准则；同时，物流人才还需要注重企业声誉和品牌建设，以增强企业的国际竞争力。

第二节　物流教育的体系与模式

一、物流教育体系概述

（一）物流教育体系的背景与意义

物流教育体系是指在物流行业人才培养过程中涉及的课程设置、教学方法、师资建设、实践教学等各环节的有机结合。随着全球经济一体化和电子商务的快速发展，物流行业作为连接生产与消费的重要桥梁，其地位和作用日益凸显。因此，构建一个科学、系统、高效的物流教育体系，对于培养高素质、专业化的物流人才，推动物流行业的持续发展具有重要意义。

物流教育体系的背景主要体现在以下几个方面：一是物流行业的快速发展对人才需求的增长，二是新技术在物流行业的应用对人才素质的新要求，三是国际竞争对物流人才的高素质要求。在这样的背景下，物流教育体系的建设尤为重要。

物流教育体系的意义主要体现在以下几个方面：一是提高物流人才的专业素质和综合能力，满足物流行业对人才的需求；二是推动物流行业的转型升级和创新发展；三是增强物流人才的国际竞争力，为国家的经济发展做出贡献。

（二）物流教育体系的课程设置

物流教育体系的课程设置是物流人才培养的核心环节。一个合理的课程设置应该包括物流基础理论、物流技术、物流管理、物流法规等方面的内容。具体来说，物流基础理论课程应该包括物流的基本概念、发展历程、发展趋势等方面的知识，物流技术课程应该包括物流信息技术、物流装备技术、物流自动化技术等方面的内容，物流管理课程应该包括供应链管理、物流成本管理、物流质量控制等方面的知识，物流法规课程则应该包括物流相关的法律法规和政策。

在课程设置上，应该注重理论与实践的结合，强化实践教学环节。通过案例分析、模拟操作、实地考察等方式，使学生能将所学理论知识应用到实际工作中，提高实际操作能力和问题解决能力。

（三）物流教育体系的教学方法

物流教育体系的教学方法应该注重启发式教学、案例式教学、互动式教学等多种教学方法的结合。启发式教学可以激发学生的学习兴趣和思维活力，培养学生的创新能力和自主学习能力；案例式教学可以通过分析实际案例，使学生了解物流行业的实际情况和问题，提高问题解决能力；互动式教学则可以加强师生之间的交流和互动，提高教学效果和学习效果。

此外，物流教育体系的教学方法还应该注重信息技术与教育教学的融合。利用互联网、大数据、人工智能等新技术手段，开展在线教学、远程教育等多样化的教学方式，提高教学效率和教学质量。

（四）物流教育体系的师资建设与培训

物流教育体系的师资建设与培训是保障物流教育质量的关键环节。一支高素质的师资队伍是物流教育体系的重要组成部分。因此，学校应该加强物流专业教师的培养和引进工作，提高教师的专业素质和综合能力。

具体来说，可以通过以下几个方面加强物流专业教师的培养和培训：一是加强教师的学术研究和创新能力培养，鼓励教师参与科研项目和学术交流活动；二是加强教师的实践能力和企业经验培养，鼓励教师到企业实习、参与企业项目等，提高教师的实践能力和企业经验；三是加强教师的教育教学能力培训，提高教师的教学水平和教学效果。

同时，学校还应该加强物流专业教师的引进工作，吸引更多优秀的物流人才加入物流教育体系中来，为物流行业的发展培养更多高素质、专业化的物流人才。

二、物流教育模式分析

（一）传统物流教育模式

传统物流教育模式主要基于理论知识的传授和课堂教学，注重学生对物流基础理论的掌握。在这种模式下，学生通常通过听取教师讲解、阅读教材、完成作业等方式学习物流知识。传统物流教育模式具有系统性强、易于管理等特点，但也存在一些问题。

首先，传统物流教育模式缺乏实践环节，导致学生难以将所学理论知识应用到实际工作中。物流行业是一个实践性很强的行业，需要学生具备实际操作能力和问题解决能力。然而，传统教育模式往往忽视了这一点，导致学生缺乏实践经验，难以适应物流行业的需求。

其次，传统物流教育模式缺乏创新性和前瞻性。随着物流行业的快速发展和新技术的不断涌现，物流行业对人才的需求也在不断变化。然而，传统教育模式往往过于注重基础理论的传授，缺乏对新技术、新趋势的关注和研究，导致培养出的学生难以适应物流行业的发展需求。

为了改进传统物流教育模式，学校需要增加实践环节和案例教学，加强与企业的合作和交流，引入新技术和教学方法，提高教育的创新性和前瞻性。

（二）实践导向型物流教育模式

实践导向型物流教育模式注重学生实践能力和实际操作能力的培养。在这种模式下，学生需要参与各种实践活动和实验，通过亲身实践掌握物流知识和技能。实践导向型物流教育模式具有针对性强、实用性强等特点，能更好地满足物流行业对人才的需求。

实践导向型物流教育模式可以通过以下几种方式实现：一是加强实验室和实践教学基地的建设，为学生提供更多的实践机会；二是加强与企业的合作和交流，开展校企合作项目，让学生参与企业的实际工作；三是注重案例教学和实践教学，通过案例分析、模拟操作等方式，让学生更好地理解和掌握物流知识与技能。

然而，实践导向型物流教育模式也存在一些挑战，如实践资源的有限性、实践教学的组织和管理难度等。为了克服这些挑战，学校需要加大投入，完善实践教学设施和资源，加强实践教学的组织和管理，提高实践教学的效果和质量。

（三）产学研结合型物流教育模式

产学研结合型物流教育模式强调教育、科研和产业之间的紧密合作与互动。在这种模式下，高校、科研机构和企业之间建立紧密的合作关系，共同开展物流教育、科研和产业发展。产学研结合型物流教育模式具有综合性强、创新性强等特点，能更好地促进物流行业的持续发展。

产学研结合型物流教育模式可以通过以下几种方式实现：一是加强高校与企业之间的合作和交流，共同开展物流人才培养和科研项目；二是加强科研机构与高校、企业之间的合作和交流，共同开展物流技术的研发和应用；三是加强政府、高校、企业与科研机构之间的合作和交流，共同推动物流行业的发展和创新。

然而，产学研结合型物流教育模式也存在一些挑战，如合作机制的不完善、利益分配的不平衡等问题。为了克服这些挑战，学校需要建立健全的合作机制，明确各方的责任和利益分配方式，加强沟通和协调，确保合作的顺利进行。

（四）国际化物流教育模式

随着全球化的深入发展，物流行业的国际化程度越来越高。国际化物流教育模式强调培养学生的跨文化交流能力和国际竞争力。在这种模式下，学生需要了解不同国家和地区的物流行业现状与发展趋势，掌握国际物流规则和惯例，具备跨文化交流和合作的能力。

国际化物流教育模式可以通过以下几种方式实现：一是加强与国际知名高校及科研机构的合作和交流，引进国际先进的物流教育理念和教学方法；二是加强与国际物流企业的合作和交流，为学生提供更多的国际化实践机会；三是加强外语教学和跨文化交流能力的培养，提高学生的国际化素养和竞争力。

然而，国际化物流教育模式也存在一些挑战，如文化差异和语言障碍等问题。为了克服这些挑战，学校需要加强跨文化交流和沟通能力的培训，提高学生对不同文化的理解和尊重，同时，还需要加强外语教学和语言实践能力的培养。

三、物流教育体系的完善与改进

（一）课程设置与教学内容的更新

物流教育体系的完善与改进，首要任务是更新课程设置与教学内容。随着物流行业的快速发展和技术的不断创新，传统教学内容已经无法满足现代物流行业的需求。因此，我们需要对物流教育的课程设置和教学内容进行全面更新。

首先，课程设置应更加贴近物流行业的实际需求。除了传统的物流基础课程外，还应增加与物流新技术、新业态、新模式相关的课程，如物联网技术、大数据分析、供应链管理、跨境电商物流等。同时，教师应注重课程的实用性和前瞻性，确保学生所学知识能紧跟物流行业的发展趋势。

其次，教学内容应更加注重实践性和创新性。物流行业是一个实践性很强的行业，因此在教学过程中应增加实践环节，如案例分析、模拟操作、实地考察等，让学生能在实践中学习和掌握物流知识与技能。同时，教师应鼓励学生进行创新思维和创业实践，培养学生的创新能力和创业精神。

（二）教学方法与手段的创新

教学方法与手段的创新，是物流教育体系完善与改进的重要方面。传统教学方法已经无法满足现代物流教育的需求，因此我们需要探索新的教学方法和手段。

首先，教师应引入多元化的教学方法，除了传统的讲授式教学外，还应采用案例分析、小组讨论、角色扮演等多元化的教学方法，激发学生的学习兴趣和积极性。同时，教师应注重互动式教学，加强师生之间的交流和互动，提高教学效果。

其次，教师应充分利用现代信息技术手段，如利用互联网、大数据、人工智能等新技术手段开展在线教学、远程教育等多样化的教学方式，为学生提供更加便捷、高效的学习途径。同时，教师应建立物流教育资源共享平台，实现教育资源的共享和优化配置。

（三）师资队伍的建设与培训

师资队伍的建设与培训，是物流教育体系完善与改进的关键环节。一支优秀的师资队伍能为学生提供高质量的教育服务，推动物流教育的发展。

首先，学校应加强物流专业教师的引进和培养。通过引进具有丰富实践经验和深厚理论素养的物流专业人才，提高物流教育的专业水平和教学质量。同时，学校应加强对现有教师的培训，提高教师的专业素质和教学能力。

其次，学校应建立激励机制和考核机制。通过设立奖励制度、职称评定等方式，激励教师积极参与教学科研活动，提高教师的教学积极性和创新能力。同时，学校应建立科学的考核机制，对教师的教学质量进行客观评价，确保教学质量的稳步提升。

（四）实践教育环节的加强与完善

实践教育环节的加强与完善，是物流教育体系完善与改进的重要方面。通过加强实践教育环节，可以提高学生的实践能力和问题解决能力，更好地适应物流行业的实际需求。

首先，学校应加强与企业的合作和交流。通过建立校企合作机制，让学生参与企业的实际工作，了解物流行业的实际运作和管理模式。同时，学校可以邀请企业专家进行授课和讲座，为学生提供更加贴近实际的教学内容。

其次，学校应完善实践教学设施和资源。通过加大投入，建设先进的物流实验室和实训基地，为学生提供更加丰富的实践机会和条件。同时，学校可以建立实践教学资源共享平台，实现实践教学资源的共享和优化配置。

最后，学校应建立科学的实践教学评价体系。通过制定实践教学评价标准和方法，对实践教学过程和质量进行客观评价，确保实践教学效果的稳步提升。

第三节 物流培训的内容与方法

一、物流培训的核心内容与目标

（一）物流培训的核心内容

物流培训的核心内容主要围绕物流行业的关键知识和技能展开，以确保学员能全面、系统地掌握物流领域的专业知识，并具备在实际工作中运用这些知识和技能的能力。

首先，物流基础知识是物流培训的第一个核心内容。这包括物流的定义、发展历程、基本概念和原理等。学员需要了解物流在供应链中的作用，以及物流活动的基本流程和要素。通过系统学习物流基础知识，学员可以建立对物流行业的整体认识，为后续深入学习打下基础。

其次，物流技术与操作是物流培训的第二个核心内容。这包括物流信息技术、仓储与配送技术、运输与包装技术等。学员需要掌握各种物流技术的原理和应用方法，了解如何运用这些技术提高物流效率和降低成本。同时，学员还需要学习物流操作的流程和规范，确保在实际工作中能准确、高效地完成各项任务。

再次，物流管理知识是物流培训的第三个核心内容。这包括供应链管理、库存管理、成本控制、风险管理等。学员需要了解物流管理的基本理论和方法，学习如何制订和执行物流计划，如何协调各环节的运作，以及如何应对各种物流风险。通过掌握物流管理知识，学员可以提高物流管理水平，为企业创造更大的价值。

最后，物流法律法规和国际物流知识是物流培训的第四个核心内容。学员需要了解物流相关的法律法规和政策，确保在实际工作中遵守相关规定，避免法律风险。同时，学员还需要了解国际物流的基本知识和规则，以适应全球化的物流发展趋势。

（二）物流培训的目标

物流培训的目标主要包括以下几个方面。

首先，提升学员的专业素质。通过系统学习物流知识，学员可以全面掌握物流领域的基本理论和技能，提高自己的专业素质。这有助于学员在实际工作中更好地应对各种物流问题，提高工作效率和质量。

其次，培养学员的实践能力。物流培训注重实践教学环节，通过模拟操作、实地考察等方式，让学员亲身体验物流工作的实际流程和环境。这有助于学员培养实际操作能力和问题解决能力，更好地适应物流行业的实际需求。

再次，提高学员的团队协作能力。物流工作往往需要多个部门和人员之间的密切协作，因此团队协作能力对于物流从业者来说至关重要。物流培训可以通过小组讨论、角色扮演等方式，培养学员的团队协作能力和沟通能力，提高团队整体的工作效率和质量。

最后，培养学员的创新意识和创新能力。随着物流行业的不断发展，新的技术和模式不断涌现，需要物流从业者具备创新意识和创新能力来应对挑战。物流培训可以通过引入新的教学方法和手段、鼓励学员进行创新思维等方式，培养学员的创新意识和创新能力，为物流行业的持续发展提供有力支持。

（三）物流培训的个性化需求满足

在物流培训中，满足不同学员的个性化需求是提升培训效果的关键。物流行业涵盖多个细分领域和岗位，每个岗位对物流知识和技能的需求都有所不同。因此，物流培训需要注重个性化需求的满足，确保培训内容能满足不同学员的实际需求。

首先，在培训前进行需求调研是关键。通过与学员进行沟通和交流，了解他们的工作背景、岗位职责和个人发展目标等方面的信息，从而确定他们的培训需求。这有助于培训机构制订更加贴近学员实际需求的培训计划。

其次，提供多样化的培训课程和模块。为了满足不同学员的个性化需求，物流培训应提供多样化的培训课程和模块供学员选择。这些培训课程和模块可以根据学员的岗位职责、技能水平与兴趣爱好等因素进行分类设计，确保学员能选择到适合自己的培训内容和方式。

再次，采用分层分类的培训方式。针对不同学员的不同需求，物流培训可以采用分层分类的培训方式。例如，对于初学者，可以提供基础知识和技能的培训；对于有一定经验的学员，可以提供进阶课程和案例分析等；对于高级管理者，可以提供战略管理和领导力等方面的培训。这种分层分类的培训方式可以更好地满足不同学员的需求，增强培训效果。

最后，加强培训后的跟踪与反馈。在培训结束后，培训机构应加强与学员的沟通和联系，了解他们在实际工作中应用所学知识和技能的情况，并收集他们的反馈意见。这有助于培训机构不断改进和优化培训内容与方法，更好地满足学员的个性化需求。

二、物流培训的方法与手段

（一）传统教学方法与现代技术手段的结合

在物流培训中，传统教学方法与现代技术手段的结合是提升培训效果的重要途径。传统教学方法如讲授法、案例分析法等具有深厚的理论基础和丰富的教学经验，而现代技术手段如多媒体教学、在线学习平台等则能提供更加生动、直观和高效的学习体验。

传统教学方法在物流培训中仍然占据重要地位。讲授法能系统地介绍物流理论知识，帮助学员建立全面的知识体系；案例分析法则能通过实际案例的分析和讨论，加深学员对理论知识的理解和应用。这些传统教学方法具有深厚的理论基础和丰富的教学经验，能为学员提供扎实的基础知识和分析能力。

然而，传统教学方法也存在一些不足，如形式单一、缺乏互动等。因此，在物流培训中，我们需要引入现代技术手段来弥补这些不足。多媒体教学可以通过图像、视频等多媒体元素呈现物流知识和操作过程，使学员能更加直观地理解和学习；在线学习平台则可以为学员提供更加灵活、便捷的学习方式，让他们能根据自己的时间和进度进行学习。

通过将传统教学方法与现代技术手段相结合，我们可以为学员提供更加全面、生动和高效的学习体验，提升物流培训的效果和质量。

（二）实践教学的重要性与实施方式

实践教学在物流培训中占据重要的地位，它能帮助学员将理论知识与实际操作相结合，提升学员的实际操作能力和问题解决能力。

实践教学可以通过模拟操作、实地考察等方式实施。模拟操作可以模拟真实的物流环境和操作过程，让学员在模拟环境中进行实际操作和练习。实地考察则可以带领学员参观物流企业和设施，让他们了解物流工作的实际运作和管理模式。

通过实践教学，学员可以更加深入地了解物流工作的实际情况和需求，掌握实际操作技能和方法。同时，实践教学还可以培养学员的团队协作能力和沟通能力，提高他们在物流行业中的综合素质和竞争力。

然而，实践教学也需要付出一定的时间和成本，并且需要合适的实践环境和设施。因此，在物流培训中，我们需要根据实际情况和条件来选择合适的实践教学方式与内容，确保实践教学的有效性和可行性。

（三）持续改进与创新的培训策略

在物流培训中，持续改进与创新的培训策略是确保培训效果和质量的关键。随着物流行业的不断发展和变化，我们需要不断更新培训内容和方法，以适应新的需求和挑战。

首先，我们需要定期对物流培训进行评估和反馈。通过收集学员的反馈意见和建议，了解培训的效果和不足之处，并有针对性地制定改进措施和方案。同时，我们还需要关注物流行业的最新动态和发展趋势，及时调整培训内容和方法，确保培训内容的时效性和前瞻性。

其次，我们需要不断探索新的培训方法和手段。例如，我们可以引入虚拟现实技术、增强现实技术等先进技术手段来丰富培训内容和形式，我们也可以尝试采用项目式学习、合作学习等新的教学方法来激发学员的学习兴趣和积极性。

通过持续改进与创新的培训策略，我们可以不断提升物流培训的效果和质量，为物流行业的发展和进步提供有力的人才支持。

三、物流培训的效果评估与改进

（一）效果评估的重要性与方法

在物流培训中，对培训效果进行科学、系统的评估是确保培训质量、提升培训效益的关键环节。效果评估的重要性在于，它能提供关于培训过程与结果的反馈信息，帮助培训组织者和学员了解培训的实际效果，从而进行必要的改进。

评估方法主要包括定性评估和定量评估。定性评估通常通过学员的反馈、观察、访谈等方式收集信息，对培训效果进行主观评价。例如，可以通过问卷调查了解学员对培训内容的满意度、对培训师的认可度，以及对培训效果的整体评价。定量评估则通过数据分析和统计方法，对培训效果进行客观评价。例如，可以对比培训前后学员在物流知识、技能或行为上的变化，或者通过绩效考核评估培训对学员工作表现的影响。

（二）效果评估的指标体系构建

在物流培训中，构建一个科学、合理的指标体系对于准确评估培训效果至关重要。指标体系应该包括多个方面，如学员的学习成果、学员的行为改变、组织绩效的提升等。

具体来说，学员的学习成果可以通过考试、测验等方式进行评估，以了解学员对物流知识的掌握程度；学员的行为改变可以通过观察、访谈等方式进行评估，以了解学员在实际工作中是否运用了所学的物流知识和技能；组织绩效的提升则可以通过对比培训前后组织在物流方面的表现，如物流成本、物流效率等指标的变化进行评估。

（三）效果评估结果的分析与应用

在收集到培训效果评估的数据后，我们需要对这些数据进行深入的分析，以了解培训的实际效果及存在的问题。通过分析，我们可以发现培训中的优点和不足，从而为后续的改进提供依据。

对于评估结果的应用，我们可以从以下几个方面入手：首先，针对评估中发现的不足，我们可以及时对培训内容、方法或手段进行调整和改进，以提升培训效果；其次，对于评估中发现的优秀实践和经验，我们可以进行总结和推广，以优化整个物流培训体系；最后，我们可以将评估结果作为组织决策的依据，为组织在物流方面的发展提供有力支持。

（四）持续改进与反馈机制的建立

为了不断提升物流培训的效果和质量，我们需要建立一个持续改进与反馈的机制。这个机制应该包括以下几个方面。

1. 定期评估

定期对物流培训进行效果评估，以了解培训的实际效果和问题。

2. 问题诊断

针对评估中发现的问题进行深入分析，找出问题的原因和解决方法。

3. 改进计划

制订具体的改进计划，明确改进目标、措施和时间表。

4. 实施与监控

按照改进计划实施，并对实施过程进行监控和评估。

5. 反馈与调整

收集实施过程中的反馈信息，及时调整改进计划，确保改进效果的可持续性。

通过建立这样一个持续改进与反馈的机制，我们可以不断发现培训中的问题并进行解决，从而不断提升物流培训的效果和质量。同时，这个机制还可以促进培训组织者与学员之间的沟通和交流，形成良好的培训氛围和文化。

第十章　现代物流发展趋势

第一节　数字化与智能化物流

一、数字化物流转型的必要性

（一）市场需求与技术驱动

随着全球化和电子商务的快速发展，物流行业正面临着前所未有的挑战和机遇。市场需求的多元化、个性化，以及消费者对快速、准确、便捷的物流服务要求不断提高，使传统物流模式难以满足现代市场的需求。同时，信息技术的迅猛发展，特别是物联网、大数据、云计算等技术的广泛应用，为物流行业的数字化转型提供了强大的技术支撑。因此，数字化物流转型是物流行业适应市场需求和技术发展的必然选择。

数字化物流转型可以通过引入先进的信息技术手段，实现物流信息的实时采集、传输、处理和分析，提高物流运作的透明度和可追溯性。通过数据分析和挖掘，企业可以更准确地把握市场需求和消费者行为，优化物流资源配置，提高物流效率和服务质量。此外，数字化物流转型还可以帮助企业实现供应链协同，降低库存成本，提高资金周转率，增强市场竞争力。

（二）提高物流效率与降低成本

物流效率是物流企业的核心竞争力之一。在传统物流模式下，物流信息传递不畅、流程烦琐、人工操作多等问题导致物流效率低下，难以满足现代市场的快速响应需求。数字化物流转型可以通过引入自动化、智能化等先进技术，实现物流流程的自动化和智能化，提高物流运作效率。

首先，数字化物流转型可以实现物流信息的实时共享和协同处理，减少信息传递的延迟和错误，提高物流运作的时效性和准确性；其次，数字化物流转型可以通过引入自动化设备和机器人等智能设备，实现物流作业的自动化和智能化，降低人工操作成本和错误率，提高物流运作效率；最后，数字化物流转型可以通过大数据分析，优化物流路径和配送方案，降低运输成本和时间成本，提高物流效率和服务质量。

（三）提升客户体验与服务质量

客户体验是物流服务的核心竞争力之一。在传统物流模式下，由于信息不透明、流程烦琐等问题，客户往往难以获得满意的物流服务体验。数字化物流转型可以通过引入先进的信息技术手段，实现物流信息的实时查询和追踪，提升客户对物流服务的满意度和信任度。

首先，数字化物流转型可以通过建立在线服务平台或移动应用等方式，为客户提供实时查询和追踪服务，让客户随时了解物流状态和配送进度；其次，数字化物流转型可以通过引入人工智能和机器学习等技术，实现智能客服和智能调度等功能，提高客户服务的智能化水平；最后，数字化物流转型可以通过数据分析和挖掘，了解客户需求和偏好，提供更加个性化的物流服务，提升客户的满意度和忠诚度。

（四）促进物流行业的可持续发展

随着全球环境问题的日益严重，物流行业也面临着可持续发展的压力。数字化物流转型可以通过引入绿色物流理念和技术手段，促进物流行业的可持续发展。

首先，数字化物流转型可以通过优化物流路径和配送方案，降低运输过程中的能源消耗和排放，实现绿色运输。其次，数字化物流转型可以通过引入循环物流和共享物流等模式，减少物流资源的浪费和污染，实现资源的循环利用；最后，数字化物流转型可以通过智能调度和协同管理等手段，提高物流运作的智能化水平，降低人工操作成本和错误率，进一步促进物流行业的可持续发展。

二、智能化物流技术的创新与应用

（一）智能感知与识别技术

智能感知与识别技术是智能化物流技术的核心之一，它通过利用先进的传感器、RFID、二维码、图像识别等技术，实现对物流过程中物品、设备和环境的实时感知与识别。这些技术的应用，极大地提升了物流信息的准确性和实时性，为物流运作提供了更精准的数据支持。

在物流仓储环节，智能感知与识别技术可以通过 RFID 标签对货物进行快速识别，实现自动化出入库管理。在运输过程中，该技术可以实时感知货物的位置、状态和环境信息，确保货物安全运输。同时，通过图像识别技术，可以实现对车辆、人员等物流要素的快速识别和跟踪，提高物流运作的效率和安全性。

随着技术的不断创新，智能感知与识别技术将越来越广泛地应用于物流行业。例如，利用深度学习算法对图像数据进行处理和分析，可以实现更复杂的物品识别和分类；通过无线传感器网络，实现对物流环境的全面感知和监控，为物流决策提供更丰富的数据支持。

（二）智能决策与优化技术

智能决策与优化技术是智能化物流技术的一个重要方面。它利用人工智能、大数据分析等技术手段，对物流运作过程中的数据进行分析和处理，实现物流决策的智能化和优化。

在物流路径规划方面，智能决策与优化技术可以根据实时交通信息、货物特性等因素，为车辆规划出最优的行驶路线，降低运输成本和时间成本。在库存管理方面，智能决策与优化技术可以通过对历史销售数据的分析，预测未来库存需求，实现库存的精准控制。同时，智能决策与优化技术还可以应用于订单处理、配送调度等物流环节，提高物流运作的效率和准确性。

随着技术的不断发展，智能决策与优化技术将在物流行业中发挥越来越重要的作用。例如，通过引入机器学习算法，实现对物流数据的自动分析和预测；利用云计算技术，实现物流数据的实时处理和共享；通过物联网技术，实现物流设备和系统之间的互联互通，为智能决策和优化提供更加全面的数据支持。

（三）智能机器人与自动化设备

智能机器人与自动化设备是智能化物流技术的重要体现。它们通过引入先进的机器人技术和自动化技术，实现物流作业的智能化和自动化，降低人工操作成本和错误率，提高物流运作效率。

在仓储环节，智能机器人可以承担货物的搬运、码垛等繁重工作，减轻工人的劳动强度；在分拣环节，自动化设备可以实现对货物的高速、准确分拣，提高分拣效率和准确性；在配送环节，无人配送车、无人机等智能设备可以实现快速、便捷的配送服务，满足客户的即时需求。

随着技术的不断进步和应用场景的不断拓展，智能机器人与自动化设备将在物流行业中发挥更加重要的作用。例如，通过引入深度学习算法，实现智能机器人的自主导航和避障功能；利用物联网技术，实现智能设备与系统的互联互通和协同作业；通过引入柔性制造技术，实现智能设备的快速部署和灵活调整。

（四）智能供应链协同技术

智能供应链协同技术是智能化物流技术的又一重要应用。它通过利用信息技术手段，实现供应链各环节之间的信息共享和协同作业，提高供应链的响应速度和协同效率。

在智能供应链协同技术中，企业可以通过建立统一的信息平台或数据共享机制，实现供应链各环节之间的信息实时共享和协同处理。通过大数据分析和挖掘技术，企业可以更加准确地把握市场需求和消费者行为，实现供应链的精准预测和快速响应。同时，智能供应链协同技术还可以帮助企业实现供应链的协同优化和决策支持，降低库存成本和运营成本，提高供应链的整体效益。

随着技术的不断发展和应用场景的不断拓展，智能供应链协同技术将在物流行业中发挥更加重要的作用。例如，通过引入区块链技术，实现供应链信息的可信、共享和追溯；通过利用物联网技术，实现供应链设备与系统的互联互通和协同作业；通过引入云计算技术，实现供应链数据的实时处理和共享。这些技术的应用将进一步提高供应链的协同效率和响应速度，为物流行业的可持续发展提供有力支持。

三、数字化和智能化物流的未来发展趋势

（一）物联网和大数据的深度融合

随着物联网技术的不断发展和普及，物流行业将迎来更加广阔的数据来源。物联网技术使物流过程中的每个环节都可以被实时感知和监控，产生大量的实时数据。同时，大数据技术的成熟使对这些海量数据进行收集、存储、分析和挖掘成为可能。未来，物联网和大数据的深度融合，将成为数字化与智能化物流的重要趋势。

一方面，物联网技术将实现物流设备和系统的全面连接，实现数据的实时采集和传输。这包括货物、车辆、仓库、设备等物流要素的实时状态信息，以及运输、仓储、配送等物流过程的实时数据。这些数据将为物流企业提供全面的信息支持，帮助他们更好地掌握物流运作情况，优化物流决策。

另一方面，大数据技术将对这些海量数据进行深度分析和挖掘，发现物流运作中的规律和问题，为物流企业提供更加精准和有价值的决策支持。例如，通过大数据分析，可以预测市场需求和库存需求，实现库存的精准控制；通过大数据分析，可以优化物流路径和配送方案，降低运输成本和时间成本；通过大数据分析，可以评估物流服务商的服务质量和效率，实现服务质量的持续改进。

（二）人工智能和自动化技术的广泛应用

人工智能和自动化技术将在未来数字化与智能化物流中发挥越来越重要的作用。这些技术将实现物流作业的自动化和智能化，降低人工操作成本和错误率，提高物流运作效率。

一方面，人工智能将实现物流决策的智能化。通过机器学习、深度学习等算法，人工智能可以对物流数据进行自动分析和预测，为物流企业提供更加精准和快速的决策支持。例如，人工智能可以预测货物的运输时间和成本，

为物流企业提供最优的运输方案；人工智能可以预测库存需求，实现库存的精准控制；人工智能还可以优化订单处理和配送调度等物流环节，提高物流运作的效率和准确性。

另一方面，自动化技术将实现物流作业的自动化。通过引入自动化设备和机器人等智能设备，可以实现物流作业的自动化和智能化。例如，自动化仓储系统可以实现货物的自动存储和取出，自动化分拣系统可以实现货物的高速、准确分拣，无人配送车、无人机等智能设备可以实现快速、便捷的配送服务。这些技术的应用将进一步提高物流运作的效率和准确性，降低人工操作成本和错误率。

（三）供应链协同和可视化的提升

未来，数字化与智能化物流将更加注重供应链协同和可视化的提升。通过信息技术手段实现供应链各环节之间的信息共享和协同作业，提高供应链的响应速度和协同效率。同时，通过可视化技术实现供应链运作的实时监控和可视化展示，帮助物流企业更好地掌握供应链运作情况，及时发现和解决问题。

一方面，供应链协同将实现供应链各环节之间的无缝连接和高效协同。通过建立统一的信息平台或数据共享机制，实现供应链各环节之间的信息实时共享和协同处理。这将使供应链运作更加透明和高效，降低信息传递的延迟和错误率，提高供应链的响应速度和协同效率。

另一方面，可视化技术将实现供应链运作的实时监控和可视化展示。通过引入可视化工具和技术手段，将供应链运作过程中的数据和信息以图形化、可视化的方式展示出来，帮助物流企业更好地掌握供应链运作情况。这将使物流企业能及时发现和解决问题，提高供应链的可靠性和稳定性。

（四）绿色化和可持续发展的推进

随着全球环境问题的日益严重，绿色化和可持续发展已经成为物流行业的重要议题。未来，数字化与智能化物流将更加注重绿色化和可持续发展的推进。

一方面，通过优化物流路径和配送方案，降低运输过程中的能源消耗和排放，实现绿色运输。例如，利用大数据分析技术优化运输路线和配送方案，减少空驶和迂回等不必要的运输行程；利用清洁能源和节能技术降低运输车辆的能耗与排放。

另一方面，通过引入循环物流和共享物流等模式，实现物流资源的循环利用和共享使用。例如，建立循环物流体系，将废旧物品进行回收、分类、处理和再利用；建立共享物流平台，实现物流设备和系统的共享使用，降低资源浪费和环境污染。

此外，未来数字化与智能化物流还将注重环保材料的使用和绿色包装的设计，减少物流过程中的环境污染和资源浪费。同时，加大环保法规的监管和执行力度，推动物流行业的绿色化和可持续发展。

第二节　无人化与自动化物流

一、无人化物流技术的崛起与优势

无人化物流技术的崛起，首先得益于技术革新和自动化水平的显著提升。随着人工智能、物联网、机器人技术、自动驾驶等前沿科技的快速发展，物流行业正经历着前所未有的变革。这些技术的应用，使物流作业中的许多环节实现了无人化、自动化操作，从而极大地提高了物流运作的效率和准确性。

具体而言，无人化物流技术包括无人仓库、无人搬运车、无人配送车、无人机配送等多种形式。无人仓库通过引入 AGV 小车、智能货架等智能设备，实现了仓库作业的自动化和智能化；无人搬运车通过自动驾驶技术，实现了货物的自动搬运和运输；无人配送车和无人机配送则通过远程控制与自主导航技术，实现了"最后一公里"的快速配送。这些技术的应用，不仅降低了人力成本，提高了工作效率，还降低了人为因素带来的错误率，提高了物流服务的准确性和可靠性。

无人化物流技术的优势体现在以下几个方面。

（一）提高物流效率与降低成本

无人化物流技术的第一个优势在于提高物流效率与降低成本。传统物流作业需要大量的人力和物力投入，不仅成本高昂，而且效率较低；而无人化物流技术通过自动化、智能化的操作，实现了物流作业的快速、准确、高效完成。

以无人配送为例，相比传统的人工配送方式，无人配送车和无人机配送具有更高的配送效率与更低的成本。无人配送车可以在不受交通拥堵和道路限制的情况下，直接将货物送达目的地；而无人机配送则可以在短时间内完成远程地区的货物配送。这些优势使无人化物流技术在快递、外卖、生鲜等领域具有广泛的应用前景。

（二）提升客户服务体验

无人化物流技术的第二个优势在于提升客户服务体验。传统的物流作业中，由于人为因素的存在，往往会出现配送延误、货物损坏等问题，给客户带来不便；而无人化物流技术通过自动化、智能化的操作，降低了人为因素带来的风险，提高了物流服务的稳定性和可靠性。

此外，无人化物流技术还能实现个性化的服务体验。通过引入大数据分析技术，无人化物流系统可以根据客户的需求和偏好，提供更加精准的配送方案和服务。例如，在快递配送中，无人配送车可以根据客户的收货时间和地点，自动规划最优的配送路线和时间，提升客户的满意度和忠诚度。

（三）促进可持续发展

无人化物流技术的第三个优势在于促进可持续发展。随着环保意识的增强，传统物流行业的高能耗、高排放问题越来越受到社会的关注。而无人化物流技术通过优化物流路径、降低运输成本、减少人力投入等方式，降低了物流行业的能耗和排放。

此外，无人化物流技术还能推动绿色物流的发展。通过引入"清洁能源""循环物流"等概念，无人化物流系统可以实现资源的循环利用和减少浪费。例如，在无人仓库中，通过智能货架和 AGV 小车的配合，可以实现货物的快速存取和准确管理，减少了仓库内的空间和能源浪费。这些优势使无人化物流技术在促进物流行业绿色可持续发展方面起到重要的作用。

二、自动化物流设备的创新与运用

（一）技术创新推动设备智能化

随着科技的不断发展，自动化物流设备正经历着由机械化向智能化的转变。技术创新是推动这一转变的关键因素，它使物流设备具备了更高的自主性和智能化水平。

在技术创新方面，人工智能、物联网、大数据等技术的融合应用，为自动化物流设备提供了强大的技术支持。例如，通过引入机器学习算法，物流设备能自我学习和优化操作流程，提高作业效率；物联网技术的应用使设备之间能实现互联互通，实现信息的实时共享和协同作业；大数据技术的运用则使设备能基于历史数据进行预测和决策，实现更精准的物流管理和控制。

这些技术创新的成果，使自动化物流设备在智能识别、自主导航、智能调度等方面取得了显著进步。它们能自动识别货物信息、规划最优路径、自动完成装卸作业等，大大提高了物流作业的自动化和智能化水平。

（二）设备创新提升作业效率

自动化物流设备的创新，不仅仅体现在技术层面，更体现在设备本身的创新和优化上。通过不断改进设备结构和功能，自动化物流设备在提升作业效率方面发挥了重要作用。

在设备创新方面，自动化物流设备越来越注重集成化和模块化设计。这种设计方式使设备结构更加紧凑、功能更加完善，同时，降低了设备的维护成本和故障率。例如，一些自动化仓库采用了集成化货架和 AGV 小车的设计，实现了货物的快速存取和高效运输。

此外，自动化物流设备还注重节能环保和绿色发展的理念。通过采用清洁能源、优化能源利用等方式，自动化物流设备在降低能耗和减少排放方面取得了显著成效。这既有利于企业的可持续发展，也符合社会的环保要求。

（三）自动化物流设备在仓储管理中的运用

仓储管理是物流领域中的重要环节，自动化物流设备在仓储管理中的运用，极大地提高了仓储作业的效率和准确性。

在仓储管理中，自动化物流设备可以实现货物的自动存取、自动盘点、自动分拣等功能。通过引入自动化货架和 AGV 小车等设备，自动化物流设备可以实现货物的快速存取和高效运输；同时，自动化物流设备还可以实现货物的实时盘点和监控，确保库存数据的准确性和实时性；此外，通过引入智能分拣系统，自动化物流设备可以实现货物的高效分拣和快速配送。

这些自动化物流设备在仓储管理中的运用，不仅提高了作业效率，还降低了人力成本和错误率。它们使仓储管理更加智能化、高效化，为企业的物流运作提供了有力支持。

（四）自动化物流设备在配送环节的创新与应用

配送环节是物流链条中的最后一环，也是与客户直接接触的环节。自动化物流设备在配送环节的创新与应用，为客户提供了更加便捷、高效的配送服务。

在配送环节，自动化物流设备可以实现货物的自动装载、自动配送、自动签收等功能。通过引入无人配送车和无人机等智能设备，可以实现快速、准确的配送服务。这些设备可以根据客户的收货地点和时间，自动规划最优的配送路线和时间，提高配送效率。同时，通过引入远程控制和自主导航技术，这些设备还可以实现自主驾驶和自动避障等功能，确保配送过程的安全性和可靠性。

此外，自动化物流设备在配送环节的创新还体现在绿色环保方面。通过采用清洁能源和节能技术，自动化物流设备在降低能耗和减少排放方面取得了显著成效。这既有利于企业的可持续发展，也符合社会的环保要求。

三、无人化与自动化物流的挑战和未来展望

（一）技术挑战与持续创新

无人化与自动化物流的发展首先面临的是技术挑战。尽管人工智能、物联网、机器人技术等前沿科技为物流行业带来了巨大变革，但要实现全面无人化和高度自动化，仍需解决一系列技术难题。

首先，智能感知与识别技术是无人化物流设备实现自主作业的基础。然而，在实际应用中，由于环境复杂性、货物多样性等因素，设备的感知和识

别能力仍有待提高。此外，对于复杂场景的应对能力也是当前技术需要突破的重点。

其次，智能决策与优化技术是无人化物流系统高效运作的关键。物流系统需要能实时处理大量数据，并根据数据做出最优决策。然而，当前的智能决策与优化技术仍存在一定的局限性，无法满足复杂物流系统的需求。

为了应对这些技术挑战，未来物流行业需要持续创新，加强技术研发和应用。通过引入更先进的智能感知与识别技术、优化智能决策和规划算法等方式，不断提高无人化物流设备的智能化水平和自主作业能力。

（二）人才挑战与培养策略

无人化与自动化物流的发展也对人才提出了新的要求。随着物流系统的智能化和自动化程度不断提高，传统的物流人才已经无法满足行业需求。未来，物流行业需要更多具备技术背景、创新思维和跨界能力的人才来支撑其发展。

为了应对人才挑战，物流行业需要制定有效的人才培养策略。首先，加强与高校和科研机构的合作，共同培养具备物流、计算机、机械等多学科背景的复合型人才；其次，加强企业内部培训，提高员工的技术水平和创新能力；最后，鼓励员工参与行业交流和合作，拓宽视野和思维。

（三）安全挑战与监管措施

无人化与自动化物流的发展也带来了安全挑战。由于无人化物流设备需要自主作业，如何确保设备的安全性和可靠性成了行业关注的焦点。此外，随着物流系统的智能化程度不断提高，网络安全问题也日益凸显。

为了应对安全挑战，物流行业需要采取一系列监管措施。首先，加强对无人化物流设备的监管和检测，确保设备符合安全标准和规定；其次，建立完善的网络安全防护体系，防范网络攻击和数据泄露等风险；最后，加大行业自律和监管力度，提高物流行业的整体安全水平。

（四）未来展望与可持续发展

尽管无人化与自动化物流面临诸多挑战，但其发展前景依然广阔。随着技术的不断进步和应用场景的不断拓展，无人化与自动化物流将在未来发挥越来越重要的作用。

首先，无人化物流将实现更广泛的应用。随着技术的成熟和成本的降低，无人化物流设备将在更多领域得到应用，如快递、外卖、生鲜配送等。同时，无人化物流也将与其他行业深度融合，推动整个社会智能化和自动化水平的提高。

其次，自动化物流将实现更高效、更绿色的运作。通过引入更先进的自动化设备和技术，物流行业将实现更高效、更环保的运作方式。例如，通过优化物流路径和配送方案、降低能源消耗和污染排放等方式，实现绿色物流的发展。

最后，无人化与自动化物流将推动物流行业的创新和发展。随着技术的不断进步和应用场景的不断拓展，物流行业将出现更多新的商业模式和服务模式。同时，无人化与自动化物流也将促进物流行业的数字化转型和智能化升级，推动整个行业的可持续发展。

第三节　绿色化与低碳化物流

一、绿色物流的理念与实践

（一）绿色物流的理念及其重要性

绿色物流作为一种新兴的物流管理理念，强调在物流活动的全过程中，采取与环境和谐相处的理念和措施，实现物流的环保化、低碳化、循环化。这一理念的核心在于，追求经济效益与环境效益的双赢，以可持续发展为目标，通过优化物流系统，降低能源消耗，减少污染排放，提高资源利用效率，促进物流行业的绿色转型。

绿色物流的重要性不言而喻。首先，绿色物流有助于保护环境，降低物流活动对环境的负面影响。传统物流活动往往伴随着大量的能源消耗和污染排放，给环境带来了严重的压力。而绿色物流通过采用环保技术和设备，优化物流流程，降低能源消耗和污染排放，有助于缓解环境压力，保护地球家园。

其次，绿色物流有助于增强企业的市场竞争力。随着环保意识的提高，越来越多的消费者开始关注产品的环保性能。企业采用绿色物流，不仅可以降低生产成本，提高资源利用效率，还可以提升产品的环保性能，满足消费者的需求，从而增强市场竞争力。

（二）绿色物流的实践策略

随着全球环保意识的不断提高，绿色物流作为物流行业可持续发展的重要方向，逐渐受到社会各界的广泛关注。绿色物流的实践策略涵盖了从战略规划到具体操作层面的多个方面，以下是对这些策略的深度分析。

1. 制定绿色物流战略

绿色物流战略是指导企业开展绿色物流活动的纲领性文件，它明确了企业绿色物流的目标、方向和路径。在制定绿色物流战略时，企业需要充分考虑自身的实际情况，结合行业发展趋势和市场需求，制订出切实可行的绿色物流发展规划。通过明确绿色物流的目标和计划，企业可以确保绿色物流活动的有序开展，为企业的可持续发展奠定坚实基础。

2. 优化运输策略

运输是物流活动中能源消耗和污染排放的主要环节，因此，优化运输策略是实现绿色物流的关键。首先，企业可以推广多式联运，整合不同运输方式，降低整体运输成本和环境影响。例如，采用"公路＋铁路"或"水路＋公路"的联运方式，可以大幅减少能源消耗和尾气排放。其次，企业可以规划合理的运输路线，减少空驶和绕行，提高运输效率。通过引入先进的路径规划算法和物流管理系统，企业可以实现对运输路线的优化，降低运输成本和环境影响。最后，鼓励使用清洁能源车辆也是优化运输策略的重要手段。随着电动汽车、氢能源汽车等清洁能源车辆的不断发展，企业可以逐步淘汰传统的燃油车辆，减少燃油消耗和尾气排放。

3. 绿色仓储与包装

仓储与包装是物流活动中的重要环节，也是绿色物流需要关注的重点。在仓储环节，企业可以采用环保建筑材料建设仓库，如节能型墙体、绿色屋顶等。这些环保建筑材料不仅可以降低仓库的能耗和排放，还可以提高仓库的保温隔热性能，降低运营成本。同时，引入智能化仓储管理系统可以实现仓储作业的自动化和智能化管理，提高仓储效率。在包装环节，企业可以使用可降解、可回收的包装材料，减少包装废弃物的产生。例如，采用纸浆模塑包装、生物降解塑料等环保材料替代传统的塑料包装，可以降低包装废弃物的环境污染。此外，优化包装设计也是减少包装材料消耗和浪费的重要手段。通过精简包装结构、减少包装层次等方式，可以降低包装成本并提高包装效率。

4. 绿色供应链管理

绿色供应链管理是绿色物流的重要组成部分，它强调在供应链各环节中引入环保理念和技术手段，实现供应链的绿色化。在绿色供应链管理中，首先，企业需要与供应商建立绿色供应链合作关系，共同推动绿色物流的发展。通过与供应商共同制定绿色采购标准和环保要求，企业可以确保采购的原材料和产品符合环保要求。其次，企业需要加强对供应商的管理和监督，确保供应商能按照绿色供应链的要求进行生产和运输。最后，企业需要推动绿色采购和绿色消费的发展，鼓励消费者选择环保产品和服务，推动整个供应链的绿色化。

5. 信息化技术应用

信息化技术是推动绿色物流发展的重要手段之一。通过利用大数据、云计算等信息技术手段，企业可以实现物流信息的实时共享和协同作业，提高物流作业效率。同时，物联网技术的应用可以实现物流设备的远程监控和智能调度，降低物流设备的能耗和排放。此外，智能物流管理系统的引入可以实现物流过程的自动化和智能化管理，降低人为因素对物流活动的影响。这些信息化技术的应用不仅可以提高物流作业效率和质量，还可以降低物流活动的能耗和排放，推动绿色物流的发展。

绿色物流的实践策略涵盖了从战略规划到具体操作层面的多个方面，通过制定绿色物流战略、优化运输策略、绿色仓储与包装、绿色供应链管理及信息化技术应用等手段的综合应用，企业可以推动物流行业的绿色转型和可持续发展。

二、低碳物流技术的探索与应用

（一）低碳物流技术的概述与重要性

低碳物流技术旨在通过技术革新和应用，降低物流活动中的碳排放量，以实现物流行业的低碳化和可持续发展。随着全球气候变化和环境问题的日益严峻，低碳物流技术的重要性越发凸显。它不仅是应对环境挑战、减缓气候变化的有效手段，还是物流行业转型升级、增强竞争力的必由之路。

在低碳物流技术的探索与应用中，我们需要关注四个主要方面：新能源物流车辆、绿色包装材料、智能仓储与配送技术，以及信息化与大数据技术。

（二）新能源物流车辆的探索与应用

新能源物流车辆是低碳物流技术的重要组成部分。与传统燃油车辆相比，新能源物流车辆具有更低的碳排放和更高的能源利用效率。目前，电动车辆、氢能源车辆等新能源物流车辆已经开始得到广泛应用。

在探索新能源物流车辆的过程中，我们需要关注车辆的技术创新、续航能力、成本降低及充电设施建设等问题。比如，电动车辆的电池技术是制约其发展的关键因素之一，需要不断进行技术创新和升级；又如，充电设施的建设需要同步推进，以满足新能源物流车辆的充电需求。

在应用新能源物流车辆时，我们需要根据具体的物流需求和场景选择合适的车辆类型。例如，在城市配送领域，电动三轮车、电动货车等小型电动车辆具有灵活便捷、低碳环保的优势；而在长途运输领域，则需要考虑电动重卡、氢能源车辆等具备长续航能力的新能源车辆。

（三）绿色包装材料的创新与应用

绿色包装材料是低碳物流技术的一个重要方面。传统包装往往采用不可降解的塑料、纸张等材料，不仅浪费资源，还对环境造成污染。因此，创新与应用绿色包装材料对于降低物流活动中的碳排放具有重要意义。

在绿色包装材料的创新中，我们需要关注材料的可降解性、可回收性、轻量化及成本效益等问题。例如，可降解塑料、生物降解材料等新型绿色包装材料已经开始得到应用。这些材料不仅具有良好的环保性能，还可以降低包装成本和提高物流效率。

在应用绿色包装材料时，我们需要根据具体的物流需求和场景选择合适的包装材料。例如，在快递包装领域，可以采用可降解塑料袋、纸质包装盒等环保材料；在工业品包装领域，则需要考虑材料的强度、防潮、防震等性能要求。

（四）智能仓储与配送技术的推广和应用

智能仓储与配送技术是低碳物流技术的重要支撑。通过引入物联网、人工智能等先进技术，可以实现仓储与配送的自动化、智能化和精准化，提高物流效率和降低能耗。

在智能仓储技术的应用中，我们需要关注仓库的布局设计、货物的分类存储、自动化设备的选型和配置等问题。通过合理的仓库布局和货物分类存储，可以提高仓库的存储效率和货物周转率；而自动化设备的引入则可以降低人力成本和提高作业效率。

在智能配送技术的应用中，我们需要关注配送路线的优化、配送时间的精准控制及配送信息的实时共享等问题。通过引入先进的路径规划算法和物流管理系统，可以实现配送路线的优化和配送时间的精准控制；而配送信息的实时共享则可以提高物流信息的透明度和协同效率。

（五）信息化与大数据技术的应用

信息化与大数据技术是低碳物流技术的重要支撑。通过收集、分析和应用物流数据，可以实现物流活动的精准预测、优化决策和高效执行，从而降低物流成本和碳排放。

在信息化与大数据技术的应用中，我们需要关注数据的收集和处理、数据的挖掘和分析及数据驱动的决策支持等问题。通过建立统一的物流信息平台和数据标准体系，可以实现物流数据的实时共享和高效利用；而数据的挖掘和分析则可以揭示物流活动的规律与趋势，为优化决策提供有力支持。

低碳物流技术的探索与应用需要从新能源物流车辆、绿色包装材料、智能仓储与配送技术，以及信息化与大数据技术的应用等方面入手。通过不断推进技术创新和应用实践，我们可以实现物流行业的低碳化和可持续发展。

三、绿色化与低碳化物流的可持续发展路径

（一）政策引导和法规保障

绿色化与低碳化物流的可持续发展离不开政策引导和法规保障。政府应制定一系列有利于绿色物流与低碳物流发展的政策和法规，为物流行业的绿色转型提供有力支持。

首先，政府应出台鼓励绿色物流发展的税收政策，如对使用新能源物流车辆、采用绿色包装材料、实施绿色供应链管理的企业给予税收优惠。这将降低企业绿色转型的成本，激发其积极性。

其次，政府应制定严格的环保法规和标准，对物流活动中的污染排放、能源消耗等进行严格监管。对于违反环保法规的企业，应给予相应的处罚，以形成有效的约束机制。

最后，政府应加大对绿色物流技术的研发和推广支持力度，鼓励企业加大技术创新投入，推动绿色物流技术的广泛应用。

（二）技术创新和研发

技术创新是推动绿色化与低碳化物流可持续发展的关键。通过技术创新，可以实现物流活动的智能化、自动化和精准化，降低能源消耗和碳排放。

首先，应加强对新能源物流车辆的技术研发，提高车辆的性能和续航能力，降低使用成本。同时，应推动充电设施的建设和普及，为新能源物流车辆的使用提供便利。

其次，应研发和推广绿色包装材料，如可降解塑料、生物降解材料等，降低包装废弃物的产生和环境污染。同时，应优化包装设计，减少包装材料的消耗和浪费。

最后，应利用物联网、大数据、人工智能等先进技术，实现物流信息的实时共享和协同作业，提高物流效率。通过智能仓储和配送技术的应用，可以降低人力成本和提高作业效率。

（三）绿色供应链管理

绿色供应链管理是实现绿色化与低碳化物流可持续发展的重要途径。通

过绿色供应链管理，可以推动整个供应链的绿色转型，降低整个供应链的碳排放和环境污染。

首先，企业应建立绿色供应链管理体系，将绿色理念融入供应链的各环节。通过与供应商、分销商等合作伙伴建立绿色合作关系，共同推动绿色供应链的发展。

其次，企业应加强对供应链的绿色评估和监管。通过制定绿色采购标准和环保要求，确保采购的原材料和产品符合环保要求。同时，企业应对供应商进行定期评估和监督，确保其符合绿色供应链的要求。

最后，企业应推动绿色采购和绿色消费的发展。通过引导消费者选择环保产品和服务，推动整个供应链的绿色转型。

（四）绿色文化和意识培养

绿色文化和意识培养是实现绿色化与低碳化物流可持续发展的基础。只有让更多人了解绿色物流的重要性，形成绿色消费和绿色生活的习惯，才能实现物流行业的绿色转型。

首先，应加强对绿色物流的宣传和教育。通过媒体、网络等渠道普及绿色物流的知识和理念，增强公众的环保意识。

其次，应培养企业员工的绿色意识。通过培训和教育，让员工了解绿色物流的重要性和实践方法，激发其参与绿色物流的积极性。

最后，应加强与社区、学校等机构的合作，共同推动绿色物流文化的传播和普及。通过举办绿色物流主题的活动和展览，让更多人了解绿色物流的实践成果和发展前景。

综上所述，绿色化与低碳化物流的可持续发展需要从政策引导和法规保障、技术创新和研发、绿色供应链管理及绿色文化和意识培养四个方面入手。通过多方面的努力和配合，我们可以推动物流行业的绿色转型和可持续发展。

参考文献

[1] 洪琼，张浩，章艳华，等．智慧物流与供应链基础 [M]. 北京：北京理工大学出版社， 2022.

[2] 黄艳丽，陈烨．物流仓储管理实务 [M]. 重庆：重庆大学出版社，2022.

[3] 雷颖晖．电子商务物流 [M]. 重庆：重庆大学出版社， 2022.

[4] 李金营．物流系统规划与设计 [M]. 北京：北京理工大学出版社，2023.

[5] 马晓燕．现代物流产业理论及实践研究 [M]. 成都：四川大学出版社，2021.

[6] 姚振飞，韩丽，付淑文．物流成本管理 [M]. 北京：北京理工大学出版社，2022.

[7] 朱芳阳．港口物流与湾区经济发展研究 [M]. 成都：西南交通大学出版社， 2020.

[8] 毕延超．低碳经济下的绿色物流发展探究 [J]. 中国储运，2023（12）：181-182.

[9] 黄阳武．江西农产品物流发展现状研究 [J]. 中国储运，2024（2）：51-52.

[10] 李蕊蕊．区域物流发展与公共管理关系研究 [J]. 中国储运，2023（11）：101.

[11] 吕红伟．航空物流发展策略研究 [J]. 中国储运，2022（4）：92-93.

[12] 马有红．现代物流发展对策 [J]. 合作经济与科技，2024（3）：87-89.

[13] 彭莉婷．低碳物流发展路径研究 [J]. 中国储运，2022（8）：119-120.

[14] 孙萍, 张文杰. 基于电子商务的农村物流发展分析 [J]. 全国流通经济, 2023（10）: 4-7.

[15] 肖东伟. 医药物流发展中存在的问题及对策 [J]. 物流科技, 2023（24）: 37-39.

[16] 张春燕. 第三方物流发展现状及对策 [J]. 合作经济与科技, 2023（17）: 66-68.

[17] 张钰. 智慧物流发展探析 [J]. 物流工程与管理, 2020（10）: 24-26.

[18] 张泽. 供应链物流发展模式分析 [J]. 活力, 2023（2）: 196-198.

[19] 赵国永. 区域物流发展与公共管理关系研究 [J]. 中国储运, 2023（1）: 95-96.